STONEHENGE
ET SON SECRET

MYRIAM PHILIBERT

STONEHENGE ET SON SECRET

LE GRAND LIVRE DU MOIS

Dans la même collection

Yann Brékilien, *La Mythologie celtique*
   Le Druide
L.H.R.R. Merlhyn, *Les Druides et la quête du Graal*
René Nelli, *Écritures cathares*
Myriam Philibert, *Carnac, les sites sacrés*
   Le Grand Secret des pierres sacrées

© Éditions du Rocher, 1994.
ISBN 2 268 01826 1

Felix qui potuit rerum cognoscere causas
Heureux celui qui a pu connaître le fond des choses

Épigraphe du *Choir Gaur* de 1771 du docteur John Smith

SOLEIL LEVANT SUR LA HEEL STONE

Stonehenge !

Qui n'a pas rêvé de ces ruines perdues dans la campagne anglaise ? Mégalithes : il en existe des milliers dans le monde, alors pourquoi se rendre à Stonehenge ou à Carnac ?

Pour l'un comme pour l'autre, le mystère reste entier ; la vérité est occultée par l'oubli et l'absence de tradition écrite, mais l'atmosphère est différente dans les deux sites. Pour ne pas me fondre dans le flot ininterrompu des touristes, j'ai opté pour la Voie royale et directe. Il faisait gris en ce premier jour d'automne et la pluie menaçait. Peut-on imaginer la Grande-Bretagne sans une ondée ?

J'ai commencé mon périple par Woodhenge, un modeste monument de bois, dominé par les impressionnants talus de Durrington Walls. Il fallait que je me pénètre de la notion de *Henge Monument*, enclos sacré ceinturé d'un fossé et d'une levée de terre. Woodhenge se présentait comme une forêt de poteaux, dont on avait quelque peine à retrouver le plan.

Un bâtiment en bois ne peut avoir la magie d'un bâtiment en pierre et on ne voit pas très bien comment aurait pu s'effectuer une filiation entre Woodhenge et Stonehenge. D'autres questions se posaient : pourquoi un tel contraste entre l'enceinte gigantesque de Durrington Walls et celle de Woodhenge, et surtout, pourquoi y avait-il autant d'enclos sacrés dans un même secteur ? Stonehenge est à moins de cinq kilomètres.

Il n'y avait personne. Une pluie fine s'était mise à tomber, effaçant quelque peu la dureté du camp retranché. Des allées cavalières se dirigeaient vers Stonehenge. Pourquoi ne pas les emprunter ?

Je marchais à travers les prairies vertes où paissaient des moutons. La pluie persistait et Stonehenge ne se profilait toujours pas à l'horizon. Parfois, deux ou trois petits tertres se dressaient côte à côte : les *Round Barrows* (« tumulus circulaires »). Les environs de Stonehenge servaient de nécropole.

C'est alors que je réalisai que la plaine de Salisbury n'avait de plaine que le nom. Stonehenge ne dominait pas le paysage. Ce rôle était dévolu à Durrington Walls. Un instant, je me demandai si je m'étais perdue ; je n'avais pas de boussole et le soleil était voilé. Enfin, un panneau annonçant le Cursus me rassura.

Là encore, le gigantisme surprenait. Je voyais seulement le petit côté d'une structure dont je n'ai jamais pu voir entièrement ni même imaginer le côté long, à cause de son étendue (3 km), de son état d'arasement et du brouillard. Le Cursus est actuellement le plus grand enclos sacré connu en Grande-Bretagne.

De nouvelles questions m'assaillaient. Quel lien mythique et/ou sacré unissait Stonehenge et le Cursus, en dehors de l'avenue ?

Pour l'heure, je cherchai vainement cette fameuse avenue qui devait me conduire vers un Stonehenge toujours dissimulé. Des arbres, des prés, des moutons et des tumulus, tel demeurait mon horizon. Heureusement, un panneau annonçait la Voie royale, invisible dans une prairie parfaitement nivelée.

Les pierres de Stonehenge se dressaient, minuscules, dans le lointain. Je touchais au but.

J'essayai de suivre l'avenue, de mettre mes pas dans ceux des processions d'antan. Mais j'avais du mal à reconstituer le tracé. Les pierres grandissaient, noires sous le ciel gris, et l'impression de ruine était saisissante. Maintenant j'entendais la rumeur de la route et les cris des visiteurs.

Un groupe s'agglutinait près de la *Heel Stone* [1] ou pierre-talon, faisant des photos à la sauvette par-dessus la clôture. Le sol montait et la *Heel Stone* dominait Stonehenge.

La *Heel Stone* et le mirage du soleil levant au solstice d'été ! Enfin j'allais pénétrer ce mystère.

Une dernière clôture à franchir et je me trouvai projetée dans la foule des touristes. Ma première approche devait être extérieure. Pourtant, je me demandais quel but recherchaient tous ces gens, marchant d'un œil distrait, sous leur parapluie, tout en bavardant de leurs soucis quotidiens. Ils faisaient des photos pour garder un souvenir, puis se précipitaient dans la boutique pour acheter un Stonehenge en carton-pâte ou une carte du ciel, ou plus simplement pour se mettre à l'abri. Sans arrêt, les cars déversaient leur cohorte de nouveaux visiteurs, qui attendaient aux guichets pour entrer, jetaient un regard superficiel sur le site avant d'acheter une dernière part de rêve et de repartir sous la pluie.

Quant à moi, je m'attardai sur les curiosités, la *Heel Stone*, la pierre des sacrifices et les montants qui présentaient des anomalies. Tout se fondait dans la grisaille et j'étais dans l'incapacité de distinguer les sarsen (ou grès) « blancs » des pierres « bleues » volcaniques. Malgré les importantes destructions du cercle extérieur au sud-ouest, je ne pouvais distinguer le cœur du monument ; je

---

1. Généralement, j'ai utilisé la traduction française des termes anglais, sauf pour les expressions qui n'ont pas d'équivalent ou dont la traduction ne saurait être adéquate.

trouvais très hypothétiques les différentes reconstitutions qui en avaient été faites.

Il pleuvait toujours, pour accroître encore cette impression de misère et de ruine. Je ne croyais plus à l'outrage du temps, mais soupçonnais une volonté destructrice des hommes ayant abouti à cette dégradation. Stonehenge ne dominait pas la plaine. L'horizon restait limité et le temple se refermait sur son secret.

J'attendais que tombe le soir, car j'avais obtenu l'autorisation de visiter en nocturne l'intérieur du monument. Malheureusement, il pleuvait de plus en plus fort et la visibilité diminuait encore. Je me trouvais confrontée au paradoxe d'un temple luni-solaire, noyé sous l'eau. À croire que les dieux eux-mêmes continuaient à s'acharner sur ce lieu, que la folie des hommes avait profané. Je m'interrogeais aussi sur les derniers prêtres de Stonehenge et sur leur départ.

La déception m'envahissait. À défaut de voir le soleil se lever sur la *Heel Stone*, j'avais espéré le voir se coucher exactement le long du trilithe qui porte un décor solaire. Mais les dieux en avaient décidé autrement.

Maintenant, le site se vidait de son lot de promeneurs. Je devais sortir avec les autres, attendre que la dernière voiture soit partie, pour, enfin, avoir la possibilité d'entrer dans le saint des saints.

Flanquée de deux gardes, je m'avançai vers le centre. Je disposais de deux heures pour vérifier toutes mes hypothèses, alors que la nuit tentait de tout voiler de son mystère.

En hâte, je pris quelques photos, je repérai les gravures sur le cercle extérieur et le fer à cheval central, je tentai de comprendre l'enchevêtrement de la pierre de l'autel et du trilithe central effondré et de compter les pierres du cercle de pierres bleues.

Il pleuvait de plus en plus fort et l'obscurité envahissait tout. Je ne distinguais même plus les gardes qui patrouillaient dans l'enceinte. C'était une nuit sans étoiles et sans lune et je ne pouvais pas repérer la constellation du Dragon. Je me plaçai alors au centre même, pour tenter d'apercevoir la *Heel Stone*, dans l'échancrure du cercle des trilithes, et imaginer le soleil se levant, le jour du solstice d'été, comme tant de photos le montraient.

Mais je ne voyais qu'un rideau de pluie et une porte ouverte sur une pierre qui matérialisait un axe, l'avenue par laquelle j'étais arrivée.

Après la cohue de la journée, c'était le calme et le silence. L'ovale des trilithes centraux, ouvert sur un ciel noir, me dominait de sa masse imposante. Malgré la pluie, le regard se tournait vers le haut, passant au-dessus des linteaux du cercle. Pourtant, je gardai en point de mire la *Heel Stone*. J'étais complètement trempée, mais je n'arrivais pas à m'arracher à ce spectacle immobile.

La *Heel Stone* indiquait le nord et l'étoile Polaire.

C'est donc ici que se trouvait le secret de Stonehenge. L'idée paraissait complètement folle et j'avais l'impression de délirer. J'imaginais la fin du temple : au fil du temps, la *Heel Stone* n'indiquant plus la direction du nord, les prêtres perdirent de leur crédit et ne furent plus écoutés.

Oui, c'est ici que se trouvait le secret de Stonehenge : la dérive des pôles. On considère toujours l'étoile Polaire comme le centre immuable, l'immobilité face aux révolutions de la Terre et des planètes, le point de référence absolu. Mais on oublie la dérive des pôles, c'est-à-dire la loi de précession des équinoxes, qui fait que le pôle nord de la Terre tourne autour de lui-même et que sa référence céleste, l'étoile Polaire, tourne en même temps que lui. Ainsi, au cours du temps, celle-ci, comme les points cardinaux, a varié.

Les hommes qui ont bâti Stonehenge n'ont pas contemplé la même étoile Polaire que nous. Pour eux, elle se trouvait dans la constellation du Dragon. Et si le pôle nord de l'époque différait du nôtre, le soleil ne se levait pas, aux solstices et aux équinoxes, aux mêmes endroits qu'aujourd'hui.

La conclusion s'imposait, limpide : au temps de la construction de Stonehenge, le soleil ne pouvait pas se lever, le jour du solstice d'été, sur la *Heel Stone*.

Ici était le secret de Stonehenge : la *Heel Stone* indiquait le nord.

PREMIÈRE PARTIE

STONEHENGE
FACE À L'HISTOIRE

CHAPITRE PREMIER

LA GENÈSE DU SITE

Et la terre se réchauffa.

Le réchauffement postglaciaire est la composante essentielle des civilisations qui succèdent au paléolithique. Les glaces polaires fondent, entraînant la montée du niveau de la mer, qui progressivement envahit les régions côtières. Ainsi, les îles Britanniques se séparent du continent, créant les conditions d'un isolat, qui seront vite dépassées par la maîtrise de la navigation. Par ailleurs, l'accroissement de la masse des océans entraîne d'autres modifications climatiques, du fait d'une pluviosité plus importante. La steppe désolée et nue de l'ère glaciaire cède la place à la forêt, dense, impénétrable, hostile. Des changements dans la faune impliquent une modification de l'équilibre alimentaire et du mode de vie des hommes.

Ainsi naissent les mythes qui ont trait aux continents engloutis – l'Atlantide par exemple – ou au déluge, qui permet à un seul couple de survivre et de fonder une nouvelle race humaine. Le déluge est lié au thème de la montagne – ou de l'île – qui seule domine les terres immergées. D'une certaine manière, les îles Britanniques se prêtent particulièrement à la naissance de ce type de récit de recréation du monde.

La plaine de Salisbury

Situons tout d'abord Stonehenge dans son contexte. Le cercle de pierres se dresse au cœur de la plaine de Salisbury, dans le sud de l'Angleterre. Plaine est un bien grand mot, à propos d'un terrain extrêmement vallonné, bien que sans relief excessif. Le sous-sol, crayeux, est recouvert d'une mince couche de terre arable. Ce sont des conditions propices pour une agriculture qui en est à ses premiers balbutiements. Ajoutons que la plaine de Salisbury s'entoure de collines calcaires, et que Stonehenge se trouve au centre même de la région.

De centre géographique vers lequel convergent les regards des passants sur les collines, il est aisé de passer au centre cultuel puis au centre ésotérique. On peut ici saisir toute l'importance que revêt la problématique des cercles concentriques.

Dans cette « plaine » de Salisbury arrivent, vers 3500 avant Jésus-Christ, des colons partis du continent. Le pays est alors peuplé par des tribus nomades et primitives, peu nombreuses, qui vivent de la pêche, de la chasse et de la cueillette, en s'abritant dans des huttes sommaires. En revanche, les nouveaux venus ont une culture plus élaborée et ils apportent des techniques nouvelles, l'agriculture et l'élevage.

On ignore pourquoi ils ont quitté leur pays d'origine. Les raisons que l'on peut évoquer sont la surpopulation de leurs terres ou le goût de l'inconnu. On ignore également quels ont été leurs contacts avec les populations autochtones, dont le mode de vie demeurait plus archaïque.

Dans un premier temps, il semblerait que chacun ait vécu en vase clos, dans un territoire qui permettait à tous

18

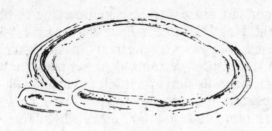

Fig. 1
Camp fortifié de Yarnbury Castle.

d'avoir une existence acceptable. La culture des arrivants se nomme *Windmill Hill Culture*, du nom d'un site relativement proche de Stonehenge (une trentaine de kilomètres), où l'on a fouillé un camp fortifié. Celui-ci, comme tous les autres du même groupe, se présente avec un triple fossé concentrique, doublé par des talus, probablement hérissés de palissades, avec une seule entrée, sorte de pont où le terrassement s'interrompt.

Ce peuple reste malgré tout assez démuni de moyens matériels, ce qui ne l'empêchera pas de déployer des efforts considérables pour réaliser des terrassements colossaux, avec le seul recours de pioches en bois de cerf et de pelles en omoplate de bœuf. L'outillage en silex paraît proche de celui des peuples aborigènes et la seule nouveauté consiste en pointes de flèche finement taillées. Comme chez tous les peuples semi-sédentaires, la céramique est connue et utilisée, bien que limitée à des formes simples, plus ou moins hémisphériques, parfois ornées d'un décor pointillé ou incisé verticalement.

Dans les environs immédiats de Stonehenge, on connaît un des camps de cette période : Robin Hood Ball, à six kilomètres vers le nord. Il semblerait que ces camps n'aient pas servi en permanence comme habitat, mais seulement périodiquement. Les premières agricultures ont toujours un caractère extensif et les temps n'étaient pas encore réellement troublés par la guerre.

On connaît assez bien les sépultures de ce peuple de Windmill Hill. Il s'agit des *Long Barrows*, c'est-à-dire de « tumulus longs ». Ces tertres ont au moins trente mètres de long et certains dépassent les cent mètres. Généralement, ils s'orientent selon une ligne est-ouest et les corps sont inhumés dans la zone orientale. Ils supposent l'emploi d'une main-d'œuvre abondante et donc d'une société organisée en groupes relativement importants, sans commune mesure avec les très petites unités de la société mésolithique.

Une douzaine de *Long Barrows* entourent Stonehenge, et si l'on ne peut apporter aucune preuve de la sacralité du site dès cette époque, de fortes présomptions en faveur de cette thèse existent. Un seul fragment de poterie de Windmill Hill, trouvé lors des fouilles, paraît cependant insuffisant pour l'étayer.

La culture de Windmill Hill s'éteint progressivement et fait place à celle des « bâtisseurs de mégalithes », qui nous intéresse ici plus directement. Il est difficile d'avan-

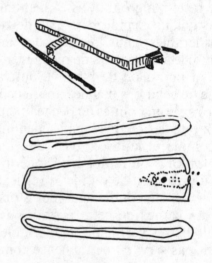

Fig. 2
Long Barrow : Fussell Lodge.

cer l'hypothèse de l'arrivée d'un nouveau peuple et il reste possible que des modifications dans les croyances soient survenues. Toujours est-il que, pendant des siècles, la coutume s'établira de construire, dans un premier temps, des dolmens sous tumulus et des cromlechs. Et si les dolmens n'ont pas une longue durée de vie, il en va tout autrement des cercles de pierres. Stonehenge en est la preuve la plus explicite.

Rien ne permet d'identifier clairement les bâtisseurs de mégalithes. L'origine de cette nouveauté doit sans doute être recherchée sur le continent où un phénomène semblable prend son essor. Est-elle à l'actif de populations entières ou seulement de petits groupes ?

Cette nouvelle culture qui intègre toutes les tendances précédentes – survivances mésolithiques et culture de Windmill Hill – en y ajoutant ses propres créations prend le nom de « néolithique secondaire ». La population de Grande-Bretagne devient suffisamment abondante pour que de nouvelles activités puissent prendre naissance : l'exploitation de mines de silex et leur commercialisation. Malheureusement, on connaît très mal les habitats de cette époque. En revanche, les centres cultuels ont laissé des traces plus significatives.

Ainsi les *Henge Monuments* entrent dans l'histoire, avec comme exemple particulier, mais pas unique, la première phase de Stonehenge.

Voici donc dressé le décor de l'implantation de ce haut lieu sacré. Les *Henge Monuments* constituent une forme spécifique à l'Angleterre et n'ont pas d'équivalent sur le continent. Il s'agit d'enceintes faites de fossés et de remblais, de dimensions variables, allant de huit à quatre cent cinquante mètres de diamètre. Comme elles ne semblent pas avoir de destination profane, ne servent pas d'habitat, les archéologues anglais les considèrent comme des sanctuaires. Leurs types et leurs formes restent divers et leur fonction, énigmatique.

L'examen de Stonehenge apportera peut-être quelque

lumière sur ces mystérieux monuments et sur une phase décisive des traditions de la région.

Le phénomène mégalithique

Pour expliquer le phénomène mégalithique, dans le cas particulier de la Grande-Bretagne, il faut tenir compte d'un facteur important : l'insularité. La montée des eaux au postglaciaire a isolé l'Angleterre, l'Irlande et quelques autres îles de moindre importance du reste du continent. Sans embarcation, il n'est pas possible d'envisager une quelconque colonisation. Certes, depuis la fin du paléolithique sans doute, la navigation est connue, mais elle présente des contraintes particulières que n'ont pas les voyages sur terre.

L'insularité implique un certain isolement. Les nouveautés ne parviennent en Grande-Bretagne qu'avec un décalage chronologique. Ainsi le phénomène mégalithique n'y apparaît qu'avec plus d'un millénaire de retard par rapport à celui des côtes occidentales françaises.

Cependant des contacts sporadiques ont lieu, depuis que la Grande-Bretagne est devenue une île. Ultérieurement, à partir des âges des métaux où le commerce prend une importance grandissante, la mer ne constituera plus une barrière quasi infranchissable et les voyages seront beaucoup plus fréquents, à cause des intérêts économiques suscités par la présence de certains minerais (l'étain, par exemple). La richesse attisant des convoitises, les invasions se succèderont en Grande-Bretagne comme dans le reste de l'Europe occidentale.

D'un autre point de vue, l'insularité offre une relative protection, au cours des périodes préhistoriques. Si les nouveautés y arrivent avec un retard plus ou moins important, inversement, la tradition s'y maintient plus radicalement qu'ailleurs. Éventuellement des formes autochtones peuvent s'y développer, protégées par la rareté des contacts avec le reste du monde. Ainsi en est-il des *Henge Monuments*, sur lesquels nous aurons l'occasion de revenir.

Pour éclairer le mystère de Stonehenge, il convient de s'attarder quelque peu sur le phénomène mégalithique, dans son ensemble. Dans d'autres ouvrages (*Le Grand Secret des pierres sacrées* ; *Carnac, les sites sacrés*, Éditions du Rocher), j'ai pu développer quelques aspects de ce mouvement. Mais il en est d'autres qui concernent des formes spécifiques à la Grande-Bretagne, comme Stonehenge.

On constate qu'au néolithique – c'est-à-dire avec l'apparition de l'agriculture, de l'élevage, de la sédentarisation – la mort revêt une importance grandissante. Parallèlement, la fécondité y trouve sa pleine expression, puisque les deux phénomènes sont étroitement liés.

Au paléolithique et au mésolithique, le mort n'est pas négligé et il reçoit même des honneurs. Mais la sépulture conserve des proportions modestes. Souvent il s'agit d'une simple fosse recouverte par un dôme de terre. Quelques exceptions, comme, en France, Saint-Germain-la-Rivière, peuvent être soulignées, mais elles ont un caractère inhabituel.

Stonehenge 1

Au néolithique apparaissent des enclos sacrés avec des maisons des morts, plus particulièrement dans les pays de l'Europe du Nord (Allemagne et Danemark). Il est vraisemblable que les *Henge Monuments* s'apparentent à de tels ensembles. On ne peut pas qualifier, à proprement parler, ces structures de « monuments mégalithiques », dans la mesure où ils sont construits en bois, mais l'idée de « demeure d'éternité » reste sous-entendue. Le *Henge Monument* constitue la première étape de construction à Stonehenge.

Le bois est le matériau par excellence du nomade,

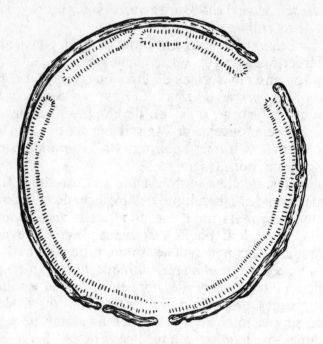

Fig. 3
Henge Monument : Stonehenge 1.

alors que la pierre est celui du sédentaire. Certes, l'opposition peut paraître grossière, mais elle est réellement symbolique, au départ. Ensuite, les Indo-Européens en particulier sauront réaliser l'habile union des deux composantes, créant ainsi deux corporations à caractère initiatique, celles des charpentiers et des maçons.

Les *Long Barrows*, premiers tertres funéraires de la culture de Windmill Hill, s'apparentent à ceux d'Allemagne. Eux non plus ne peuvent apparemment entrer dans le cadre véritable du mégalithisme. Pourtant ils sont proches des tumulus longs bretons, bâtis en pierres sèches, et ils prouvent ainsi l'existence d'une forte relation entre la pierre et le bois. Cela demeure fondamental pour bien comprendre certains traits particuliers de Stonehenge.

Revenons sur les aspects novateurs du néolithique, car ils constituent la clef des formes actuelles de la tradition. L'invention de la poterie a pour corrolaire le mythe du potier céleste, créateur de mondes. Celle de l'architecture implique celui du grand architecte qui structure ce monde. L'artisanat se trouve valorisé et des corporations soumises à des rites et au secret voient le jour.

Dès le paléolithique, des abris sont construits pour protéger la famille des intempéries. Mais à cette époque-là, tout a un caractère sacré, que ce soit la demeure des vivants ou celle des morts. À partir du néolithique se dessine peu à peu la distinction entre profane et sacré. Ainsi la pierre devient le matériau noble seul digne de la demeure des ombres. Le bois, périssable, se trouve réservé à l'habitation des vivants.

Dans le même temps, la pierre prend valeur d'éternité. Elle représente les os de la mère, c'est-à-dire de la Terre. Ce rapport se fonde évidemment sur l'ordre hiérarchique des divers éléments que l'on trouve sur la planète. La pierre y précède l'arbre, dans la chronologie, mais la durée d'existence de la pierre est aussi largement supérieure à celle de l'arbre.

Et les mégalithes, me dira-t-on ? Les grandes pierres. Un cercle de terre et d'eau reste, malgré tout, très différent des véritables mégalithes, des dolmens et des menhirs. Pourquoi s'attarder ainsi sur ce cercle extérieur et si éloigné dans le temps ?

Dans le labyrinthe de Stonehenge, il semble difficile d'oublier les grandes pierres. Elles sont si pesantes qu'il a été difficile de démanteler largement le site, tant au moment de son abandon qu'au Moyen Âge, quand les pierres de construction étaient recherchées. L'une des plus admirées et des plus lourdes se trouve être la *Heel Stone*, située non pas à l'intérieur de l'espace sacré, mais à l'extérieur, au nord-est, pour servir de point de visée. Ce bloc de grès pèse trente-cinq tonnes et a été transporté sur une trentaine de kilomètres, par des populations néolithiques.

Au néolithique, la technologie est rudimentaire, ce qui n'empêche pas des connaissances empiriques approfondies des masses et volumes et du moyen de les déplacer. Leviers, cales, chaussées de bois sont des instruments simples. Cependant les prouesses des hommes de « l'âge de la pierre » vont étonner bien des générations.

Les longs tumulus des premières cultures néolithiques ne contiennent pas, dans la région de Stonehenge tout au moins, de dolmens Pour saisir le mégalithisme du sud de l'Angleterre, seules les pierres dressées illustrent ce phénomène, d'une manière quelque peu réductrice. Mais ces blocs levés savent parfaitement illustrer les croyances et les spéculations des peuples qui les ont érigés et ont délibérément voulu privilégier, à Stonehenge en particulier, la fête cosmique.

Des collines artificielles – les fameux *Long Barrows* – constituent le domaine des ombres. En revanche, les cercles, ouverts, semble-t-il, sur le ciel et la lumière supposent l'existence d'un second pôle de sacralité. La Déesse-Mère n'est pas la seule maîtresse des hommes et des dieux, elle a un *alter ego* aussi puissant qu'elle.

Ainsi le néolithique s'avère être une période de changement où les anciens idéaux sont mis en doute. Est-ce vers la fin de cette période, en coïncidence avec le débarquement des premiers Indo-Européens, que se place l'introduction d'un nouveau calendrier ? Est-ce à ce moment que les enclos sacrés sont détournés de leur fonction primitive pour en acquérir une autre totalement différente ?

Stonehenge 2

Le peuple des gobelets campaniformes (*Beaker Culture*) met en œuvre un premier cercle de pierres : Stonehenge 2.

26

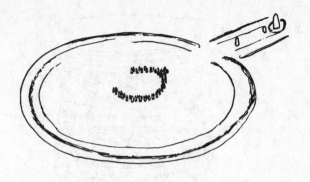

Fig. 4
Vue de Stonehenge 2.

Actuellement, il a entièrement disparu, mais il est possible d'en reconstituer partiellement le schéma, que donnent ses fosses d'implantation. Avant tout, il faut préciser que les constructeurs ont fait venir, à grands frais, des blocs de dolérite, depuis le Pays de Galles : ce sont les fameuses « pierres bleues ». Ils semblent être également les organisateurs de l'avenue, large chaussée qui permet d'accéder au site depuis le nord-est.

Rappelons que la *Beaker Culture*, implantée largement le long des côtes européennes, correspond à l'arrivée d'un nouveau peuple, qui s'insinue plus ou moins pacifiquement dans le contexte autochtone. Au départ, il s'agit de commerçants et d'artisans, qui connaissent la métallurgie du cuivre et recherchent de nouveaux gisements, ce qui explique les premiers contacts, non belliqueux. Ces grands voyageurs ne s'effraient pas de la distance pour rapporter des pierres qui sont censées détenir des pouvoirs merveilleux.

À Stonehenge, à l'intérieur du premier cercle – talus et fossé –, ils implantent donc leur propre structure, un double cercle de pierres bleues avec une ouverture aujourd'hui au nord-est, renforcée par de nouvelles pierres dressées. L'avenue a pu avoir un but utilitaire, en

Fig. 5
Gobelet campaniforme trouvé à West Kennet.

favorisant le traînage des pierres et, en même temps, un but syn'bolique, en raison de son orientation particulière.

Stonehenge 3

Et les grandes pierres grises surmontées de leur linteau, celles qui font de Stonehenge un site unique... qui les a dressées et pourquoi ?

Dans le reste de l'Europe occidentale, le mégalithisme disparaît progressivement, après la fin des cultures chalcolithiques. En Grande-Bretagne même, il n'a plus le dynamisme du départ, c'est pourquoi Stonehenge paraît, à plus d'un titre, isolé et incompréhensible. Le grand Stonehenge serait une œuvre finale, une sorte de testament légué au monde ancien et dont, aujourd'hui, on a peut-être oublié le sens premier.

Voici les faits : en plein âge du bronze, les riches seigneurs du sud de l'Angleterre veulent immortaliser

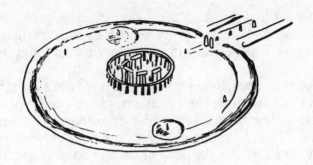

Fig. 6
Vue de Stonehenge 3.

leur gloire à travers le monument le plus gigantesque, le plus extraordinaire qui soit. Et pour ce faire, ils n'hésitent pas à envoyer chercher à plus de trente kilomètres des pierres de grès gris-blanc, pesant plusieurs tonnes. Les dresser ne leur suffit pas et pour donner alors le juste ton de leur démesure, ils exigent que des linteaux soient posés sur les piliers équarris. De tels ouvrages ont pu être réalisés en bois, même si l'on n'en a pas de traces évidentes en Angleterre. Mais utiliser la pierre suppose une adaptation à un matériau nettement moins souple.

Alors on se retrouve confronté au paradoxe d'un monument de bois fabriqué avec de la pierre et on en revient à la question, évoquée ci-dessus, des peuples sédentaires, utilisant la pierre, en opposition à ceux, nomades, qui se servent du bois. L'architecture de pierre et le mégalithisme paraissent bien, au départ tout au moins, être l'œuvre d'une population d'agriculteurs sédentaires.

Mais l'histoire humaine ne saurait se figer et les vagues successives de pasteurs plus ou moins guerriers qui déferlent à partir de l'âge du bronze (et peut-être même avant) jalousent le savoir mystérieux des peuples dont ils envahissent le territoire. Deux solutions se font jour : on détruit les temples, on brise les idoles des

29

prédécesseurs, dans un accès de fureur vengeresse. Puis on s'aperçoit que les symboles choisis sont éternels, et à tout prix, on cherche à imiter ce qu'on vient de condamner.

Ainsi la deuxième, puis la troisième vague du mouvement mégalithique cherchent à restaurer l'ordre primitif, à recréer le monde tel qu'il était primitivement. La pierre éternelle, seule, a une valeur sacrée et l'architecte paraît plus puissant que l'arpenteur, le maçon plus grand que le charpentier. Si l'on ajoute que le prestige des dieux disparaît devant celui des princes, on saisit mieux l'état d'esprit de cette période de la gloire de Stonehenge.

La troisième phase de Stonehenge correspond véritablement à la fois à l'apothéose du phénomène et à son aspect le plus grandiose. Pour dresser le plus grand monument de la terre, on fait table rase de ce qui existe déjà. Le « moderne » ne saurait s'allier aux antiquités d'un autre âge et, de surcroît, il faut de la place pour réaliser un tel chef-d'œuvre.

Diverses hypothèses ont été avancées, tant pour le traînage des blocs – par voie de terre et par voie fluviale, où la résistance est moindre – que pour l'élévation des matériaux. La rivière de l'Avon a peut-être été d'un grand secours dans ce transport. Par ailleurs, l'avenue créée antérieurement a pu servir. Enfin récemment, on a découvert des chaussées en bois à la frontière du Pays de Galles qui ont dû jouer leur rôle.

Dresser les blocs paraît être une autre gageure, en raison de leur poids. Mais il a fallu aussi les tailler, en particulier les linteaux, pour que les mortaises s'emboîtent parfaitement sur les tenons sculptés, au sommet des montants verticaux. De plus le monument est courbe et les linteaux devaient s'adapter parfaitement, d'où des calculs assez complexes et un art véritable de la construction. Même si l'on suppose un modèle en bois, la réalisation n'a pas été aisée.

Ensuite, il faut imaginer les arbres abattus pour faire des échafaudages en forme de tours, afin de pouvoir hisser les linteaux et les poser sur les piliers, car il ne pouvait être question, étant donné le manque d'espace au centre, d'user de plans inclinés, comme cela se faisait pour poser les tables de couverture des dolmens. Du coup, les métreurs et les charpentiers voyaient leur art réhabilité, dans la mesure où il servait le « grand œuvre ».

En dernière analyse, on s'aperçoit que la réalité de la construction mégalithique fait également appel à la pierre et au bois. On doit conclure qu'agriculteurs sédentaires et pasteurs nomades se trouvent pareillement impliqués, ce que les légendes ultérieures sur Stonehenge révèlent, pour peu qu'on gratte le vernis de l'histoire racontée. Mais les peuples protohistoriques ont valorisé la guerre et il est impensable alors de ne pas souscrire au combat des frères ennemis ou de l'aigle et du serpent.

Une des ultimes étapes de Stonehenge sera une forêt de poteaux de bois, comme les trous extérieurs à l'édifice principal le laissent supposer. Dans ce combat du jour et de la nuit, le dernier roi se serait-il tourné vers le périssable, image de son propre destin, oubliant l'éternité de la lumière ?

Reconstitution de l'histoire

Les éléments apportés jusqu'à présent permettent d'affirmer que l'histoire de Stonehenge est complexe et se déroule en plusieurs phases, qui correspondent chacune à un peuplement différent. On sait très peu de choses sur les véritables autochtones et apparemment, ils n'ont pas laissé de trace aux abords de Stonehenge.

Il faut attendre environ 3500 avant Jésus-Christ pour trouver un début de fréquentation du site, avec la culture de Windmill Hill. Et encore, on ne peut mettre à leur crédit aucun mouvement sur le site même de

Stonehenge. Tout au plus peut-on dire qu'il y a une présence dans la plaine de Salisbury (voir tableau ci-dessous).

Les premiers travaux à Stonehenge datent du néolithique secondaire (ou final). Il s'agit de Stonehenge 1, un enclos sacré de terre, d'eau et de bois, qui renfermait sans doute, en son centre, une maison des morts. Le culte de la Déesse-Mère, dans son aspect bénéfique de maîtresse de la fécondité et celui, négatif, de puissance de la mort vit encore avec force, et les agriculteurs fêtent, à l'équinoxe, chaque retour du printemps. Déjà une solide organisation collective permet la mise en œuvre de tertres impressionnants ou d'enceintes grandioses, qui n'ont encore rien de mégalithique.

Les phases chronologiques de Stonehenge

MÉSOLITHIQUE : pas d'occupation connue
NÉOLITHIQUE : Stonehenge 1
CHALCOLITHIQUE : Stonehenge 2
ÂGE DU BRONZE : Stonehenge 3a
                  Stonehenge 3b
                  Stonehenge 3c
ÂGE DU BRONZE FINAL : Stonehenge 4
ÂGE DU FER : début de la destruction du site

À Stonehenge, les premiers mégalithes dignes de ce nom apparaissent avec la culture des gobelets campaniformes (ou *Beaker Culture*). Peut-être y a-t-il auparavant quelque menhir isolé, tel que la *Heel Stone* ? Mais avec ce nouveau peuple qui connaît un début de métallurgie du cuivre, les orientations culturelles du site paraissent changer complètement.

Stonehenge 2 conserve le grand cercle primitif comme

limite entre le sacré et le profane et on bâtit, à l'intérieur, un double cercle de pierres bleues. Pour quel usage ? Dans la mesure où cette construction a été totalement détruite ultérieurement, on peut facilement se perdre en conjectures. L'avenue a-t-elle une relation avec cette phase de construction ? Notons son orientation actuelle vers le nord-est. Elle n'a rien d'utilitaire, puisqu'elle dévie ensuite vers l'est, avant de s'infléchir vers le sud pour rejoindre la rivière et le point de débarquement des pierres étrangères. Une autre branche rejoint le Cursus, le plus grand *Henge Monument* connu. Si l'on ajoute que la porte du cercle de pierres bleues a une ouverture dans la même direction, on peut s'interroger.

Au chalcolithique, les coutumes funéraires n'ont pas véritablement changé. Seuls, les monuments obéissent à de nouvelles normes, et aux *Long Barrows* du néolithique succèdent les *Round Barrows*, de dimensions bien plus modestes. Des centaines parsèment la plaine de Salisbury. Tous ne sont pas attribuables au chalcolithique et certains datent de l'âge du bronze.

En revanche, on peut dire que divers lieux de culte tendent à faire leur apparition et distinguer des zones sépulcrales, limitées à un tertre funéraire et à sa palissade, et des enceintes sacrées dont la vocation varie. Dans les deux cas, le cercle et toute sa symbolique sont préservés, mais de nouveaux dieux reçoivent la ferveur des peuples et de leurs prêtres.

La durée d'existence de Stonehenge 2 est brève et vers 2000 avant Jésus-Christ, une nouvelle population encore plus belliqueuse apparaît. Probablement est-ce à elle que se rapportent certaines des histoires que l'on raconte sur Stonehenge.

Ces nouveaux venus appartiennent à la *Wessex Culture*. Ils maîtrisent parfaitement le bronze et étalent une richesse sans précédent. Dans la plaine de Salisbury, nombreux se dressent des tombeaux – toujours des *Round Barrows* – avec les bijoux d'or de leurs princes.

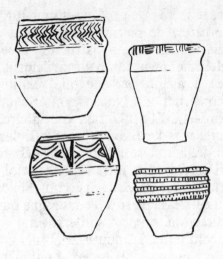

Fig. 7

Poteries de la *Wessex Culture*.

Fallait-il impressionner les autochtones soumis ? Fallait-il faire montre de sa puissance et de ses trésors, pour oser bâtir Stonehenge 3 ? Fallait-il affirmer la supériorité des nouveaux dieux sur la « vieille » Déesse-Mère ?

Stonehenge 3 se présente donc comme l'image de la démesure de gens arrogants et fiers, qui entendent soumettre tout le monde, oubliant que les invasions se succèdent et que les conquérants d'aujourd'hui seront les soumis de demain. Le cercle de pierres bleues est détruit et les blocs sectionnés, pour laisser la place au double cercle de trilithes de grès.

C'est l'apogée de la ferveur mégalithique et le monument sera remanié plusieurs fois. Ainsi un nouveau cercle de pierres bleues remplacera celui qui avait été mis à bas, probablement par vandalisme ou alors pour ériger une œuvre plus gigantesque. Un autre cercle intérieur, également en pierres bleues – des trilithes peut-être – s'intercale entre les trilithes de grès pour créer une

34

harmonie en blanc et noir et un labyrinthe, dont les entrées se perdent.

Pendant un millénaire environ la gloire du Soleil et des astres sera célébrée dans l'enceinte sacrée la plus fameuse qui soit et que l'on connaît sans doute jusque dans des contrées lointaines, comme la Grèce. Sa splendeur rayonne mais ne sera jamais égalée. Stonehenge reste un cas unique dans le phénomène mégalithique.

Puis les temps changent. Le Ciel y contribue par une modification climatique qui coïncide plus ou moins avec l'arrivée d'une nouvelle vague d'Indo-Européens. Alors la gloire du temple se trouve ternie.

Il est difficile de parler de la fin de Stonehenge et on ne sait pas trop si le site continue à fonctionner pendant un certain temps, tombe dans l'oubli, ou encore se trouve plus ou moins ruiné volontairement. Des traces d'occupation subsistent et les nombreux trous de poteaux extérieurs aux trilithes paraissent postérieurs à l'occupation principale. À quoi ont-ils servi ? Leur présence complique quelque peu l'interprétation des phases d'aménagement du temple.

Lorsque les Celtes, puis les Romains arrivent, Stonehenge a vécu. Sont-ce les uns ou les autres qui ont contribué à sa ruine finale ou est-ce le travail de sape des décennies ? Pourtant les bâtisseurs avaient voulu une œuvre immortelle, qui devait défier le Temps et servir de calendrier perpétuel. Mais dans leur orgueil, ils avaient peut-être bravé les dieux.

Avant de s'alarmer sur le devenir de Stonehenge à la suite de son abandon, il convient de s'arrêter sur les moments de sa gloire et de tenter de comprendre la complexité de ce monument hors du commun, dont les remaniements successifs ont fait une énigme.

Datations C^{14} de Stonehenge

STONEHENGE 1
- *Henge Monument* : fossé : 3 100 ans avant J.-C.
  2 700 ans
- Trous d'Aubrey : crémations : 2 300 ans

STONEHENGE 2
- Sépulture campaniforme dans le fossé : 2 170 ans
- Avenue : fossé : 2 200 ans

STONEHENGE 3
- Structure des trilithes de sarsen :
  pierre 56 : 2 100 ans
- Cercle de sarsen : pierre 16 : 2 000 ans

STONEHENGE 4
- Trous extérieurs au cercle de sarsen :
  trous Y : 1 480 ans
- Avenue : fossé : 1 250 - 1 000 ans

CHAPITRE 2

LES AMÉNAGEMENTS SUCCESSIFS

L'archéologue R. Atkinson, l'un des derniers à avoir effectué des fouilles à Stonehenge, reconnaît trois phases de construction distinctes dans le temps. Tous les travaux ultérieurs se fondent sur ses recherches et sur son interprétation de celles de ses prédécesseurs. Cette documentation est un peu ancienne (années 60), bien qu'elle ait été réactualisée en ce qui concerne les datations. Enfin une sépulture campaniforme a été trouvée plus tardivement dans le fossé ceinturant le site.

Bien entendu, il s'agit là de la partie archéologique, car des observations d'ordre astronomique ou géométrique n'ont été conduites que plus récemment. Mais cette première approche chronologique du site s'avère indispensable pour comprendre les événements qui se sont déroulés, au cours des âges, au cœur de cette enceinte sacrée.

Plus haut, on a pu évoquer pour ce qui est de la dynamique du site une division en trois phases culturelles différentes, avec, contrairement à ce qui se passe en règle générale, une implantation mégalithique tardive. Dans le reste de l'Angleterre, de nombreux mégalithes sont antérieurs à Stonehenge. Ses débuts correspon-

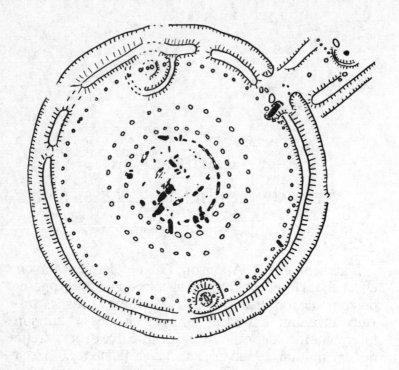

Fig. 8
Plan général de Stonehenge.

dent à l'apogée du mouvement, tandis que sa fin se situe bien après son extinction.

Stonehenge 1

Dans le bref aperçu donné plus haut, Stonehenge 1 se définit globalement par l'enceinte extérieure du site, avec fossé et talus. Mais cette approche se révèle limitative et ne tient pas compte de la totalité de la réalité. En effet, d'autres éléments se rattachent à cet ensemble : les « trous d'Aubrey », les « quatre stations » et peut-être la fameuse *Heel Stone*, extérieure à la structure circulaire.

Le Henge Monument

Il se caractérise par un fossé extérieur, creusé pour accumuler des matériaux destinés à élever le talus intérieur. Il est difficile de dire si l'aspect technique prévaut sur la signification symbolique. En tout cas, la terre a été prise sur place. Actuellement, bien que très arasé, cet ensemble reste encore visible et mesure une centaine de mètres de diamètre.

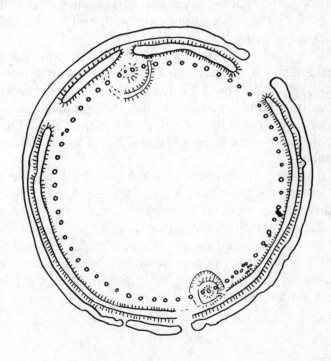

Fig. 9
Plan de Stonehenge 1.

D'après le plan général que donne Atkinson, le fossé et le talus sont discontinus par endroits. L'injure du temps entre parfois en cause, mais d'autres cas peuvent offrir un intérêt historique et symbolique.

Tout d'abord, le fossé s'avère être assez irrégulier, ce qui se comprend s'il a servi avant tout de carrière. Cependant on note une interruption plus nette vers le sud. Elle semble correspondre à une autre, diamétralement opposée, vers le nord. Quant à celle qui se situe au niveau de l'avenue, on ne peut pas la considérer comme significative, car le fossé a pu être remblayé au moment de la création de cette voie et le talus, alors aplani.

Une partie du fossé a été fouillée au début du siècle, par le colonel Hawley, mais il ne semble pas que l'on ait cherché à approfondir la question de l'implantation de l'avenue sur le *Henge Monument*. Des pioches en bois de cerf et des pelles en omoplate de bœuf restent les seuls éléments remarquables signalés.

En ce qui concerne le talus, il est très érodé actuellement et l'interprétation de ses interruptions, difficile. Comme pour le fossé, il en existe une au niveau de l'avenue et deux autres, la première proche du nord géographique actuel et la seconde dans l'axe du coucher du soleil au solstice d'été, à la latitude de Stonehenge.

Pour compliquer encore les faits, F. Niel signale et dessine une coupure dans le talus au sud, là où le fossé s'interrompt lui-même, alors qu'Atkinson ne la figure pas. Des générations d'archéologues se sont axées sur l'entrée face au nord-est et au soleil levant, le jour du solstice d'été, sans même chercher à en apporter des preuves, si bien qu'aujourd'hui il paraît difficile d'aller à l'encontre de cette thèse.

À l'intérieur du double cercle d'eau et de terre prennent place les trous d'Aubrey, du nom de l'un des inventeurs de Stonehenge.

L'image habituellement donnée de ceux-ci renvoie à une vision quasi idéale de cinquante-six fosses régulièrement espacées. Ce nombre étrange, qui ne déparerait pas une interprétation alchimique, correspond à deux lunaisons. À partir de cette base, G. Hawkins a pu bâtir toute une théorie sur le calcul des éclipses de lune.

Cependant, tout ne semble pas aussi facile, et le plan d'Atkinson ne montre pas les fosses régulièrement espacées. Par ailleurs, leur nombre peut aller jusqu'à soixante-dix, si l'on tient compte des multiples reprises. Il est vrai que la construction d'un cercle parfait avec cinquante-six points réguliers paraît irréalisable. Notons que les espacements plus larges correspondent au nord et au sud ou à deux des quatre stations que l'on verra plus loin et qui ont modifié le site, c'est-à-dire aux interruptions du talus et du fossé. Serait-ce une coïncidence ?

Il nous faut encore aborder le remplissage des trous d'Aubrey. Tous n'ont pas été fouillés, mais certains ont livré de curieux indices. Ils ont environ un mètre de diamètre et également un mètre de profondeur et ils renfermaient, dans leurs niveaux supérieurs, des ossements humains calcinés parmi d'autres indices, tels que des aiguilles en os, des fragments de silex ou des éclats provenant des blocs ayant servi aux constructions proprement mégalithiques.

La teneur de ces dépôts a permis de soulever bien des questions. L'inhumation paraît être la règle au néolithique, au moment de l'édification du *Henge Monument*, et l'on ne peut considérer ces ossements comme des restes sépulcraux. Seule l'hypothèse du dépôt rituel paraît devoir être retenue. Mais, à son tour, elle implique de nouvelles interrogations sur les coutumes des peuples néolithiques ou postérieurs.

Sans doute y reviendrons-nous ultérieurement.

Stonehenge n'est pas le seul *Henge Monument*. D'autres sites se rattachent au même ensemble, ont une structure identique, soit une succession de trois cercles concentriques : fossé, talus, fosses, avec une ou plusieurs entrées.

La Heel Stone

Atkinson tient à rattacher la *Heel Stone* à ce premier ensemble et à démontrer ainsi que, dès le départ ou dès la seconde phase de Stonehenge 1, l'entrée principale se plaçait vers le nord-est. Malheureusement rien ne permet d'étayer véritablement cette hypothèse, puisque les poteries trouvées dans ses fondations sont campaniformes. Il ajoute même d'autres fosses qui jalonneraient cet itinéraire particulier. Dans la mesure où le *Henge Monument* est uniquement fait de terre, pourquoi aurait-on construit une chaussée ? Et surtout : pourquoi l'aurait-on orientée dans une telle direction, puisque les préoccupations cultuelles néolithiques avaient d'autres schémas ?

Il faut avouer que la destination des *Henge Monuments* reste malgré tout énigmatique. Si leur fonction ne paraît pas être domestique, comme certains ont pu le croire, elle est donc bien religieuse et l'hypothèse de l'enclos sacré, voué à des cérémonies initiatiques et funéraires, reste acceptable.

Comme le centre a été largement remanié par les constructions ultérieures successives, il est possible que nous ne saurons jamais s'il y avait ou non, à cet endroit, une « maison des morts » en bois ou tout autre édifice. Le rapprochement avec les *Long Barrows* n'est pas évident et s'il y a eu un tertre dans cet enclos, il a été arasé.

42

Passons maintenant aux quatre stations. Ce nom étrange renvoie à quatre pierres plantées qui dessinaient une sorte de rectangle, à l'intérieur du cercle des trous d'Aubrey. En outre, il convient de préciser que seulement deux de ces blocs se dressent encore sur leurs monticules de terre. Les deux diagonales que forment les lignes qui joignent ces pierres se coupent au centre du cercle du *Henge Monument* et forment entre elles un angle de quarante-cinq degrés.

Les hommes préhistoriques maniaient les notions de géométrie d'une manière étonnante. Notons que ces points remarquables semblent correspondre à des levers particuliers du soleil et de la lune. Ce second fait pourrait avoir une incidence sur le premier.

En outre, ces quatre pierres occupaient des positions relativement symétriques par rapport à la *Heel Stone*, extérieure au monument. Il reste à définir le moment de l'érection de ces divers témoins, pour établir des interconnexions plus précises.

Quant aux deux monticules, ils sont appelés *barrows* (tumulus), mais c'est incorrect, puisqu'il s'agit en fait de simples terrassements entourant les monolithes. Le plan incliné ayant servi à positionner le menhir dans sa fosse aurait été aplani et ceinturé par un petit fossé.

Ici encore des remarques s'imposent. Elles s'appliquent au centre des divers cercles et figures géométriques qui commencent à s'enchevêtrer inextricablement. Les centres du *Henge Monument*, du cercle des trous d'Aubrey et du rectangle défini par les quatre stations, en admettant que la reconstitution soit ici fidèle, coïncident. En revanche, les centres du fer à cheval de sarsen central et celui du cercle de sarsen se trouvent décalés vers le nord-est et ne correspondent pas au fameux axe défini par les archéologues.

Dans cette optique, ces deux dernières figures ont un centre commun et toutes deux, une forme elliptique, accusée pour le fer à cheval central et nettement plus atténuée pour le cercle de sarsen. Mais ces considérations ne nous apportent aucun élément pour juger de la succession chronologique des diverses constructions.

Atkinson considère que les quatre stations et les deux structures de sarsen sont contemporaines. Pour ces dernières, cela reste vraisemblable, car l'une ne se conçoit pas sans l'autre. Quant au quadrilatère, il pourrait leur être antérieur et avoir été tracé sur un terrain dépourvu de toute construction, à condition bien entendu que la reconstitution soit correcte, ce qui est loin d'être assuré.

Que d'inconnues se glissent dans cette tentative de restitution de la séquence !

Pour conclure le chapitre de Stonehenge 1, il faut rester conscient des difficultés d'interprétation qui subsistent. D'après les datations du carbone 14, on peut distinguer deux phases différentes que les archéologues n'ont pas réussi à mettre en évidence à la seule vue des vestiges conservés.

La première phase, attribuable au néolithique récent, se limite au *Henge Monument*, soit au talus et au fossé et la présence d'une construction centrale en bois donnerait une explication cultuelle à l'ensemble. Quant à la question des entrées, elle ne paraît pas résolue, mais il n'y a aucun argument qui permette de la situer (ou non) vers le nord-est. Sans doute est-ce là un point qui mériterait vérification.

Pour la seconde phase qui correspondrait, d'une part aux trous d'Aubrey et d'autre part, à la *Heel Stone*, à deux pierres d'entrée et à un portique de bois, tous situés vers le nord-est, elle intervient trois ou quatre siècles après. Sur le plan chronologique, elle est contemporaine de la culture campaniforme, qui se situe à l'origine de Stonehenge 2.

Peut-être conviendrait-il d'ailleurs de distinguer une phase de creusement des trous d'Aubrey, probablement ancienne, et une autre, postérieure, de réutilisation cultuelle, sans doute liée à la deuxième occupation du site ?

Stonehenge 1 se referme sur l'énigme de son cœur.

Stonehenge 2

À côté des questions que pose la première implantation à Stonehenge, la deuxième phase paraît limpide. Pourtant il demeure quelques points d'ombre, dans la mesure où peu de datations ont pu être effectuées et où les connaissances concernant les structures se limitent aux traces négatives qu'elles ont laissées.

Les parties extérieures du *Henge Monument* ne subissent pas de modifications sensibles, si ce n'est que l'entrée paraît se fixer définitivement au nord-est. Pour l'instant, on n'a aucun argument qui permette vraiment de dater l'implantation de la porte du cercle sacré, face à cette direction particulière. Voici un sujet que l'on a abordé plus haut et sur lequel on ne reviendra pas.

Le cercle des pierres bleues

À l'intérieur de l'enceinte, on ignore s'il subsiste une quelconque trace d'un bâtiment en bois de la première époque. En revanche, on est certain que les nouveaux venus implantent un cercle de pierres, qui se situe à l'intérieur de l'actuel cercle de sarsen, lequel date de la troisième phase de construction. Ce cercle, que l'on reconnaît à travers les trous d'emplacement des monolithes, coïncide à peu près avec le cercle des pierres bleues que l'on voit encore aujourd'hui, très détérioré et réduit à quelques pierres, dont certaines sont manifestement en réemploi.

Atkinson a mis en évidence cette nouvelle structure ronde, qu'il nomme « les trous Q et R », au cours de ses

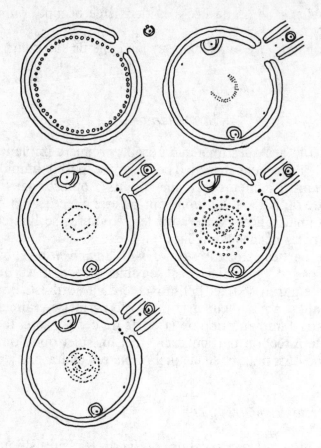

Fig. 10
Reconstitution des différentes phases de Stonehenge
(d'après C. Chippindale).

fouilles de 1954. Il a donc pu déterminer que l'actuel
cercle de pierres bleues recoupait une double série de
fosses, assez rapprochées les unes des autres. Dans
certaines subsistaient des montants sectionnés, qui se
trouvaient complètement enterrés. La disparité de l'actuel cercle de pierres bleues, où des fragments de linteaux sont dressés verticalement, l'a incité à supposer

46

que le cromlech, dont il restait seulement le négatif, avait justement été réalisé avec des pierres bleues.

Ces fameuses « pierres bleues » sont entrées très tôt dans la légende. Il est vrai que leur histoire semble, en elle-même, assez surprenante.

En effet, il s'agit de dolérite et de rhyolite qui ont été apportées du Pays de Galles, soit à plus de deux cents kilomètres de Stonehenge. L'exploit d'un tel transport, même s'il a eu lieu en grande partie par voie maritime et fluviale, a vivement frappé les imaginations. Et si, actuellement, il suscite encore de la curiosité, on comprend que selon les récits d'autrefois, le diable ou l'enchanteur Merlin aient usé de leurs artifices pour apporter « un fagot de pierres » dans la plaine de Salisbury.

Ces deux cercles, constitués par les trous Q et R, mesurent respectivement vingt-deux mètres cinquante et vingt-six mètres vingt de diamètre. Au nord-est, l'entrée est soulignée, non pas par un espacement plus large des trous, mais au contraire, par une série supplémentaire de fosses. Il y en a quatre de part et d'autre de l'axe général du monument, dirigé vers l'avenue, puis trois et deux. À l'opposé, une cavité très profonde a pu contenir une pierre gigantesque.

Apparemment les fouilles n'ont pas porté sur l'ensemble de la structure, la reconstitution proposée par Atkinson suppose quatre-vingt-deux piliers, soit soixante-seize pour le double cercle et six additionnels. Il se fonde sur la dimension de l'espacement existant entre deux trous.

Niel estime que l'ouvrage n'a jamais été fini et en donne un dessin en fer à cheval, largement ouvert vers le nord-ouest actuel. En fait, les deux interprétations restent conjecturales.

La structure centrale de Stonehenge 2, si elle est archéologiquement prouvée, ne se définit pas véritablement de manière claire. En revanche, la présence d'un monument mégalithique au cœur du *Henge Monument*, avec un axe particulier, présente un intérêt considérable.

Elle met en évidence les relations existant entre les cromlechs et l'étude du ciel et des astres, au moins dès le chalcolithique, et peut-être, dès cet instant, la montée des cultes de type solaire.

L'avenue

Restent l'avenue et les pierres de l'entrée, y compris la *Heel Stone*, que l'on doit pouvoir rapporter à cette phase de construction. L'avenue est une chaussée, large de plus de vingt mètres, bordée de chaque côté par un talus et un fossé, qui se dirige d'une part vers le Cursus – un curieux monument néolithique – et d'autre part vers la rivière de l'Avon, par où sont arrivées les différentes pierres qui ont servi à édifier Stonehenge.

D'abord, on constate que la technique du fossé-talus, définie à propos du *Henge Monument*, se reproduit ici, ce qui a incité certains archéologues à considérer l'avenue comme contemporaine de Stonehenge 1.

Par ailleurs, elle a pu jouer un rôle dans le transport des pierres depuis la rivière, ce qui lui aurait conféré une fonction utilitaire. Si on la compare aux avennes d'Avebury, on note une profonde similitude dans la structure. Sur ce site, elles relient divers sanctuaires entre eux et servent de voies processionnelles et sacrées.

Pour Stonehenge, il a dû en être ainsi. Mais certaines impossibilités restent troublantes. Ainsi la *Heel Stone* (ou pierre-talon) a été, à un moment donné, ceinturée d'un fossé qui modifie nettement la largeur de la chaussée et prouve que les fonctions de l'avenue ont pu varier au cours du temps. Si l'on date de la phase Stonehenge 2 le creusement de ce fossé, comment a-t-on pu traîner les pierres à l'intérieur pour édifier les cercles monolithiques de Stonehenge 2 et 3 ? La double hypothèse, utilitaire et sacrée, demeure pourtant séduisante et concevable. Mais alors, la *Heel Stone* devient une gêne pour le transport des autres pierres.

La Heel Stone

Cette *Heel Stone*, évoquée plus haut et qui a suscité tant de commentaires, en raison de sa position dans l'axe du monument, est un simple bloc de sarsen (grès), brut, de six mètres de haut, planté en plein milieu de l'avenue. Actuellement, elle se trouve entourée d'un fossé, qui crée un champ de force autour d'elle.

Elle est donc tirée d'un matériau comparable aux fameux trilithes de Stonehenge 3. Mais à la différence de ceux-ci, elle n'a pas été taillée, c'est pourquoi certains archéologues ont tendance à la considérer comme très ancienne, voire, pourquoi pas, comme datant de Stonehenge 1. Un tesson campaniforme aurait été découvert dans sa fosse de fondation, ce qui constitue un bien mince indice de datation et, de toute manière, la rapporte à Stonehenge 2. Par ailleurs cette structure offre des ressemblances avec les quatre stations, dont on ignore la position chronologique exacte. Quelles bases a-t-on réellement pour attribuer une datation à cette pierre ?

Pierre du Diable ou pierre du Soleil ! On a beaucoup rêvé sur la *Heel Stone*. Dès la fin du Moyen Âge, et peut-être même avant, elle entre dans la légende. Depuis longtemps, sa position dans l'axe du soleil levant au solstice d'été, pour l'observateur qui se place au centre de Stonehenge, a suscité des commentaires et a contribué à lui conférer une place un peu particulière au sein du monument.

Cet axe fondamental est d'ailleurs souligné par d'autres monolithes, fichés dans les fosses D et E, aux premiers temps de Stonehenge, selon Atkinson. On a tendance aussi à oublier que l'avenue indique déjà la même direction. Et surtout importe la position adéquate de l'observateur, que nul n'a jamais su définir correctement.

Depuis la construction de Stonehenge, le pôle nord a varié et le soleil ne se levait pas, il y a quatre mille ans, sur le site, au même endroit qu'aujourd'hui. On pourrait donner pour preuve le fait que les cercles successifs n'ont ni le même centre ni le même axe. Si la *Heel Stone* indique actuellement le soleil levant au solstice d'été, sans doute en était-il autrement au temps de Stonehenge. Mais les légendes sont tenaces et il est si beau de voir le soleil se lever sur la *Heel Stone*, inclinée vers les cercles concentriques de Stonehenge.

La pierre des sacrifices

Pour en terminer avec ce tour d'horizon de Stonehenge 2, il reste à parler de la *Slaughter Stone* ou « pierre des sacrifices ». W. Stukeley la nomma ainsi pour donner plus de poids à sa théorie des druides immolant les victimes humaines sur un autel, d'où le sang ruisselait dans les rigoles.

Curieuse serait la position de cette pierre, pour remplir cet usage. Elle ne se situe pas au centre des cercles, place de la pierre de l'autel, mais à l'entrée, au bout de l'avenue. Selon Stukeley, cela permettait à la foule de mieux voir le spectacle.

La *Slaughter Stone* est un bloc de sarsen de six mètres cinquante de long, actuellement couché sur le sol, au nord-est et à l'intérieur du *Henge Monument*. Un dessin d'I. Jones localise ce monolithe parmi un groupe de quatre, flanquant deux par deux l'entrée de Stonehenge. Un autre, d'Aubrey, indique trois montants, mais les fouilles n'ont révélé qu'un seul trou, symétrique de celui de la *Slaughter Stone*. Cette pierre aurait délimité un côté de la porte et aurait été dressée à mi-chemin entre la *Heel Stone* et le cercle de sarsen qu'on étudiera plus loin.

Maintenant la pierre gît, piétinée par la foule, presque oubliée. Et l'on ne sait même plus à quel moment placer son érection.

À la réflexion, Stonehenge 2 semble poser autant de difficultés d'interprétation que Stonehenge 1. Outre l'absence de datation, celle de vestiges probants s'ajoute aux diverses imprécisions qui subsistent. Sous l'actuel cercle de pierres bleues daté de Stonehenge 3, une série de doubles fosses, les trous Q et R, demeurent les seules traces d'un monument disparu depuis et dont la forme exacte ne peut même pas être reconstituée, ni d'ailleurs la structure.

Selon l'hypothèse d'Atkinson, il s'agirait d'un double cercle de pierres bleues, peut-être largement ouvert au nord-ouest et avec un portique au nord-est. Cette porte serait accréditée par la présence de l'avenue.

Mais la datation de cette dernière reste sujette à caution, comme on l'a souligné. Selon toute logique, la mettre en rapport avec Stonehenge 2 serait le plus clair, à la fois sur le plan de la dynamique fonctionnelle et du rituel. Alors la *Heel Stone* et son fossé auraient été implantés ultérieurement et en relation avec Stonehenge 3.

Quant à la pierre des sacrifices qui aurait appartenu à un portique d'entrée dans le premier cercle, elle pourrait remonter à Stonehenge 2, époque où l'on a pu aplanir le talus et supprimer le fossé, d'une part pour traîner les pierres destinées au double cercle intérieur et d'autre part pour marquer nettement l'ouverture au nord-est de l'édifice.

Stonehenge 3

Stonehenge 3 correspond au « grand Stonehenge », période de sa plus grande gloire et du travail le plus titanesque. Cependant il ne pouvait être question de construire du nouveau sans détruire l'œuvre des prédécesseurs. Il y a plusieurs raisons à cela.

On peut avancer le changement culturel et social, caractérisé par l'arrivée d'un nouveau peuple, celui de la *Wessex Culture*. Les arguments d'ordre pratique ont

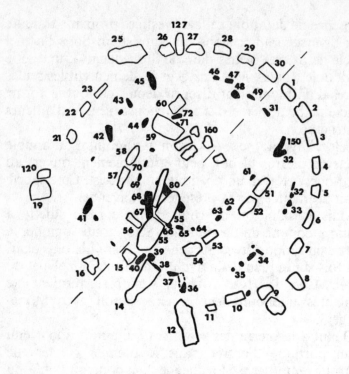

Fig. 11
Plan du centre de Stonehenge 3.

également une importance considérable. En effet, pour monter les trilithes du fer à cheval central, il fallait de la place et il aurait été impossible de le réaliser sans toucher au cercle de pierres bleues. Pourtant Atkinson et quelques autres archéologues pensent que ce sont les constructeurs du double cercle de pierres bleues, euxmêmes, qui auraient détruit leur réalisation.

Pourquoi ? Elle n'aurait pas été conforme à leur attente. Dans ce cas, pourquoi ont-ils scié les montants au ras du sol alors qu'il était plus facile de les faire tomber pour les dresser autrement ? La thèse de la destruction violente paraît plus plausible, surtout quand on constate, par ailleurs, que chaque nouveau peuple s'empresse de mettre à bas ce que le précédent a bâti. Logiquement, les hommes de l'âge du bronze ont démoli ce double cercle, à la fois parce qu'il gênait et qu'il ne correspondait plus à la nouvelle expression du culte.

Pour cette période de l'âge du bronze, on distingue plusieurs phases de construction ou d'aménagement. Si l'on part de l'hypothèse de la destruction du double cercle de pierres bleues comme préalable, on suppose une première période uniquement consacrée à bâtir. Ainsi, le cercle de trilithes de sarsen et le fer à cheval central, également de sarsen, auraient été édifiés simultanément.

Il s'agissait alors de réaliser le plus grand chef-d'œuvre qui pût être.

Partons du cœur, qui reste la partie la plus monumentale, avec des trilithes de plus en plus grands. Comme leur nom le précise, ces trilithes se composent de trois pierres, deux d'entre elles servent de montants et la troisième est posée par-dessus les deux autres. Un système de tenons et mortaises permet aux pierres de s'ajuster parfaitement entre elles et de ne pas bouger. On

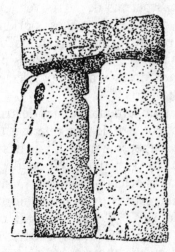

Fig. 12
Un trilithe.

doit à Stukeley cette appellation de « trilithe » ou « trilithon ».

Le fer à cheval

Le fer à cheval comprend cinq trilithes qui ont largement subi les injures du temps. Au sud-ouest se situe le
groupe le plus élevé, qui mesure sept mètres soixante-dix
de haut, alors que les autres ont respectivement six
mètres quarante ou six mètres dix de haut. Une étroite
fente sépare les deux piliers ; elle s'élargit légèrement
vers le haut.

Malgré sa hauteur, ce monument central peut difficilement être vu de l'extérieur car le second cercle de
trilithes, haut de plus de quatre mètres, le dissimule
partiellement. On ne sait pas si cet effet a été recherché
par le concepteur. Seuls les linteaux dépassent plus ou
moins, créant une impression d'élévation.

La reconstitution idéale de Jones laisse apparaître six
trilithes et non cinq, disposés en ovale. Mais les fouilles
récentes n'ont pas permis de retrouver le groupe man-
quant et les hypothèses actuelles s'orientent vers un
monument central en forme de fer à cheval, largement
ouvert vers le nord-est. Les autres dessins anciens des
ruines et les plans dressés au XVIIIᵉ siècle corroborent
cette interprétation.

On a beaucoup argumenté sur les destructions récentes de Stonehenge et sur le fait que le site ait servi de
carrière. Or, on s'aperçoit qu'il n'y a pas beaucoup de
différences entre le plan de J. Wood de 1747 et celui
d'Atkinson, deux siècles plus tard. Dans le premier,
certains montants restaient verticaux, alors qu'ils se sont
effondrés par la suite. Le second, au contraire, fait
apparaître des pierres enfouies auparavant. Évidemment on ne peut pas préjuger de ce qui a pu se produire
entre l'abandon du site autour de 1000 ou 800 avant

Jésus-Christ et les premières figurations réalistes du XVIe siècle.

Le cercle de sarsen

Autour de ce premier ensemble de cinq trilithes apparaît une seconde structure, assez dégradée à l'heure actuelle, et dont les interprétations laissent planer des doutes. Les deux ensembles ont en commun un matériau identique et une technique comparable.

On appelle la pierre utilisée ici « sarsen ». Ce nom curieux a une étymologie pour le moins incertaine, que Niel a développé et sur laquelle on ne reviendra pas. Il s'agit d'un grès dur, provenant des environs d'Avebury, soit d'une trentaine de kilomètres au nord de Stonehenge. Si l'on tient compte du poids de certains blocs, une trentaine de tonnes, on saisit la prouesse technique que représentent le transport et l'érection de ces trilithes.

Combien y en avait-il au juste ?

Là se situe la question fondamentale, difficile à résoudre. La reconstitution idéale d'Inigo Jones, architecte de Charles Ier, a nettement influencé les hypothèses des chercheurs actuels et beaucoup ont eu tendance à ne pas se fier aux dessins plus anciens, mais peut-être plus fidèles à la réalité.

Si l'on se fonde sur les éléments encore en place, on ne peut aboutir à rien de probant, mais bien que nul n'ait recherché les fosses des montants manquants, il nous faut bien parvenir à une conclusion.

Les pierres du cercle de sarsen s'inscrivent dans une circonférence de près de trente mètres de diamètre, elles sont régulièrement espacées, pour autant qu'on puisse en juger, et portent, comme les trilithes centraux, des linteaux. On les a numérotées de 1 à 30, en partant de la droite de l'axe du monument et en tournant dans le sens des aiguilles d'une montre, sans tenir compte des blocs manquants. Si l'on s'en tient strictement à ceux qui existent encore, on dispose d'une série continue qui va du nord au sud-est et comprend onze pierres (27 à 30 et 1 à 7). Puis prennent place deux pierres couchées (8 et 9) et deux autres debout (10 et 11). Ainsi on aboutit en direction du sud.

Il faut s'arrêter sur cette onzième pierre car elle offre une particularité digne de mention. Sa hauteur comme sa largeur sont inférieures de moitié à celles des autres montants conservés. Certains ont observé cette anomalie, mais aucune conclusion satisfaisante n'en a été tirée. Il est certain qu'elle ne pouvait recevoir un linteau, à l'instar des autres. Elle devait donc avoir une fonction spécifique.

Pour Niel, « la pierre marquait, sans doute, une interruption dans le cercle des linteaux ». Mais il ne va pas plus loin dans son argumentation. Pour d'autres, il y a une référence aux lunaisons (vingt-neuf jours et demi). E. Barklay suggère qu'elle marque l'entrée du temple.

Sans doute est-il trop tôt (ou trop tard) pour en juger. Poursuivons notre tour d'horizon. Le montant 12 est couché à terre, de même que le 14. Ensuite, entre ceux-ci et le 19, également renversé, on remarque un large vide, que ne saurait combler la pierre 16.

Certes elle est debout, mais elle se situe légèrement à l'extérieur du cercle reconstitué. Et lorsqu'on l'observe avec attention, on constate qu'elle n'a absolument aucun rapport avec les autres orthostates. Bien sûr, on peut objecter qu'il s'agit, comme pour les autres, d'un sarsen et qu'il porte des traces de débitage et de régularisation. Mais ce bloc a un profil nettement triangulaire, alors que tous les autres sont rectangulaires. Parfois, on évoque les carrières pour expliquer la ruine et la disparition totale de la partie sud-ouest du bâtiment et on parle aussi d'érosion différentielle qui aurait parachevé le démantèlement.

Cela n'explique pas pour autant la fonction de la pierre 16. Sa position indique aujourd'hui un point particulier : le coucher du soleil au solstice d'hiver. Elle se situe donc exactement à l'opposé de l'espace compris entre les montants 30 et 1, où se positionne le point du lever du soleil au solstice d'été. En revanche, l'ordonnance du « cercle » se trouve quelque peu perturbée.

La partie allant de l'ouest au nord paraît un peu mieux conservée. Notons la pierre 19, renversée, ainsi que le linteau qui la surmontait. Puis il manque la pierre 20 ; les 21, 22 et 23 sont présentes, bien qu'en mauvais état ; les 24 et 26 ont disparu et seule la 25, à terre, vient compléter cet ensemble.

Du nord au nord-est, le cercle est à nouveau complet, comme on l'a précisé ci-dessus. Un dernier point mérite d'être signalé : l'espacement plus important qui existe entre les orthostates 30 et 1, et qui coïncide avec l'endroit même où passe, actuellement, l'axe indiquant le soleil levant, le jour du solstice d'été, ce que ne montrent généralement pas les plans.

Ces quelques remarques permettent de souligner la fragilité des reconstitutions qui tracent un cercle idéal, à trente montants, évoquant les trente jours du mois lunaire. En réalité, plusieurs interruptions ou plusieurs points sensibles ont été soulignés par les constructeurs. Le premier correspond à l'axe nord-est, le fameux soleil levant. Ensuite, le montant 11 indique le sud et peut-être une porte du monument. Quant à la pierre 16, elle a aussi un rôle particulier, semble-t-i¹. Cependant l'ensemble s'avère trop ruiné pour aller plus loin dans cette analyse.

À l'examen des vestiges conservés, rien ne permet d'affirmer que le cercle de sarsen possédait trente piliers et qu'il était fermé. Encore une fois, la vision de Jones, reprise par de nombreux archéologues, se trouve mise en cause d'une part par les dessins de la fin du XVIe siècle et de l'autre par la logique des faits, c'est-à-dire l'absence de témoignages prouvant qu'il y a bien eu des montants au sud-ouest.

La plupart des archéologues ont fini par admettre que

les trilithes intérieurs se plaçaient selon une forme elliptique ouverte. Pourquoi en aurait-il été autrement pour l'ensemble extérieur ?

N'oublions pas que la pierre 16, extérieure au cercle, aurait dû être doublée par un autre élément si la logique de la circonférence avait été respectée. N'oublions pas la question des linteaux qui se pose avec le montant 11. Chaque orthostate est séparé du suivant par un espace de un mètre seulement et une grande imposte courbe pouvait ne pas tenir compte d'un élément. Fallait-il une entrée digne de ce nom à un tel ensemble ? Dans le cercle idéal qui restitue trente piliers, elle ne saurait exister. Ce cercle si parfait enserre alors le saint des saints et oblige à commencer la construction par le centre.

Le fer à cheval de pierres bleues

Voici un panorama des éléments qui s'intègrent dans le schéma de la première phase de Stonehenge 3. Mais les constructeurs, une fois leur œuvre achevée, se retrouvaient avec des pierres bleues, dont ils ne savaient que faire. Ainsi, à l'intérieur du fer à cheval de sarsen, prend place celui de pierres bleues.

Ces pierres bleues, des dolérites, ont été retaillées pour offrir une forme conique. Elles pèsent chacune environ trois tonnes et demie et leur hauteur varie entre un mètre quatre-vingts et deux mètres. Entre elles prend place un espacement de deux mètres. Actuellement, onze sont conservées mais diverses reconstitutions estiment à dix-neuf leur nombre total.

Deux d'entre elles, dans la partie fermée du fer à cheval, présentent de curieuses particularités. La première possède une saillie longitudinale, alors que la seconde est entaillée d'une rainure, creusée sur toute sa hauteur. Il semblerait que ces deux pierres aient été accolées à l'origine et leur position actuelle laisse supposer un réemploi. Quant à la destination d'un tel assemblage, elle reste, pour l'instant, incompréhensible.

Seuls la symbolique et/ou le rituel renvoient à l'union de deux principes opposés et à la fusion des contraires, image clé de l'univers préhistorique.

Le cercle de pierres bleues

Le cercle de pierres bleues se situe entre les deux ensembles de sarsen et a été réalisé grâce à des pierres brutes, laissées sur place par le démantèlement du double cercle qui caractérisait Stonehenge 2. Sans doute une forte empreinte du passé a présidé à cette reconstitution sur l'emplacement même d'une autre structure.

Actuellement, il reste environ une vingtaine de blocs en place ou couchés à terre près de la fosse où ils étaient plantés. Étant donné la complexité du schéma destruction-reconstruction, les différents auteurs ne s'accordent pas sur le nombre de pierres que comportait le cercle dans sa phase terminale, après l'édification des monuments de sarsen. Atkinson estime, pour sa part, qu'il y avait trente monolithes, alors que d'autres chercheurs pensent à un nombre plus important, de l'ordre de quarante ou même soixante. La dimension des espacements permet effectivement d'aboutir à un total de vingt-huit à trente, mais l'on ne saurait en tirer une certitude ni une signification symbolique.

Certaines pierres méritent mention. Deux d'entre elles possèdent des trous de mortaise, comparables à ceux des trilithes de sarsen. Cela implique qu'il ait existé, à un moment donné, des trilithes de pierres bleues. Ensuite, soit le projet a été abandonné, soit l'œuvre a été détruite et alors, les linteaux ont servi de simples piliers dans le cercle de Stonehenge 3.

Ce nouveau cercle, incomplet et mutilé, fait de blocs en surnombre qui gênaient les bâtisseurs, soulève bien des questions, qui n'auront peut-être jamais de réponse.

Apparemment, il correspond à la dernière phase de remaniement du temple et pourrait être contemporain, voire postérieur des trous Y et Z, que l'on date habituellement du bronze final.

Les trous Y et Z

À l'extérieur de la structure de sarsen, les chercheurs ont découvert de nouveaux trous. Ces derniers, creusés dans la craie comme les autres, sont de petites dimensions et destinés à recevoir plutôt des poteaux de bois que des pierres de grande taille, à moins qu'ils n'aient eu un rôle rituel.

Le cercle des trous Z se trouve être le plus proche des constructions de pierres. Il comprend vingt-huit (ou vingt-neuf ?) fosses, assez irrégulièrement espacées, avec, semble-t-il, une ouverture vers le sud-est. Sa forme paraît légèrement elliptique, comme si l'on avait voulu réaliser une spirale. Il est vrai que l'arpenteur ne pouvait pas construire un cercle parfait, dans la mesure où les autres constructions dissimulaient le centre de l'ensemble. Et en se basant sur le cercle de sarsen, lui-même imparfaitement circulaire, il accentuait progressivement le décalage.

À l'extérieur de ce cercle des trous Z, il en existe un nouveau, celui des trous Y, qui sont au nombre de trente et encore plus irrégulièrement positionnés que les précédents. Ici le mouvement de spirale s'amplifie. Plusieurs entrées se dessinent, du fait des différences dans les espacements, au sud-est et au nord-ouest en particulier. Mais il se peut que ces remarques ne soient pas significatives.

Étant donné leur nombre, avoisinant la soixantaine pour ce double cercle de fosses, certains auteurs ont pensé que les bâtisseurs de Stonehenge avaient voulu mettre ici les pierres bleues qui les gênaient à l'intérieur. On peut également supposer d'autres hypothèses,

60

comme celle des superstructures en bois, comme il en existe dans d'autres cromlechs, il est vrai beaucoup plus anciens.

Pour en terminer avec ces trous Y et Z, dont la destination nous échappe, l'un d'entre eux au moins avait un sens rituel puisque un dépôt de cinq andouillers de cerf se trouvait placé au fond. Il serait étrange qu'une offrande que l'on pourrait qualifier de signe de consécration ait été utilisée comme dépôt de fondation. Faut-il supposer que le sens caché du rituel ait eu tendance à se perdre au cours des temps ?

Des inhumations ont eu lieu dans le périmètre sacré, en particulier dans la zone des trous Y et Z, mais elles n'ont aucun rapport avec ces derniers.

La pierre de l'autel

La vision de Stonehenge ne serait pas complète si l'on ne mentionnait pas la pierre de l'autel, au cœur même de l'ouvrage. C'est un bloc de rhyolite de près de cinq mètres de long, soit une dimension voisine des piliers du cercle de trilithes. Malheureusement son épaisseur, limitée à cinquante centimètres, ne saurait l'assimiler aux montants de cette structure. En outre, elle est taillée dans un matériau différent des autres, paraît unique et pourrait avoir eu un rôle particulier.

Était-elle dressée verticalement ? Cette hypothèse semble satisfaire Atkinson. Quant à sa position, elle reste toujours problématique. Pour Niel, elle aurait pu se situer dans l'axe du monument et la chute du trilithe central aurait entraîné la sienne ainsi que son déplacement latéral et la cassure du montant de sarsen en deux fragments.

Bien sûr, l'appellation *Altar Stone* ou « pierre de l'autel » n'est qu'une figure de style. Elle agace les archéologues, d'autant plus qu'ils sont incapables de lui attribuer une fonction et de lui restituer sa place d'origine. Le sang des victimes n'a certes pas ruisselé sur ce bloc mais il paraît vraisemblable qu'il ait occupé une position centrale, qui en faisait, peut-être, le cœur de l'édifice, en quelque sorte, l'« autel ». Pour Atkinson, il en serait aussi l'élément le plus récent, mais peut-être en réemploi.

*
**

Le grand Stonehenge, bâti à l'âge du bronze, correspond lui-même à trois phases différentes de mise en place : Stonehenge 3 a, b et c. À la première période peuvent être rapportés le démantèlement du cercle de pierres bleues de Stonehenge 2, préalable à tout travail sur le site, ainsi que l'érection des structures de sarsen.

La question de l'implantation des quatre stations ne paraît pas résolue. Il est certain que sa régularité suppose un terrain découvert, qu'elle ait donc été réalisée soit au départ, soit avant la construction de Stonehenge 2, soit avant celle de Stonehenge 3. En fait, il est difficile de se prononcer.

Un autre point d'interrogation concerne les monuments de sarsen. Est-ce le fer à cheval intérieur ou bien le cercle extérieur qui a été édifié en premier ? Sans doute faut-il considérer les deux ensembles comme complémentaires et peut-être même comme ouverts à l'opposé l'un de l'autre, auquel cas la question d'antériorité cesse d'avoir un intérêt.

Peut-être certains vont trouver cette idée étrange, mais on peut argumenter à propos du fait que le cercle de sarsen n'est pas réellement inscrit dans une circonférence, qu'il manque des pierres au sud-ouest. Et surtout, une légende, retranscrite il est vrai au Moyen Âge, parle de deux rois, dont l'un règne à partir du solstice d'été, alors que l'autre est élu au moment du solstice d'hiver.

Les constructeurs de cet ensemble, bâti sur l'alignement du lever du soleil au solstice d'été et de son coucher, au solstice d'hiver peuvent tirer de la fierté de leur œuvre. L'axe de l'édifice doit être pris dans un sens avant tout symbolique et rien ne prouve vraiment qu'ils aient été des adorateurs du Soleil.

Cependant il reste une ombre à ce tableau et les pierres bleues de la construction précédente semblent encombrer nos concepteurs qui n'ont pas songé à les déblayer ou pensaient pouvoir les inclure dans leur propre bâtiment. Apparemment les plus grandes ont pu être retaillées pour doubler le fer à cheval central, de l'intérieur. Ainsi dix-neuf (ou vingt ?) blocs coniques sont venus compléter l'ensemble, à moins que la première version ait été ovale et donc fermée.

Mais il restait d'autres pierres, sans doute soixante-deux, si les décomptes concernant Stonehenge 2 sont exacts. Ces monolithes étaient bruts, sauf deux linteaux appartenant à des trilithes disparus et que personne ne sait où placer. Un cercle de pierres a donc été conçu entre les deux structures de sarsen. Il a pu compter trente pierres ou davantage. Sans doute ne le saura-t-on jamais.

Dans une ultime étape – Stonehenge 3c – des remaniements interviennent, qui donnent au site son allure définitive. Les figures de pierres bleues prennent l'aspect qu'elles ont aujourd'hui et les deux cercles des trous Y et Z sont creusés. Ultérieurement le lieu sera abandonné, mais c'est là une histoire que l'on verra bientôt.

Ainsi Stonehenge se présente comme une série de structures concentriques d'époques différentes, mais qui concourent à donner à l'ensemble l'aspect d'un labyrinthe dont les entrées seraient décalées. En arrivant, on rencontre d'abord le *Henge Monument*, qui a survécu à toutes les catastrophes. Ses portes primitives se situaient au nord, au sud et aussi au nord-ouest.

Puis, à partir de Stonehenge 2, l'entrée principale se place au nord-est, dans le prolongement de l'avenue. Les trous d'Aubrey ont été comblés et on peut pénétrer par le sud-ouest à l'intérieur des cercles des trous Y et Z.

Pour le premier cercle de sarsen, on note un passage au nord-est et un autre au sud. La question de l'ouverture au sud-ouest reste posée. Quant à celui de pierres bleues, il est trop démantelé pour qu'on puisse localiser sa porte. Puis vient le fer à cheval de sarsen, largement ouvert au nord-est, de même que celui de pierres bleues. Au cœur se trouve la pierre de l'autel.

Résumé de l'histoire de Stonehenge

STONEHENGE 1
a) fossé et talus circulaire du *Henge Monument*
structure en bois centrale (?)
b) creusement des trous d'Aubrey
érection de la *Heel Stone* et de pierres dans les trous D et E
entrée avec portique en bois au nord-est
les quatre stations

STONEHENGE 2
double cercle de pierres bleues dans les trous Q et R
aménagement de l'avenue
fossé autour de la *Heel Stone*
deux pierres dressées de part et d'autre de l'entrée dans les trous B et C

STONEHENGE 3
a) démantèlement du double cercle de pierres bleues
érection des structures de sarsen
b) fer à cheval ou structure ovale de pierres bleues à l'intérieur des trilithes centraux
trous Y et Z à l'extérieur du cercle de sarsen
pierre de l'autel
c) remaniement des structures de pierres bleues aboutissant au cercle et au fer à cheval

Les structures de Stonehenge

Du centre vers l'extérieur :
– *Altar Stone* ou pierre de l'autel : un grand bloc couché.
– Le fer à cheval de pierres bleues.
– Le fer à cheval de cinq trilithes de sarsen.
– Le cercle de pierres bleues, implanté sur les trous Q et R du double cercle de pierres bleues.
– Le cercle des trilithes de sarsen.
– Les trous Y et Z.
– Les trous d'Aubrey et les quatre stations, quatre monolithes intercalés parmi les trous.
– Le talus, puis le fossé du *Henge Monument*.
– Au nord-est et au niveau du talus, la *Slaughter Stone* ou pierre des sacrifices et les trous D et E.
– Au nord-est l'avenue, les trous C et B et la *Heel Stone* ou pierre-talon.

CHAPITRE 3

LES ANNÉES OBSCURES

Stonehenge appartient encore au monde qui ne connaît pas l'écriture, c'est pourquoi nos seules données en ce qui concerne les phases d'édification et de fonction du site cultuel proviennent de documents archéologiques. Certes, ces derniers restent entachés de multiples imperfections : les pierres brutes ne parlent pas et les pierres gravées laissent un message uniquement symbolique. Au fil des études, les datations ont reculé dans le temps, des précisions sur la construction ont pu être apportées, mais de larges pans d'ombre demeurent encore et sans doute pour toujours.

Que se passe-t-il après la dernière phase de chantier ? Le centre religieux vit pendant un certain laps de temps avant de sombrer dans l'oubli ou dans la ruine. Et ici de nombreuses questions se posent.

Dès la fin de Stonehenge 3, une décadence manifeste paraît s'instaurer : les remaniements sont fréquents, le plan d'ensemble n'est pas réellement suivi. Peut-être les prêtres n'ont-ils plus autant de pouvoir ? On invoque aussi les changements climatiques, comme pouvant justifier la période trouble que constitue la fin de l'âge du bronze. En Europe occidentale, les premiers Celtes

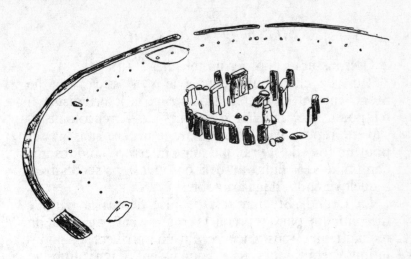

Fig. 13
Vue actuelle de Stonehenge depuis le nord.

arrivent, mais ils atteindront la Grande-Bretagne avec un certain décalage.

Dans de telles conditions, il reste difficile d'interpréter la fin de Stonehenge. Les archéologues qui défendent la thèse du pacifisme insistent sur les bouleversements écologiques, la crise économique, la perte de pouvoir des prêtres. D'autres, partisans de celle de la destruction violente du lieu sacré, imputent cette ruine aux conséquences de l'occupation romaine.

Mais entre l'âge du bronze, qui correspond à la magnificence du site, et la conquête romaine, plusieurs siècles s'écoulent – un millénaire même – dont on évite de parler : l'âge du fer, dont la période de colonisation des Celtes historiques.

Stonehenge et les Celtes

Oserons-nous aborder un tel sujet ?

Tant de chercheurs, depuis le XVIIᵉ siècle, ont lié Stonehenge et les Celtes, Stonehenge et le druidisme, à tel point que, malgré le secours de l'archéologie, il s'avère impossible de faire marche arrière sans passer pour un fou. Il est vrai que toute interruption dans une continuité sans faille, au-delà des invasions successives, a quelque chose d'inacceptable.

La Grande-Bretagne est peuplée depuis la période mésolithique par des premiers colons, venus au début du réchauffement postglaciaire. Ensuite arrivent les populations néolithiques, qui connaissent l'agriculture et l'élevage. Comme le territoire se trouve faiblement occupé, il y a de la place pour tous, sans effusion apparente de sang. Avec les peuples des gobelets campaniformes surviennent les premiers Indo-Européens et les premières vagues plus belliqueuses. La tendance ira en s'accentuant au cours de l'âge du bronze et de la gloire de Stonehenge. Pourquoi n'en serait-il pas de même ultérieurement, avec les Goïdels d'abord, puis avec les Celtes, connus pour leurs prouesses guerrières, et les Romains ?

Reste la question de la sacralité du site, consacré dès le néolithique, avec l'édification d'une première enceinte, le *Henge Monument* de Stonehenge 1. Pour une raison qui nous paraît aujourd'hui obscure, un site particulier de la plaine de Salisbury devient la terre des ancêtres, inviolable et protégée par des forces obscures qui vont défier les siècles et dont la marque indélébile restera plusieurs millénaires. Pourtant, entre les premiers occupants et ceux de l'âge du bronze, les croyances ont dû changer. Comme preuve, il suffit de voir les divers remaniements qui apparaissent au fil du temps. Si le cercle de départ est resté une difficulté incontournable ou un périmètre inaliénable, les constructions de la deuxième période ont subi le plus d'outrages, à tel point qu'elles demeurent difficilement reconnaissables. Quant à Stonehenge 3, on ne compte plus les modifications qu'il a subies.

Cependant, au-delà des peuples différents qui ont œuvré sur ce site vénérable et dont les cultes ont laissé des vestiges parfois très dissemblables, il a subsisté une foi en la sacralité du lieu. Or tout cela change après la fin de l'âge du bronze. Pourquoi ?

L'aspect calendaire et astronomique de Stonehenge n'échappe à personne. Progressivement l'idée de terre des ancêtres s'est transformée en une nouvelle réalité, un gigantesque calendrier et un temple à la gloire des divinités les plus fastueuses du Ciel, le Soleil et la Lune. Progressivement, le culte de la Terre-Mère s'est estompé devant celui des déités célestes. Mais le sol a gardé toute sa sacralité.

Certes le calendrier des Celtes paraît différer de celui des populations indo-européennes plus anciennes. Mais est-ce une raison suffisante pour abandonner ce temple millénaire ? Est-ce là que prend place le « combat des arbres », pour l'instauration d'un nouveau système de division de l'année ?

L'épopée célèbre de *Câd Goddeu – Le Combat des arbres –* se placerait, selon R. Graves, justement au deuxième âge du fer et fait intervenir la seconde ou la troisième vague de Celtes, qui viendraient de Belgique. Il s'agit, sur le plan politique, du combat entre *Belinus* et *Brennius* (Bel et Bran), le premier étant l'autochtone et le second, l'envahisseur et le triomphateur. Sur le plan poétique, il s'agit d'une joute oratoire dont le but est de parvenir à connaître le nom de l'autre pour obtenir un pouvoir sur lui et le vaincre. Enfin du point de vue religieux, le temple oraculaire de Stonehenge se trouve investi et peut-être détruit.

Quelle confirmation et quel témoignage peuvent nous apporter les vestiges archéologiques ? Les dernières étapes de construction se placent à l'âge du bronze final et le site continue à servir pendant un certain laps de temps. Puis intervient l'abandon. La question de la destruction ne peut se résoudre aisément dans la mesure où, dès le moment du délaissement, les injures du temps et des hommes font leur office. Depuis la première moitié du premier millénaire avant Jésus-Christ jusqu'à nos jours, les pierres dressées ont subi divers outrages. On peut difficilement préciser les destructions volontaires de l'homme et leur date. Des tessons datés de l'âge du fer prouvent le passage des Celtes mais n'apportent pas davantage de précisions.

La Grande-Bretagne possède deux sanctuaires particulièrement vénérés : Avebury et Stonehenge ; le premier est plus ancien ; les deux ont coexisté pendant tout l'âge du bronze, avant de disparaître plus ou moins simultanément. Comme les deux enceintes sont proches, certains ont voulu y voir des rivalités de pouvoir, d'autant plus que les différences architecturales suggèrent l'existence de deux tribus distinctes. Graves verrait volontiers le siège de Bran à Avebury et celui de Bel à Stonehenge.

En fait, les deux temples ont dû être abandonnés à une époque sensiblement voisine, ce qui conforterait la thèse d'un changement religieux, imposé de force par une vague d'envahisseurs. Au risque de nous répéter : ce sont peut-être les tribus du premier âge du fer (Hallstatt), ou Goïdels, celles du second âge du fer (La Tène), où ont lieu deux invasions vers 500 et vers 50 avant notre ère, ou les Romains. Lorsque les Saxons débarquent au VIe siècle de notre ère, le souvenir même des mégalithes a disparu et seules des épopées plus ou moins comprises et répétées rappellent la lutte des premiers occupants contre les invasions successives. Puis ce sera le tour des Normands, mais Stonehenge va rester le symbole de l'identité nationale, à défaut d'avoir pu garder le pouvoir du sanctuaire le plus sacré de l'île.

L'abandon et la destruction de Stonehenge se situent entre le premier millénaire avant Jésus-Christ et les premiers siècles de la chrétienté. Étant donné le caractère totalement dénaturé des légendes médiévales, l'absence de mention du site dans les textes latins, nous pencherions volontiers pour l'hypothèse d'un changement profond à l'époque celtique, si bien qu'en un millénaire tout aurait été occulté, jusqu'à une certaine forme du souvenir.

Sans doute faut-il suivre Graves dans son interprétation et placer au moment de l'invasion celte le « combat des arbres » et surtout le déclin du culte de la Déesse-Mère au profit de divinités masculines, d'origine ouranienne, souvent représentées dans leur aspect terrible et vengeur. Cette épopée a bien des affinités avec le *Mahabharata*, où, ici encore, prend place une lutte sans merci entre les partisans du culte de la quintuple déesse et ses détracteurs. Dans le temps même de la destruction de Stonehenge, le *Mahabharata* illustre une guerre, qui dure un millénaire, entre les peuples autochtones de l'Inde et les envahisseurs aryens (ou indo-européens).

Le déclin de Stonehenge correspond à l'entrée dans une longue période d'obscurité où les valeurs respectées au cours de la préhistoire tombent en désuétude, bien qu'elles continuent à être transmises oralement, sous une forme plus ou moins codée.

Les siècles obscurs

C'est avec l'abandon de Stonehenge que débutent les siècles obscurs où le sanctuaire tombe peu à peu dans la ruine et dans l'oubli. Un changement dans le calendrier des Celtes se situe-t-il à l'origine de cette désertion ? Toujours est-il que des poèmes restent les seuls souvenirs vivants, transmis de générations en générations, de ce temple déchu.

Les Celtes soumettent les populations autochtones et les lieux de culte changent. Mais Stonehenge ne peut disparaître totalement des mémoires, car la légende s'en empare. Puis curieusement, les bardes eux-mêmes vont se faire l'écho tout à la fois de la bataille qui s'est livrée dans la plaine de Salisbury et des valeurs mythiques et symboliques attachées à cet endroit exceptionnel.

Ainsi d'invasions en invasions, Stonehenge sert de base à l'idée d'une cohésion nationale et d'un refus de l'envahisseur, si bien qu'au Moyen Âge resurgissent des thèmes issus de la protohistoire. Et la *Vita Merlini* ou l'*Historia Regum Britanniae* de Geoffroy de Monmouth, au début du XII⁰ siècle, sous le couvert de glorifier les grands de ce monde et leur histoire, transmet un message caché sur des traditions qui remontent à l'âge du bronze et aux heures glorieuses de Stonehenge.

À titre d'exemple, l'enchanteur Merlin est un enfant sans père, ce qui n'a rien de surprenant, si l'on se place dans le contexte d'une société matriarcale ou tout au moins matrilinéaire, ce qui est le cas au néolithique et peut-être encore à l'âge du bronze. « Il était roi et prophète » – dans le sens du chaman préhistorique, et par ailleurs l'époux de sa sœur, comme il convient dans les familles royales de l'âge du bronze. Sa vocation d'astronome se trouve confirmée par l'épisode du retrait dans la forêt où sa demeure a soixante-dix portes et autant de fenêtres.

Quant aux textes de Robert de Boron, sous l'aspect très profondément chrétien de son *Roman du Graal*, ils révèlent des secrets calendaires qui se rapportent directement au site de Stonehenge et se réfèrent à des mythes sur la mort du roi que l'on ne s'attendrait pas à trouver dans les pages de ce clerc. Certes le message reste difficile à percevoir car il est volontairement ou involontairement voilé, mais il serait malhonnête de placer l'histoire du roi Arthur et la quête du Graal seulement dans leur cadre apparent, celui de la chevalerie médiévale. En fait, il s'agit d'un mythe très ancien et réactualisé, où les protagonistes ont perdu leur vrai nom au cours des âges, tandis que leur histoire se chargeait d'aventures nouvelles.

Cette transmission déformée d'une connaissance à

propos de Stonehenge sur deux millénaires environ paraît peu banale, surtout si l'on tient compte des diverses invasions qui ont été perpétrées, Goïdels, Celtes, Romains, Saxons, etc. Il est vrai que la chevalerie médiévale est l'héritière des classes guerrières indo-européennes ou proto-indo-européennes et que, pendant tout ce laps de temps, la structure sociale a très peu évolué. Le modèle indo-européen qui préexiste d'ailleurs à leur arrivée – classe sacerdotale, classe guerrière, classe des artisans et des paysans et classe de sous-hommes, ou parias plus ou moins asservis – demeure présent au Moyen Âge.

Seules les religions ont changé. Le néolithique correspond au règne de la Déesse-Mère. Avec l'âge du bronze montent les dieux mâles, d'origine céleste, et rapidement un panthéon, avec un nombre de plus en plus grand de divinités masculines et féminines, s'instaure. Les Celtes ou les Romains maintiennent cet état de fait, que viendra détruire le christianisme, religion d'un seul Dieu officiel, entouré de toute une légion de saints, héritiers des divinités antiques.

Mais il convient d'introduire des nuances dans la mesure où les Celtes, en particulier, mais ils ne sont probablement pas les seuls, ont une élite – les druides – dont les croyances s'éloignent considérablement de celles du peuple, dans le sens d'une élévation de l'esprit.

Ainsi dès le néolithique sans doute, si ce n'est avant, mythes et religions s'engagent dans deux directions divergentes, en fonction du degré de connaissance des croyants. Un niveau littéral populaire transmet des épopées que chacun accepte *sensu stricto*, alors qu'une élite sait les prendre à un second degré et en tirer une quintessence philosophique ou religieuse.

Sur le plan politique, les Celtes historiques ont vaincu les populations du premier âge du fer, ont détruit ou abandonné les sanctuaires existants. Mais sur le plan religieux, leurs prêtres et ensuite leurs druides ont transmis un savoir devenu un intime mélange de leurs propres traditions et de celles des peuples soumis. C'est ainsi par exemple que les Celtes passent, à l'heure actuelle, pour de grands astronomes, ayant usurpé dans ce domaine un savoir issu des gens de l'âge du bronze, en particulier de ce que les « prophètes » de Stonehenge ont pu leur révéler.

La romanisation de la Grande-Bretagne reste superficielle et n'interfère que fort peu dans la transmission de la tradition sacrée. En revanche, le christianisme s'avère plus nettement destructeur, sauf en Irlande peut-être, où les druides deviennent prêtres, maintenant ainsi le flambeau d'une vérité qui n'a plus d'âge et qui a pu parvenir, un peu déformée, jusqu'au cœur du Moyen Âge.

Stonehenge face à sa légende

Des textes antiques semblent parler de Stonehenge, en particulier ceux de Diodore de Sicile, qui mentionne les Hyperboréens. C'est un point sur lequel nous reviendrons, puisque le culte d'Apollon semble étroitement lié à Stonehenge. L'île (la Grande-Bretagne ?) est décrite sommairement, mais quelques points particuliers, tels que la course de la Lune, l'allusion à un calendrier spécial renvoient inévitablement à cette partie septentrionale du monde connu dans l'Antiquité.

Quant à Stonehenge, il semble apparaître en filigrane à travers la « vaste enceinte circulaire » et le « temple rond », à l'intérieur. Aucun nom n'est cité, en dehors de celui des prêtres, les Boréades.

Comme la plupart des monuments mégalithiques, Stonehenge a perdu son nom d'origine, avec la disparition du peuple qui l'a bâti. Pourtant il s'agit de l'un des plus récents dans le temps. Les nouveaux occupants ont forgé une légende autour du site et ainsi, il a pu acquérir, au Moyen Âge, deux nouvelles appellations.

Entre l'arrivée des Celtes et le Moyen Âge, nul ne sait

trop comment Stonehenge était désigné. Certains chroniqueurs, plus ou moins attestés, mentionneraient le site. Mais il faut attendre le XIIe siècle pour que Wace parle de « Pierres-Pendues » ou *Stanhengues* et que Geoffroy de Monmouth cite la *Chorea Gigantum* ou « Danse des Géants ». D'autres auteurs l'évoquent, comme Henry de Huntington, qui décrit « des blocs de pierre d'une taille extraordinaire... dressés pour former des sortes de portes les unes au-dessus des autres ».

Évidemment Geoffroy de Monmouth paraît le plus prolixe à ce sujet et il colporte tous les éléments de légendes qu'il a pu trouver. Ainsi prend corps la version actuellement connue, selon laquelle Stonehenge est un cénotaphe à la mémoire des Saxons trahis, bâti au VIe siècle de notre ère par le père du roi Arthur. Tout se mêle inextricablement avec le mythe de Merlin, l'enfant sans père, l'égal de Taliesin, qui se trouve être, lui, le plus grand barde gallois.

L'histoire s'avère complexe et riche en trahisons. Un certain Vortigern, avide de pouvoir, fait assassiner le roi Constans, fils du roi Constantin, lui-même poignardé, pour prendre sa place. Mais à son tour, il est abandonné par les Saxons : c'est « la nuit des longs couteaux », dans la plaine de Salisbury, où les Saxons poignardent les Bretons sans défense, au cours d'une réunion de réconciliation.

Ici on sent l'interférence entre plusieurs sources, car les noms des rois bretons divergent d'une version à l'autre. Apparaissent Aurelianus Ambrosius, Uther Pendragon, et parfois même Uther n'est pas identique à Pendragon. Les trois ont la paternité du fameux Arthur.

Dans tous les cas, le conseiller du roi apparaît sous les traits de l'enchanteur Merlin qui console ce dernier, désolé près du tumulus de ses proches, en lui proposant d'aller s'emparer de « la danse des Géants », qui se trouve dans les monts Killaraus en Irlande. « Car il y a là un ensemble de blocs que personne ne saurait dresser de nos jours... » (cf. annexe).

Quinze mille Bretons tentent l'aventure. La flotte va par mer, mais les Irlandais ont été prévenus et livrent bataille pour sauvegarder leur patrimoine. Cependant les Bretons arrivent à leur fin, mais les pierres leur posent quelques difficultés. Merlin « éclata de rire et se servit de ses propres machines », pour coucher les pierres et les transporter jusqu'aux bateaux. De même, il usa encore de ses artifices pour les dresser dans la plaine de Salisbury.

Dans les versions ultérieures, le diable est appelé en renfort par Merlin et berne une pauvre vieille qui a la garde des pierres. Il lui fait miroiter un trésor et, en un tour de main, pendant qu'elle compte ses pièces, il lie les pierres en un fagot qu'il met sur son épaule, reprend les sous et s'en va. Mais il est vrai que Merlin passe pour le fils du diable, quand les auteurs consentent à lui attribuer une paternité. Parfois le diable a le rôle de gardien des pierres magiques, dont le pouvoir est merveilleux. Enfin il a partie liée avec la Grande Déesse.

L'histoire du diable a parfois une suite qui explique la présence de la *Heel Stone*. Au cours d'une sombre nuit, le diable érige les pierres de Stonehenge, persuadé que personne n'a pu le voir. Pourtant un moine se cache là et assiste à la scène, ce qui a le don de déplaire au maître des ténèbres qui lance un gros bloc en direction du moine. Il touche ce dernier au talon, d'où le nom de la fameuse pierre.

Pendant tout le Moyen Âge, la légende qui attribue à Merlin l'édification de Stonehenge se développe, car ce barde a un grand succès populaire et les petites gens ont soif de merveilleux. Puis le diable prend le relais. Mais avec la Renaissance, tout change et un esprit de rationalité s'instaure. Pourtant de nouvelles histoires tout aussi incroyables vont naître, colportées par des personnalités que l'on eût pu croire éclairées. Ainsi s'établit une relation qui lie Stonehenge et les druides, que l'on a beaucoup de peine aujourd'hui à démystifier.

La redécouverte de Stonehenge

Pendant tous les siècles obscurs, le souvenir de Stonehenge ne s'est pas estompé mais il s'est trouvé auréolé d'un limbe de mystère. Il faut attendre la Renaissance pour que des explications plus plausibles commencent à voir le jour. Dès le xvᵉ siècle s'engage une polémique à propos du travail de Merlin dans cet ouvrage imposant. Plusieurs dessins, dont certains humoristiques, peignent un monument déjà largement ruiné et qui ne subira plus que des dégradations moins importantes. Cependant il faut noter la chute d'un trilithon en janvier 1797.

Inigo Jones

Au xviiᵉ siècle, plusieurs datations sont proposées pour Stonehenge. Walter Charleton attribue le monument aux Danois et le date du xᵉ siècle. En revanche, Inigo Jones en fait l'œuvre des Romains.

C'est à cette époque qu'eurent lieu les premières fouilles, à l'instigation du duc de Buckingham et du roi Jacques Iᵉʳ. Elles révélèrent des fragments de bois de cerf, de cornes de bœuf, des flèches et des fragments d'armures rouillées. L'enthousiasme du roi fut si grand qu'il demanda à son architecte de dresser un plan de cette curiosité.

Le plan d'Inigo Jones présente un état idéal de Stonehenge, qui malheureusement a beaucoup influencé les reconstitutions ultérieures, au point que les autres dessins ont pu passer pour fantaisistes. Son travail a été publié après sa mort par son gendre John Webb. Avec sa rigueur et sa logique, il ne pouvait pas attribuer à des barbares, fussent-ils Celtes ou Bretons, un ouvrage aussi remarquable et seul un peuple civilisé, tel que les Romains, pouvait l'avoir conçu.

Pour Edmund Bolton, Stonehenge fut bâti à la gloire de Boadicée, qui, vaincue par les Romains, s'empoisonna en l'an 61 de notre ère. Plus tard, John Gibbons croit qu'il s'agit d'un temple dressé à la gloire de la déesse de la Victoire, après une sanglante bataille gagnée par les géants Cerngick et le roi Stanenges contre les Belges et Divitiacus. Ainsi les interprétations vont bon train.

John Aubrey

Mais John Aubrey s'avère être un chercheur sérieux, malgré sa théorie sur les druides qu'il réussit à imposer, et il est le premier archéologue digne de ce nom. On lui doit le plus ancien plan des structures de Stonehenge. Par rapport à la reconstitution de l'architecte Inigo Jones, des différences apparaissent, en particulier au niveau de l'entrée. À la demande de Charles II, il fit des fouilles, prit des mesures et fut l'inventeur de quelques-uns des trous proches du talus et du fossé, qui portent désormais son nom. Seules ses conclusions : « Il me semble probable que ce fut un temple druidique », demeurent sujettes à caution.

À sa suite s'engagèrent d'autres chercheurs et ce fut le début d'une grande mystification, accréditée ensuite par plusieurs sociétés secrètes dont *The Most Ancient Order of Druids*, créé en 1781. Nous reviendrons ultérieurement sur le néodruidisme.

William Stukeley

Près d'un siècle plus tard, William Stukeley reprend le flambeau, avec son ouvrage, *Stonehenge, a Temple Restored to the British Druids*. Comme John Aubrey, il associe Stonehenge et Avebury et développe largement l'idée du druidisme. En outre, il imagine que les druides étaient des adorateurs du Dieu-Serpent et que tous les cercles de pierres ont servi de lieu pour cet étrange culte.

À côté de cela, c'est un excellent observateur. Lui aussi, dans ses dessins, idéalise Stonehenge, bien qu'il s'insurge contre la reconstitution d'Inigo Jones. Il propose une coudée druidique, remarque l'avenue et l'orientation du site et fait une première tentative pour dater scientifiquement l'ensemble, grâce aux variations de la déclinaison magnétique.

Ce personnage contrasté, à la fois sérieux dans ses recherches et imaginatif dans ses hypothèses, semble être à l'origine du regain de l'intérêt pour Stonehenge. À sa suite, John Wood, architecte, fait paraître un ouvrage intitulé *Choir Gaure, Vulgarly Called Stonehenge, on Salisbury Plain, Described, Restaured and Explained*. Pour lui, il s'agit d'un temple dédié à la Lune, avec des pierres différentes servant à symboliser le Bien et le Mal. Sa meilleure contribution à la connaissance de Stonehenge reste un plan précis et non idéalisé du site en 1747, peu différent des plans plus récents.

Quelques années plus tard, un autre *Choir Gaur* paraît, sous la plume de John Smith, avec comme sous-titre : *the Grand Orrery of Ancient Druids*. Il défend la thèse d'un calendrier druidique, les trente pierres renvoyant aux trente jours du mois lunaire.

Ainsi tout le XVIIIe siècle renforça l'idée du druidisme comme origine du monument. Avec le XIXe siècle et le romantisme, les ruines sont à la mode et on les peint sous un ciel chargé. On y vient déjeuner sur l'herbe et chacun emporte un éclat de pierre en souvenir.

En 1800, Thomas Maurice émet l'opinion que Stonehenge est un temple solaire, en raison de sa forme circulaire, et que l'ovale central représente l'œuf du monde. Il ajoute que les vestiges de bovidés trouvés dans l'enceinte prouvent l'existence de rites particulièrement sanguinaires, en relation avec le culte solaire.

Le début de ce siècle est surtout marqué par les travaux de sir Richard Colt Hoare, qui fouille une large partie des tumulus de la plaine de Salisbury. En ce qui concerne Stonehenge, il l'attribue aux Bretons. En fait,

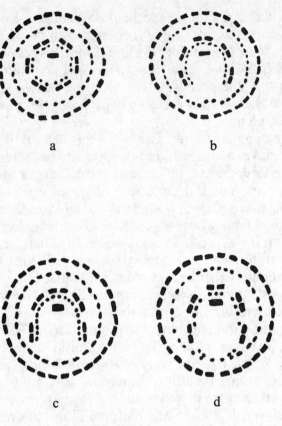

Fig. 14
Plans restitués de Stonehenge de Jones (a), de
Stukeley (b), de Wood (c) et de Smith (d).

son but principal était de constituer des collections et il
a fouillé sans trop se poser de questions.

Un nouvel axe de recherche est donné par l'astronomie, et Geoffroy Higgins met en relation le fer à cheval
de dix-neuf pierres avec le cycle métonien, dans lequel la
lune revient à un même point. Il date le site de 4 000 ans
avant notre ère.

Le révérend Grover, quant à lui, attribue le monument à l'âge d'or de la tradition et à la race de Géants
qui peuplait alors la terre. Au même moment, Henry

Browne suggère que les pierres ont été érigées au temps d'Adam et Ève et que le Déluge les a renversées. James Fergusson suit les thèses de Geoffroy de Monmouth à propos du cénotaphe des Bretons trahis. Ainsi on renoue avec les courants de pensée les plus archaïques.

Sir Flinders Pétrie

Par chance, certains chercheurs comme le célèbre égyptologue sir Flinders Pétrie s'intéressent à Stonehenge. Ce dernier fait dresser un plan à l'échelle et travaille sur l'unité de mesure qui régit à la fois le plan et l'élévation du monument. Pour lui, l'édifice a été construit avant l'invasion romaine, mais rien n'interdit qu'Aurelius Ambrosius, Uther, Constantin et d'autres chefs aient pu être enterrés en ce point. Il prête « des machines nécessaires » à Merlin et conclut : « Il est maintenant nécessaire, pour régler ce problème si longtemps débattu, de faire des fouilles très minutieuses. »

Enfin en 1883, une dernière théorie voit le jour : Stonehenge est l'œuvre des Atlantes, selon W.S. Blacket.

Les travaux de sir Norman Lockyer en astronomie, puis du colonel Hawley en archéologie inaugurent les recherches actuelles que nous allons développer et qui s'orientent essentiellement selon deux voies. Pour la période allant du XVIᵉ au XIXᵉ siècle, qui correspond à la redécouverte de Stonehenge, à la fois comme sujet d'expérimentation et comme souvenir historique, on peut dire qu'un large contraste apparaît selon les chercheurs.

Certains efforts de compréhension ou d'étude sont faits, en particulier avec les dessins, les reconstitutions ou les fouilles. Mais les théories restent toutes fragiles en tant que telles. Plusieurs groupes se distinguent. Les fidèles de Geoffroy de Monmouth le suivent à la lettre, sans chercher le sens caché de ses histoires. À côté, d'autres se lancent dans la quête d'un druidisme très éloigné de la véritable tradition et surtout de la réalité historique, tout en effleurant certains éléments occultés. Pour parfaire le tout, d'autres encore entrent dans le mythe le plus pur, sans prendre conscience de cette réalité.

Il est vrai que la fiction reste toujours si proche de la vérité et que cette dernière sait se cacher dans les théories apparemment les plus invraisemblables. N'oublions pas que le site de Stonehenge reste notre part de rêve.

CHAPITRE 4

LES TRAVAUX RÉCENTS

Stonehenge est un site suffisamment complexe pour que plusieurs types d'études puissent s'y dérouler, dans des cadres différents mais qui abordent chacun un aspect particulier d'une réalité, à la fois riche et multiple. Dès le XVIIᵉ ou XVIIIᵉ siècle déjà, des voies diverses sont tracées, allant de la recherche de terrain à l'interprétation plus ou moins fondée de la signification du site. Depuis, les hypothèses se succèdent, les chercheurs se déchirent, sans pour autant faire jaillir la vérité à la face du monde.

Dès l'instant où aucune histoire n'a été écrite à l'époque même de l'érection des mégalithes, toutes les suppositions sont permises pour tenter de reconstituer une histoire incomplète mais plausible de ce lieu qui a marqué tant de générations et qui contribue à drainer les foules en quête de rêves et de mystères.

Les plus anciens éléments appartiennent au mythe et ont droit à la place d'honneur, au titre de l'initiation. Puis vient l'archéologie qui cherche dans le sol l'histoire de ce qui n'a ni nom ni texte. Les premières fouilles datent des environs de 1663 et sont l'œuvre de John Aubrey. Au XXᵉ siècle, ses successeurs vont parachever ses travaux, mais hélas ! pas toujours avec bonheur ni méthode.

Au XVIIIe siècle, une voie d'approche nouvelle a été suggérée : celle de l'astronomie. Les travaux anciens mettent en avant des données simples, comme l'orientation du temple face au soleil levant au solstice d'été. Récemment, ceux de Gerald Hawkins apportent la lumière sur bien d'autres phénomènes visibles dès l'âge du bronze, qui font de Stonehenge un observatoire privilégié.

Dans le même temps, les savants ont voulu lier Stonehenge aux Celtes et au druidisme, et une autre recherche, de type ésotérique, a pu se développer dans un sens d'approfondissement de la connaissance, mais à contre-courant de l'histoire réelle du site.

Enfin quelques-uns s'intéressent aux énergies cosmo-telluriques particulièrement actives dans certains lieux choisis par les hommes selon une perception que l'on redécouvre actuellement. Stonehenge et d'autres cercles trahissent la présence de nœuds ou d'ondes de formes. Pourquoi ?

L'archéologie s'intéresse à l'homme sur terre, l'astronomie renvoie à l'étude du ciel, la radioactivité précise les manifestations des puissances souterraines et l'étude des religions s'applique aux relations entre l'homme et le divin. Mais au-delà subsistent des aspects inexplorés dont on tentera de soulever le voile.

La voie de l'archéologie

La fin du XIXe siècle correspond aux recherches de l'égyptologue Flinders Pétrie, que nous avons mentionnées plus haut. À sa suite, le colonel Hawley reprend le pic et la pioche, pour affiner les trouvailles de ses prédécesseurs. Entre-temps, la photographie aérienne a fait son apparition, révélant, sur Stonehenge et sa région, des détails surprenants. Ainsi de nouveaux sites, comme Woodhenge et des *Barrows* inconnus, s'ajoutent à la liste des découvertes. L'avenue est redécouverte.

Le colonel Hawley

Quant au colonel Hawley, ses travaux portèrent surtout sur les « trous » de Stonehenge, en particulier sur ceux dits « d'Aubrey ». Il y trouva un remplissage dont certains niveaux contenaient des ossements humains, accréditant la thèse des incinérations. Pour lui, les trous d'Aubrey servirent pour ériger un cercle de pierres semblables à ceux d'Avebury.

Il a également travaillé sur les cercles des trous Y et Z, sur ceux situés dans l'axe de l'avenue, sur des trous de poteaux en bois au centre du monument, qui supposent peut-être d'autres structures, sur les trous des quatre stations et sur la fosse de la pierre symétrique de la *Slaughter Stone*. Par ailleurs, il fouilla le fossé circulaire sur la moitié de sa longueur et sous la *Slaughter Stone*, où il retrouva une bouteille de porto laissée comme souvenir par sir Colt Hoare.

Ses successeurs devinrent ses détracteurs, car il manquait quelque peu de méthode et surtout avait pratiqué des sondages un peu partout, ne laissant que les tâches les plus ingrates aux autres. Incontestablement nous lui devons l'essentiel des fouilles sur le site de Stonehenge.

Au moment où le colonel Hawley creusait, infatigable, au cœur du cercle de pierres, le docteur Herbert Thomas localisait la provenance des fameuses pierres bleues, dans les Preseley Mountains, au sud du Pays de Galles. Sa communication au *Journal des antiquaires* fit sensation.

Curieusement, la légende mise à l'honneur par Geoffroy de Monmouth prend alors une autre dimension et l'on s'aperçoit que le lointain souvenir d'un transport étonnant par terre et par mer a survécu au-delà des millénaires, pour resurgir dans une histoire que tant de personnes ont discréditée.

Plus tard, les archéologues voudront, sinon vérifier les assertions, du moins confirmer leur possibilité, et une équipe de recherche tentera le transport de blocs *fac simile* de Stonehenge, pour bien prouver que les hommes préhistoriques ont pu réaliser un tel ouvrage. Richard Atkinson et Gerald Hawkins évoquent, dans leurs livres respectifs, ces techniques de transport, reconstituées pour les besoins de l'expérimentation et de l'ethno-archéologie.

Dans les années cinquante, les fouilles reprennent à Stonehenge, sous la direction des plus grands chercheurs de l'époque, le professeur Stuart Pigott, le docteur J.F.S. Stone et Richard Atkinson. Une nouvelle méthode de datation – le carbone 14 – permet de préciser certains moments de la construction.

Les techniques de travail se sont affinées et une infinité de détails précieux sont recueillis, permettant une approche plus fine des étapes de construction de ce temple grandiose et secret. Parmi les découvertes décisives, il convient de citer les trous Q et R qui correspondent au double cercle de pierres bleues, détruit ultérieurement. Ainsi Stonehenge 2 acquiert une réalité tangible. Par ailleurs sont apparues, sur certaines pierres, des gravures de l'âge du bronze, en particulier des poignards, qui donnent une nouvelle dimension au symbolisme du temple.

Richard Atkinson

Les travaux de Richard Atkinson ont fait l'objet d'une publication remarquable qui sert de base à la compréhension du site et répond aux nombreuses questions que les curieux ou les visiteurs peuvent se poser. À partir de 1957 ont commencé les travaux de restauration, mais les recherches archéologiques ont été ralenties.

Pourtant de nombreuses incertitudes subsistent, en raison du fait que la plupart des chercheurs avaient en tête une vision idéale du site et de sa reconstitution, indépendante des données fournies par la réalité des structures restantes. Ainsi, toutes les vérifications ne semblent pas avoir été faites pour apporter la lumière sur l'aspect que pouvait avoir Stonehenge.

Cependant, les travaux de Richard Atkinson ont permis de reconnaître trois étapes principales de construction, même si tous les éléments ne semblent pas être strictement en coïncidence, et de souligner l'importance de ce site, qui dure au-delà des cultures, en raison de sa sacralité.

L'archéologie a ses limites et si elle permet d'acquérir une bonne approche de la succession des transformations qui se déroulent en un lieu, d'autres sciences peuvent lui apporter le concours de leurs propres investigations et nous permettre une saisie plus globale d'un site qui reste extraordinaire par son unicité.

L'observatoire astronomique de Stonehenge

L'archéo-astronomie appliquée à la préhistoire est une science récente. Tout d'abord, on a cru pendant longtemps que seuls, les peuples du Moyen-Orient maîtrisant l'écriture pouvaient avoir une connaissance dans ce domaine particulier. Il est vrai qu'ils ont laissé des traces écrites concernant à la fois le zodiaque, l'astronomie et l'astrologie. Par ailleurs, si l'orientation des monuments ou des sépultures suppose l'existence de points cardinaux, elle n'implique pas nécessairement un savoir très poussé du déplacement des astres dans le ciel.

Poutant, il paraît certain, mais il reste difficile d'en

apporter la preuve, que les hommes avaient une science approfondie des phénomènes célestes dès la préhistoire lointaine. Et on estime à 35 000 ans au moins avant notre ère qui prend en compte l'instauration d'un premier zodiaque, la dérive que connaît le zodiaque babylonien, auquel on se réfère encore actuellement.

En ce qui concerne Stonehenge, les premières remarques d'ordre astronomique renvoient à l'orientation actuelle de l'avenue et de l'entrée du site en fonction du soleil levant, au moment où les jours sont les plus longs. William Stukeley note en premier cette particularité, valide depuis le XVIII⁰ siècle.

Sir Norman Lockyer

Autour des années 1900, sir Norman Lockyer approfondit cette question et cherche un moyen de dater Stonehenge grâce aux variations du pôle, en fonction du phénomène de précession des équinoxes. Partant du principe que l'axe du monument passe entre les montants 1 et 30 du cercle de sarsen, joint la *Heel Stone* et le point d'horizon où le soleil se lève au solstice d'été, sir Norman Lockyer parvint au résultat suivant : Stonehenge aurait été édifié il y a quarante siècles, soit aux alentours de 2100 avant Jésus-Christ, c'est-à-dire une date proche de celle que donne maintenant l'analyse par le carbone 14.

La seule imperfection de la méthode venait du fait qu'il ignorait où devait se positionner l'observateur et qu'une différence même minime d'emplacement entraînait un écart d'angle important. Par ailleurs, nul ne sait s'il fallait considérer, comme base de départ, le premier rayon de soleil sur l'horizon ou l'apparition du disque entier. Plusieurs fois, Lockyer refit des calculs, revenant sur sa première estimation, pour arriver à la date de 1840 avant Jésus-Christ, qui correspond effectivement à l'un des épisodes d'aménagement du site. Ses travaux furent très remarqués, en leur temps, même s'il a été ensuite critiqué.

Gerald Hawkins

Nous devons à Gerald Hawkins d'avoir repris des recherches dans ce domaine particulier et souvent controversé. Son point de départ a été la terreur qu'inspiraient aux anciens les éclipses de soleil ou de lune. Par ailleurs, une structure aussi complexe que Stonehenge ne pouvait selon lui avoir été érigée simplement pour indiquer le lever du soleil au solstice d'été, alors que deux pierres suffisaient.

« Et si toutes les pierres avaient un sens ? »

Gerald Hawkins projeta de se rendre sur le site et de filmer l'aube du premier jour de l'été. De nombreuses questions se posèrent à lui, à la vue de cet inoubliable spectacle : le soleil se levant presque au nord à cette latitude.

En dehors de ce point particulier, certains avaient été soulignés par les archéologues : une pierre marque l'axe du coucher de soleil au solstice d'hiver. Par ailleurs, d'autres corps célestes pouvaient être pris en considération, la lune, des étoiles particulièrement brillantes.

Seuls des calculs donneraient des éléments de réponse.

« Les résultats furent extraordinaires. » La plupart des positions extrêmes du soleil et de la lune correspondaient à des pierres de Stonehenge. Évidemment certaines erreurs apparaissaient, en raison du déplacement de quelques montants et de l'état général relativement ruiné du site sur le côté ouest. Une autre cause d'imprécision venait de la position actuelle penchée de la *Heel Stone*.

Une première constatation s'impose : Stonehenge a servi de calendrier. Mais c'est également un ensemble astronomique complexe, bien que le plan architectural reste relativement simple, basé sur la droite, le cercle, le rectangle et également une forme elliptique.

Quelques années plus tard, Gerald Hawkins reprend ses travaux, cherchant par exemple des alignements en correspondance avec le lever des Pléiades, dont parlent les auteurs classiques, mais sans succès. Il est également intrigué par le fameux cycle de dix-neuf ans dont parle Diodore de Sicile et qui apparaît à la fois dans certains calendriers anciens et, semble-t-il, à Stonehenge.

« C'est alors que je songeai soudain à la seule chose vraiment "spectaculaire" que puisse faire la pleine lune : une éclipse », raconte Hawkins. Arriver à prévoir les éclipses de lune devait incontestablement assurer prestige et puissance à celui qui s'en révélait capable. Dès l'Antiquité c'était devenu une science.

Ainsi Hawkins découvrit qu'une éclipse de lune ou de soleil avait toujours lieu quand la pleine lune proche du solstice d'hiver se levait au-dessus de la *Heel Stone*, et presque tous les dix-neuf ans, la lune se montrait au même endroit. De là, il imagina que les cinquante-six trous d'Aubrey (19 + 19 + 18) avaient servi à prévoir les éclipses de lune.

Par ailleurs, il donne un rôle aux trente trous Y et aux vingt-neuf trous Z qui auraient pu marquer les vingt-neuf jours et demi de chaque lunaison. Pour lui aussi, le cercle des pierres bleues aurait eu cinquante-neuf pierres.

Ses multiples recherches ont tenté de tirer parti de chaque élément du site. Ainsi, il a pu mettre en évidence que le quadrilatère formé par les quatre stations avait exactement la même fonction que le fer à cheval des trilithons centraux. Cette remarque pourrait signifier que les deux structures ne sont pas contemporaines et que les calculs avaient dû être repris, dans un souci d'exactitude. Seul Stonehenge 2, trop détruit, n'a pu faire l'objet que d'hypothèses.

Malgré tout, on peut critiquer Hawkins sur le fait que les plans sur lesquels il a travaillé n'étaient pas fiables et rendent fragile son interprétation. L'intérêt le plus manifeste de son travail reste la mise en lumière des

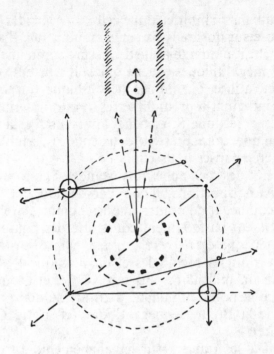

Fig. 15
Positions remarquables du soleil et de la lune, selon
Hawkins.

inter-relations soleil-lune, soulignées par bien d'autres
indices, parfois plus ou moins légendaires.

Alexander Thom

À la même époque, le docteur Alexander Thom,
professeur de technologie, s'intéresse aux cromlechs de
l'ensemble de la Grande-Bretagne et fait des recherches
originales sur les unités de mesure qui ont pu servir à
l'élaboration des plans de chaque monument.

Déjà au XIXᵉ siècle, certains chercheurs s'étaient inté-
ressés à cette problématique, mais aucun n'a poursuivi

un travail aussi ambitieux que celui d'Alexander Thom, qui repose sur quelques six cents monuments. Il aboutit à la conclusion qu'une unité de mesure commune à tous les sites mégalithiques, quelle que soit leur date d'érection, a été utilisée : la coudée mégalithique, qui équivaut à six cent vingt-sept millimètres. Pour des sites plus grandioses, tels que Stonehenge ou Avebury, la perche mégalithique, qui représente deux coudées, semble avoir été préférée par les bâtisseurs.

L'intérêt des recherches d'Alexander Thom se profile dans deux directions, l'une géométrique et l'autre astronomique. Il démontre que les hommes préhistoriques savaient parfaitement construire des figures complexes, tels que carré, cercle, ovale, ellipse, en utilisant certains triangles rectangles et des lois que Pythagore codifiera un millénaire plus tard. En effet Stonehenge n'est que le point culminant d'un art né aux premiers temps de la Bretagne mégalithique (cf. notre *Carnac*, ouvr. cité).

Quant à ses travaux sur les alignements astronomiques des cercles de pierres, ils ont été quelque peu éclipsés par ceux de Gerald Hawkins sur Stonehenge. Il est vrai qu'il a fait part de plus de réserves, se bornant à donner six directions principales.

D'autres chercheurs ont poursuivi dans la voie de l'archéo-astronomie, en particulier A. Newham, qui a lié les découvertes dans ces deux domaines pour souligner l'importance de Stonehenge dans l'esprit des prêtres-astronomes de l'âge du bronze. L'archéologie a mis en avant le caractère exceptionnel du site, unique au monde par certaines originalités, qui ne pouvait avoir d'autre utilité que cultuelle. Ainsi Stonehenge peut être qualifié de « temple ».

Quels dieux y adorait-on ?

Dès les premières approches, l'avenue et l'axe apparent de la structure placés en direction du soleil levant au solstice d'été semblaient donner une indication. Stonehenge devait être dédié au Soleil. L'imagination des

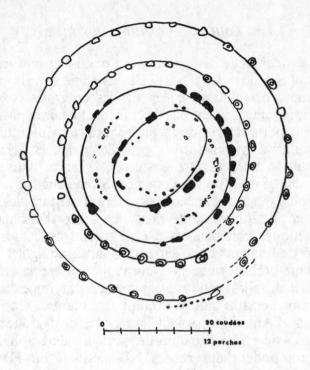

30 coudées

12 perches

Fig. 16
Mesures de Stonehenge, d'après Thom.

curieux du XVIIIᵉ siècle inventait des sacrifices humains ou animaux sur la *Slaughter Stone*, au cœur de l'édifice.

Puis Hawkins pressentit l'importance que prenait la Lune, sœur et compagne du Soleil. Stonehenge devenait un véritable observatoire astronomique où étaient codifiés les passages les plus importants de ces deux astres. Tout cela permettait de faire du site un calendrier perpétuel. Et c'est probablement pour cette raison que les bâtisseurs ont attaché tant de soin à l'exactitude des mesures et à la construction.

Mais aucun chef-d'œuvre ne saurait durer pour l'éternité.

Les courants cosmo-telluriques

Si les recherches astronomiques paraissent naturellement liées à des sites tels que Stonehenge, en raison du système d'orientation, celles sur les courants cosmotelluriques ne jouissent pas de la même faveur et passent souvent pour relever de la pure fantaisie. Ce domaine particulier d'investigation a peu d'expériences derrière lui, mais il ne peut être passé sous silence, dans une approche globale du phénomène « Stonehenge ».

Depuis quelques années, les courants telluriques, les réseaux aquatiques souterrains, les zones d'anomalies magnétiques commencent à être étudiés avec plus ou moins de bonheur et de sérieux. Quant à imaginer que l'homme préhistorique pouvait avoir une connaissance intuitive de telles manifestations, cela paraît impensable. Pourtant certains faits s'avèrent troublants. Ainsi les Indiens d'Amérique situent leurs « terres des ancêtres sacrées » de préférence dans des secteurs géographiques où surabondent des roches radioactives. En Haute-Loire, la carte des menhirs peut se superposer à celle de l'uranium.

À Stonehenge, le substrat est de la craie. Mais l'importance magique et sacrée des roches magnétiques paraît être connue des bâtisseurs, puisqu'ils n'ont pas hésité à aller chercher au Pays de Galles des dolérites réputées guérir les maladies.

Mais le plus étonnant, à propos de Stonehenge, est que la tradition se soit maintenue au fil des siècles et apparaisse, inchangée, dans les textes de Geoffroy de Monmouth au XIIᵉ siècle. De même, la plupart des mégalithes ont, dans les croyances populaires, des vertus thérapeutiques.

Deux cas peuvent se présenter. Parfois la radioactivité se trouve directement liée au lieu, ainsi en Bretagne ou au Pays de Galles, où existent par ailleurs de nombreux mégalithes. En revanche, pour des sites comme le plateau des Bondons en Lozère ou Stonehenge, des pierres étrangères au substrat sont introduites pour créer un réseau magnétique nécessaire à certaines cérémonies.

Mais d'autres phénomènes entrent en compte. La planète Terre offre un réseau d'anomalies magnétiques qui s'intensifient en certains points. Ainsi l'une de ces zones se situe en Écosse, où justement prend place un important réseau mégalithique avec, en particulier, de nombreux cromlechs. Stonehenge ou la Bretagne se placent sur des lignes de jonction entre ces points particuliers. Et si Stonehenge a une position admirable sur le plan cosmique pour la contemplation et l'étude des astres, elle est également remarquable sur le plan tellurique. Le choix de l'emplacement du temple a pu répondre à des critères opposés mais complémentaires, alliant le *yin* et le *yang*.

Quant à la question des cours d'eau souterrains, elle a un rapport avec de nombreux sanctuaires, quelle que soit la religion pratiquée. À ce propos, des cathédrales romanes ou gothiques, comme à Saint-Jacques-de-Compostelle, Chartres ou Le Puy, s'implantent sur des parcours croisés de rivières souterraines. En ce qui concerne Le Puy ou Chartres, il semblerait que des monuments mégalithiques aient précédé ces églises.

Pour Stonehenge et pour Avebury, des réseaux complexes ont été mis en évidence. Dans le cas d'Avebury, des zones nodales apparaissent au niveau du centre de chaque cercle intérieur et de l'une des entrées. À Stonehenge, deux des quatre stations, celles où les pierres dressées ont disparu, le centre du fer à cheval et la *Heel Stone* constituent les points les plus significatifs.

Il ressort de ces quelques exemples que souvent des pierres semblent avoir été érigées aux endroits les plus représentatifs. Mais comme ils correspondent en outre à des points géométriques soigneusement choisis à la fois pour la construction de l'édifice et pour l'observation des astres, on reste quelque peu perplexe devant une conjonction aussi particulière et troublante.

Parvenir à une telle harmonisation de données aussi

diverses paraît invraisemblable, lorsque l'on connaît la technologie des populations de l'âge du bronze.

Stonehenge et le néo-druidisme

À l'époque de John Aubrey et de William Stukeley, on ignorait l'existence de l'homme préhistorique. Il y avait d'une part la tradition chrétienne et toute une chronologie humaine fondée sur la Bible, depuis Adam, avec des jalons comme Abraham, Noé, Moïse..., et d'autre part une tradition historique qui connaissait le Moyen Âge, la conquête romaine et les Celtes. On tentait toujours d'établir une corrélation entre les deux systèmes chronologiques.

Les Celtes, mentionnés par les écrivains romains, étaient les plus anciens habitants connus de l'Angleterre au XVIIᵉ siècle. Et la découverte de la préhistoire ne se fera qu'à la fin du XIXᵉ siècle. Certains mettent d'ailleurs toujours en doute cette donnée nouvelle. Ce fait, capital pour comprendre l'engouement pour les Celtes, aboutira à ce que l'on peut qualifier de néo-druidisme.

Dans les esprits du XVIIᵉ siècle, Stonehenge revêt un caractère exceptionnel et ne peut être un bâtiment civil. Il s'agit donc d'un temple. Les monuments romains sont connus et Stonehenge ne leur ressemble en rien. Alors il devient l'œuvre de populations différentes des Romains. Ici le choix s'amenuise : le site est l'œuvre soit d'envahisseurs postérieurs aux Romains, soit d'autochtones antérieurs. Les Celtes se trouvent donc désignés.

John Aubrey

Maintenant il nous faut revenir sur John Aubrey, l'un des inventeurs de Stonehenge et le premier à associer Stonehenge, Avebury et les druides. Il appartenait à deux sociétés secrètes, puisqu'il était franc-maçon et chef du Bosquet druidique ou *Mount Haemus* d'Oxford.

Ici les faits se compliquent, car ce « bosquet » est mentionné en 1245. Soit il a plus ou moins survécu dans la clandestinité, soit il a été recréé sous cette même appellation. Dès lors, la genèse de la pensée de John Aubrey, concernant le lien entre Stonehenge et le druidisme, devient difficile à suivre. Soit une vague tradition, parallèle à la légende rapportée par Geoffroy de Monmouth, associe ce temple du nationalisme aux Celtes, qui ont résisté aux Romains d'abord puis au christianisme. Soit John Aubrey, au vu de ces ruines extraordinaires et en raison de ses convictions personnelles, n'a pu s'empêcher d'établir une liaison qui lui semblait logique, dans la perspective des connaissances historiques de son temps.

Toujours est-il qu'à partir de John Aubrey, Stonehenge et les druides se sont trouvés indissociables, au grand dam des archéologues qui ne cessent de combattre cette erreur.

Stonehenge trahi et abandonné par les Celtes se trouve réhabilité par les druides : curieux paradoxe !

Depuis 1649 au moins, Stonehenge se trouve lié d'abord aux druides, par la plume de John Aubrey, puis au renouveau du mouvement druidique qui prit, à partir du XVIIIe siècle, une certaine ampleur. Actuellement, il est impossible de passer sous silence cet aspect, qui donne lieu à des cérémonies dans l'enceinte même de Stonehenge.

Le mouvement néo-druidique

Au XVIIIe siècle, pour ce qui est des regroupements, on peut compter trois branches principales dans le mouvement druidique :
– le *Druid Order*, animé par John Toland ;
– l'*Ancient Order of Druids*, fondé par Henry Hurle ;
– la *Gorsedd* de l'île de Bretagne.

Le premier mouvement surtout revêt une certaine importance pour l'histoire de Stonehenge. Son initiateur, John Toland, a écrit une *History of the Druids*, et sur l'instigation de John Aubrey, il eut l'idée d'un regroupement de ceux qui tentaient de faire survivre la tradition druidique. Ainsi fut annoncée une assemblée pour le 22 septembre 1717, à la taverne du Pommier. Effectivement, divers cercles (ou « bosquets ») envoyèrent des délégués. John Toland fut le chef-druide depuis cette date et jusqu'à sa mort. William Stukeley, qui travailla sur les plans de Stonehenge et appartenait lui aussi à une loge franc-maçonnique, lui succéda. Bien sûr, il contribua largement à diffuser les idées de John Aubrey sur Stonehenge et le druidisme.

Parmi les successeurs de William Stukeley, citons le célèbre William Blake. Le mouvement existe encore actuellement, bien qu'il y ait eu quelques querelles de personnes, dans les années cinquante. Il perpétue une tradition initiatique et ésotérique. Certaines cérémonies se déroulent à Stonehenge au solstice d'été.

L'*Ancient Order of Druids* fut fondé le 28 novembre 1781 à la taverne Aux Armes du Roi par Henry Hurle. On ignore s'il y eut des liens entre ce groupe et le précédent. Mais en 1833 des divergences en son sein aboutissent à une scission.

Quant à la troisième branche, elle a une origine galloise par William Wotton, qui publie un recueil de lois de Pays de Galles, et Edward Williams, qui transmet des chants gallois. Ce dernier prendra ultérieurement le nom de Iolo Morganwg et on lui doit le renouveau du bardisme. Le 21 juin 1792, pour le solstice d'été, à Primrose Hill, se réunit un premier ensemble de bardes, dans un cercle de pierres, avec au centre, la pierre de la Gorsedd, sur laquelle était déposée une épée.

Cette tradition du cercle de pierres appartient à une haute antiquité, elle n'a rien de proprement celtique et pourrait même avoir une origine néolithique, voire plus ancienne encore. Cependant elle paraît intéressante à retenir, car elle souligne les emprunts que les Celtes ont pu faire aux traditions plus archaïques.

Rites du Druid Order

Il nous faut maintenant revenir sur les rites du *Druid Order* dont certains se déroulent à Stonehenge la nuit précédant le solstice d'été. Le parrainage fameux de John Aubrey et de William Stukeley a eu pour conséquence que les membres du *Druid Order* croient fortement au lien unissant Stonehenge et la religion celtique.

La cérémonie commence par une commémoration des défunts – ce qui s'inscrit sans doute dans le celtisme, mais n'a pas sa place à ce moment-là de l'année. Puis un peu avant le lever du jour, des assistants déposent les symboles des quatre éléments auprès des quatre stations – ce qui pourrait être un rite préhistorique. Alors les druides, portant un rameau de chêne, commencent leur procession en partant du sud vers l'est, avant de revenir au sud pour gagner l'ouest et enfin le nord. Puis ils sortent du cercle en direction de la *Heel Stone* où chacun renouvelle son serment. Enfin la procession se dirige vers le centre du monument où les différents éléments sont déposés. Après ces préliminaires, des échanges de questions-réponses, dans la tradition celtique, ont lieu. Puis la formule de clôture est prononcée par le chef-druide et tous s'en vont par le sud.

À midi une nouvelle cérémonie se déroule pour célébrer le Soleil à son zénith. Une épée est retirée de la pierre. On ne peut s'empêcher de penser au cycle de la Table ronde. Des paroles accompagnent ce rite étrange. Ensuite a lieu la réception des invités, avec, en premier, la dame qui représente la Terre-Mère et ses suivantes portant la corne d'abondance. Dans la tradition préhistorique, une telle réception aurait eu lieu à l'équinoxe de printemps où se tient la fête du renouveau. De nouveaux échanges verbaux entre participants continuent la célébration. Pour finir, la couronne de chêne est déposée sur la pierre des sacrifices.

Quelques remarques s'imposent. Cette cérémonie renvoie à des pratiques dont certaines sont bien antérieures à l'arrivée des Celtes. Ainsi le culte de la Terre-Mère appartient à ce qu'il y a de plus archaïque dans le patrimoine de l'*homo sapiens*. À l'âge du fer, son pouvoir paraît moindre mais ses fervents entretiennent son culte, qui va se poursuivre plus ou moins clandestinement au cours des siècles. Dans certains cas, il y a assimilation à des déesses reconnues ou à Marie, mais l'esprit de vénération demeure.

Les festivités des premières sociétés agraires ont une relation avec le calendrier et ses grands moments, solstices, équinoxes ainsi que les dates intermédiaires. Avec les Celtes apparaît un nouveau calendrier. Peut-être est-ce là le sujet du « combat des arbres » ? Ce point reste difficile à résoudre, dans la mesure où Pline prétend que, pour les Celtes, l'année commençait au solstice d'été, alors que les spécialistes de la question la font débuter avec la fête des Morts, le 1er novembre. Qui est dans le vrai ? Certainement, le calendrier constitue le cœur du débat et est probablement à l'origine de la bataille qui a eu lieu dans la plaine de Salisbury et a conduit à l'abandon (et la ruine ?) de Stonehenge.

Le rite face au soleil, « dans l'œil de la lumière », que l'on trouve ici à Stonehenge et également à la Gorsedd semble véritablement ancien, sans qu'il soit possible de préciser s'il appartient en propre aux Celtes ou s'il existe antérieurement.

Quant à celui de l'épée tirée de la pierre, il paraît délicat de se prononcer, dans la mesure où l'on ignore tout des rites protohistoriques concernant la classe guerrière. Les poignards et les épées gravés sur certains montants de Stonehenge laissent supposer qu'une initiation pouvait se dérouler sur place, comme au mont Bego ou dans d'autres lieux sacrés.

La relation aux quatre éléments est commune à toutes

les sociétés archaïques. Finalement, s'il y a reconstitution, et il y a forcément reconstitution, elle s'inspire largement de traditions celtiques ou plus anciennes. Seul le cadre ne correspond plus à ce que l'on sait de l'histoire de Stonehenge.

L'approche de Stonehenge reste une réalité complexe et certains aspects contemporains ont été passés sous silence. Ainsi l'« archéologie alternative », selon le mot de Christopher Chippindale, que ce soit en Angleterre ou en Amérique, éclate en des recherches extrêmement variées où interviennent d'étranges associations d'idées. Peu à peu, le mystère s'épaissit et un mythe entièrement nouveau prend forme actuellement. Mesures, alignements, formes géométriques, géants et dragons volants et aussi les Atlantes font partie des composantes de ce nouvel univers qui rejette, souvent avec violence, les anciennes croyances.

Tout cela est question de mode. Cependant, cela prouve que l'intérêt pour Stonehenge reste profondément vivant, au-delà des aspects incongrus qu'il peut prendre. Stonehenge devient alors le temple de nouveaux idéaux, le centre initiatique « d'une vision sacrée et utopique du monde ».

DEUXIÈME PARTIE

STONEHENGE
ET L'ESPACE-TEMPS

CHAPITRE 5

STONEHENGE ET LES ÎLES BRITANNIQUES

Si Stonehenge paraît unique en raison de son originalité architecturale, les trilithes, il n'est pas isolé et s'intègre au contraire dans un ensemble régional particulièrement prometteur. Nous ne pouvons partager l'opinion de Fernand Niel : « Stonehenge est seul, désespérément seul, sans ascendance ni descendance », car ce serait isoler ce monument exceptionnel de son contexte culturel et sacré.

Réussir à exécuter un tel ouvrage suppose des années de patience et de recherche, sans compter le travail colossal d'une main-d'œuvre nombreuse. Un tel centre pourrait correspondre à Saint-Pierre de Rome, pour la chrétienté. Dans un contexte comparable, Saint-Pierre est en même temps unique par sa richesse et sa valeur symbolique, tout en étant un lieu saint parmi bien d'autres. Sans doute est-ce ainsi qu'il convient de considérer Stonehenge ?

L'Angleterre

Stonehenge ne se dresse pas désolé dans la plaine de Salisbury. Au contraire, de nombreux monuments l'entourent et l'« horizon » de Stonehenge s'avère particulièrement riche en vestiges néolithiques et protohistoriques de toute sorte.

L'horizon de Stonehenge

Citons les camps de l'âge du fer de Sidbury Hill et de Grovely Castle, tous deux situés dans le prolongement de l'axe de Stonehenge, et Old Sarum, qui domine Salisbury. Est-ce intentionnel, pour mieux surveiller le site abandonné ?

Pour rester dans le contexte chronologique du grand temple, il convient de parler des centaines de tumulus qui entourent Stonehenge. Certains – les *Long Barrows* – appartiennent au néolithique alors que les autres – les *Round Barrows* – sont contemporains de la période de gloire du sanctuaire. Ils donnent l'impression d'une gigantesque nécropole, groupée autour de son cœur.

L'un des plus étranges monuments de cet environnement paraît être le Cursus, sans doute mis en chantier au même moment que Stonehenge 1. Il se situe au bout de l'une des branches de l'avenue et c'est le plus grand enclos néolithique connu. Il se présente comme un terrassement ceinturé d'un fossé et d'un talus, orienté est-ouest. Vers son extrémité orientale prend place un *Long Barrow*.

Voilà l'un des premiers points de comparaison avec Stonehenge 1. Il s'agit d'un enclos sacré, avec zone sépulcrale. Les seules différences tiennent dans la taille respective des deux monuments et dans leur forme. Stonehenge est circulaire, alors que le Cursus est un très long rectangle aux petits côtés arrondis.

Comme deuxième élément, Woodhenge (le *henge* de

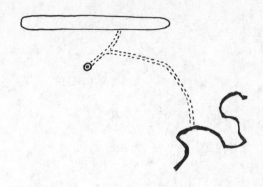

Fig. 17
Le Cursus, Stonehenge et l'avenue.

bois) correspond à un cercle avec talus et fossé, ouvert au nord-est. Cependant les structures intérieures offrent quelques différences. Ici, une série de six cercles concentriques tendant plus ou moins vers l'ovale sont constitués par des trous de poteaux, d'où le nom de Woodhenge. Il convient de s'arrêter sur le nombre des trous de chaque ellipse. De l'extérieur vers l'intérieur, on a les nombres suivants : soixante, trente-deux, seize, dix-huit, dix-huit, douze. Il y aurait certainement toute une symbolique à rechercher. Au centre se trouvait une inhumation d'enfant au crâne fendu. L'ovale de seize trous donne des fosses plus larges. Il paraît probable que tous ces aménagements sont contemporains.

Ce monument laisserait perplexe s'il n'avait de points de comparaison directs, le petit cromlech d'Avebury ou Mount Pleasant, dont les dates de construction s'échelonnent entre le néolithique et l'âge du bronze. Ici encore des rapprochements peuvent s'établir avec Stonehenge.

Woodhenge illustre-t-il déjà le « combat des arbres » ? Peut-on donner un sens à ces trous ? Au cœur se place le nombre douze. Nous verrons l'importance qu'il revêt à propos de Stonehenge et de son calendrier. Ce premier cercle entre en relation avec l'ovale de seize et celui de

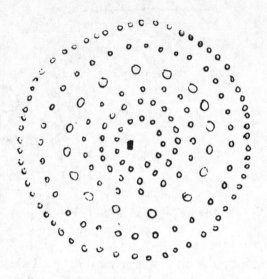

Fig. 18
Plan de Woodhenge.

trente-deux, tous deux multiples de quatre, nombre par excellence de l'espace. Mais il s'associe également aux autres, ceux de dix-huit et soixante, multiples de trois, nombre sacré du temps. Tout un programme se révèle à Woodhenge. Une fois de plus, l'opposition des contraires, du masculin et du féminin, du statique et du dynamique trouve son expression, mais le douze parvient à transcender cette ambivalence pour créer l'unité.

Au nord de Woodhenge se situe l'immense enclos de Durrington Walls qui renferme également deux cercles comparables.

Mount Pleasant offre quelques particularités dans la mesure où il se situe dans une enceinte de cinq hectares, avec talus et fossé. Celle-ci constitue la partie la plus ancienne de l'ensemble. À l'intérieur se trouvait un autre ouvrage de terre, plus petit, avec des trous de poteaux disposés en cinq cercles concentriques et quatre quartiers plus ou moins orientés. La progression du nombre

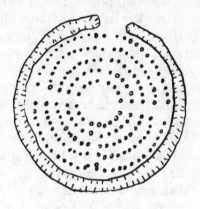

Fig. 19
Plan de Mount Pleasant.

de trous vers l'extérieur est de seize, vingt-quatre, trente-six, quarante-huit, cinquante-deux (soit quatre, six, neuf, douze et treize). Cet ensemble date de 2000 ans avant notre ère.

Trois cents ans plus tard arrive le peuple campaniforme. Une palissade est dressée dans l'enclos, le sanctuaire primitif en bois est remplacé par un fer à cheval de pierres, tout à fait comparable à certains aspects de Stonehenge. Seule la palissade ceinturant l'édifice donne une touche d'originalité à ce nouveau temple.

Avebury

Avebury connaît une célébrité comparable à celle de Stonehenge et les deux centres religieux ont pu se trouver en concurrence, à moins qu'ils n'aient appartenu à deux tribus voisines. Comme pour Stonehenge, il s'agit d'un ensemble multiple, utilisé à la fois au néolithique et à l'âge du bronze. John Aubrey et William Stukeley ont largement contribué à le faire connaître.

En fait, Avebury se compose de deux parties distinctes, mais reliées entre elles par une avenue plus ou moins serpentine qui a suscité, chez Stukeley, cette croyance en un culte du Serpent. Cette allée relie un petit cromlech (cf. *Le Grand Secret des pierres sacrées*, ouvr. cité) à un autre, plus vaste et plus connu, qui entoure le village d'Avebury, continue quelque temps avant de se perdre dans la campagne. Pour compléter le tableau, au sud d'Avebury s'élève le plus haut tumulus du monde, Silbury Hill. Son rôle initiatique (et funéraire ?) s'intègre dans un complexe religieux très puissant.

Silbury Hill continue à intriguer les chercheurs. En effet, ce tertre de craie a été édifié en creusant directement dans le substrat un large et profond fossé. Avec les remblais extraits, une colline artificielle faite par paliers successifs, comme une pyramide à degrés, a atteint des hauteurs impressionnantes. Le sommet se creuse de trois fossés concentriques. Malgré les fouilles, ce tertre conserve son secret et contrairement à toute attente, il n'a livré aucune sépulture.

Avait-il une fonction au sein de l'ensemble religieux d'Avebury ? Aucun élément ne permet de le dater avec précision, d'où le silence qui l'entoure. Cependant, il pourrait être contemporain du *Long Barrow* de West Kennet, dont nous reparlerons.

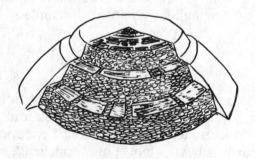

Fig. 20
Silbury Hill.

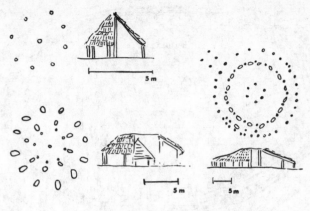

Fig. 21
Le « Sanctuaire » d'Avebury.

Pour l'instant, le petit cromlech d'Avebury, parfois appelé le « Sanctuaire », retient notre attention. Il prend place sur le sommet d'Overton Hill. Les fouilles ont mis au jour plusieurs cercles de trous de poteaux. Mais à la différence de Woodhenge, ici, ils témoignent de quatre étapes distinctes de construction.

Au départ, un modeste bâtiment de bois comprend huit poteaux disposés en cercle autour d'un neuvième. Puis un deuxième cercle, toujours de huit poteaux, et un troisième, de douze, entourent la première structure. À la troisième phase, de nouvelles circonférences s'ajoutent encore à l'extérieur, l'une de seize montants en bois, l'autre de trente-quatre, avec une entrée au nord-ouest. Enfin vient un dernier aménagement qui se trouve en relation avec l'avenue et le grand cromlech. Une série de menhirs vient s'intercaler entre les trous du cercle de seize poteaux et un enclos de quarante-deux monolithes ceinture le tout. Il est l'œuvre des Campaniformes.

À Stonehenge l'avenue se limite à un large terrassement flanqué de fossés. En revanche, à Avebury, la West Kennet Avenue est bordée de menhirs.

Quant au grand cromlech d'Avebury, on peut diffici-

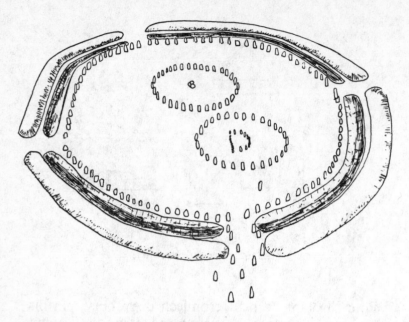

Fig. 22
Reconstitution du grand cromlech d'Avebury.

lement le comparer à Stonehenge, dans sa phase finale, puisque toutes les pierres sont brutes. Comme bien d'autres structures de la fin du néolithique, il s'agit d'un *Henge Monument* immense avec un talus, un fossé et, ici, un cercle de pierres dressées près du bord interne du fossé. À l'intérieur de l'enceinte ouverte aux quatre points cardinaux, deux ou trois cercles plus petits constituaient le sanctuaire.

Le cercle extérieur devait compter au moins une centaine de pierres. Il s'agit de sarsen de même origine que les blocs de Stonehenge. Quant aux cercles intérieurs, ils ont près de cent mètres de diamètre. Atkinson pense qu'il y en a eu trois, en fait, même s'il n'en subsiste que deux et encore très détériorés. Le cercle central comprendrait trente menhirs, entourant une dépression centrale quadrangulaire où subsistent deux pierres. Quant au cercle sud, il aurait eu trente-deux montants autour d'un pilier central haut de six mètres, encore visible sur les dessins du XVIIIe siècle. Au nord, des trous prévus pour trois pierres peuvent laisser supposer l'existence d'un cercle supplémentaire, qui n'a pas été achevé ou a été détruit par le terrassement du grand cercle. Enfin au sud, une pierre isolée et naturellement perforée – la pierre-anneau – a été découverte lors de fouilles.

Selon Atkinson, la phase la plus ancienne correspond aux trois cercles intérieurs et à l'avenue. Le *Henge Monument* aurait été aménagé par la suite. Mais l'ensemble du site est attribuable à la culture campaniforme, dont les poteries ont été découvertes dans le fossé. Avebury serait donc contemporain de Stonehenge 2.

En résumé, dans la région de Stonehenge, plusieurs autres cercles existent. Les plus anciens remontent au néolithique et sont en bois. Ensuite arrivent les Campaniformes qui apportent le métal et érigent les premiers cercles de pierres. Enfin Stonehenge poursuit sa carrière solitaire, en plein âge du bronze, alors que les autres sites ont été plus ou moins abandonnés, sauf Avebury.

Il y a là un paradoxe de l'histoire. Il est fréquent que les Campaniformes réutilisent les sanctuaires néolithiques, mais rare que la tradition se poursuive à l'âge du bronze.

Toujours dans la région d'Avebury, d'autres sites méritent attention. Au nord-ouest la colline de Windmill Hill, grande enceinte à trois fossés interrompus, sert de site éponyme à l'une des cultures néolithiques de Grande-Bretagne.

Au sud se situe le *Long Barrow* de West Kennet. Il s'agit d'un grand tumulus de forme trapézoïdale allongée, renfermant une sépulture transeptée, à cinq compartiments, que l'on peut dater du néolithique primaire. Une cinquantaine d'individus y reposaient. Pendant longtemps, le tombeau est resté ouvert et l'accès libre. Puis vers 2000 avant notre ère, il a été comblé et l'entrée fermée. Une nouvelle façade faite de quatre énormes blocs de sarsen a été érigée, peut-être pour marquer des distances vis-à-vis d'anciennes croyances.

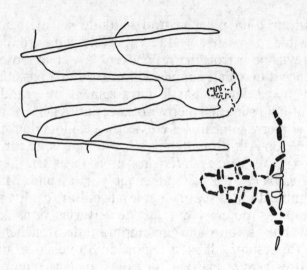

Fig. 23

Le *Long Barrow* de West Kennet.

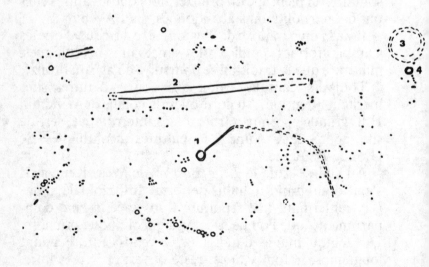

Fig. 24
L'horizon de Stonehenge : 1) Stonehenge, 2) le Cursus,
3) Durrington Walls, 4) Woodhenge.

Si l'on examine de près la répartition des mégalithes dans le sud de la Grande-Bretagne, on remarque quelques concentrations dans les zones de craie et on peut reconstituer ainsi les territoires des populations qui vivaient vers 2000 avant notre ère.

Au nord, un premier groupement d'une vingtaine de kilomètres carrés se centre autour d'Avebury, soit trois camps habités, deux tumulus à vocation funéraire et une quinzaine de cercles à but rituel. Ensuite autour de Stonehenge, deux nouveaux ensembles prennent place, qui regroupent une cinquantaine de cromlechs pour deux camps seulement. Plus au sud autour du camp de Hambledon Hill, on compte une trentaine de cercles et le long de la côte de la Manche, près de Maiden Castle, on en recense à nouveau une quinzaine.

Chaque territoire a pu correspondre à une tribu et ainsi l'organisation sociale des populations de la fin du néolithique ou du campaniforme commence à transparaître. La question religieuse en revanche reste encore mal définie et la seule conclusion à laquelle nous puissions arriver, pour l'instant, est l'importance centrale de Stonehenge dans ce schéma.

Stonehenge se situe au cœur de l'ensemble de la zone définie. De plus, autour de lui se concentre le maximum d'enclos sacrés. Enfin sa durée de rayonnement surpasse largement celle de tous les autres sanctuaires, jusqu'à devenir le cas « unique » de l'âge du bronze britannique.

Il existe d'autres régions à forte densité mégalithique en Grande-Bretagne, dont nous ne parlerons pas. Ainsi au début du mouvement, tout le sud de l'Angleterre depuis la Cornouaille jusqu'aux environs de Londres connaît des *Long Barrows*. Plus tard, le Pays de Galles et la côte ouest de l'Angleterre subissent la colonisation mégalithique, sous la forme des *Round Barrows* et des cercles de pierres. Enfin l'ultime extension, celle des âges des métaux, a une cartographie semblable à la précédente. Par sa splendeur, Stonehenge y fait figure d'exception.

Fig. 25
Les centres du sud-ouest de la Grande-Bretagne.

L'Irlande

À première vue, le mégalithisme irlandais offre une image très différente de celle que livre l'Angleterre. Il s'agit d'un centre indépendant qui n'a pratiquement aucun lien culturel avec les autres îles Britanniques. L'isolement joue à fond et donne une grande originalité.

Les sites funéraires, surtout, ont été étudiés largement, car ils offrent des formes que l'on ne connaît pas dans les autres régions mégalithiques. De plus, ils sont très nombreux (plus de mille tombes), avec par ordre décroissant les *Wedge Tombs* ou « dolmens en coin », les *Court Tombs* ou « cairns à cour », les *Portal Tombs* ou « dolmens-portiques » et enfin les *Passage Tombs* ou « dolmens à couloir ».

Peu importe cette typologie que nous laissons aux spécialistes. Limitons-nous donc à des généralités et/ou à quelques monuments particulièrement célèbres. Ainsi les cairns à cour peuvent s'illustrer par Creevykeel. Ce tertre a une forme trapézoïdale allongée, il s'oriente est-ouest. Un couloir étroit s'ouvre dans la façade est et donne accès à une cour ovale à ciel ouvert. De là on pénètre dans la chambre sépulcrale qui contenait des incinérations.

Cette forme mégalithique serait la plus ancienne connue et elle pourrait être une production autochtone, sans lien avec le mouvement mégalithique européen.

New Grange entre dans la catégorie des *Passage Tombs* ou dolmens à couloir. Incontestablement c'est l'un des monuments les plus visités d'Irlande et il mérite

Fig. 26
Irlande : dolmen « The Burren ».

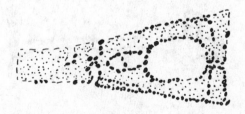

Fig. 27
Irlande : plan du cairn à cour de Creevykeel.

que l'on s'y attarde, même si le rapport avec Stonehenge paraît lointain. En fait, la volonté d'une orientation particulière à New Grange tend à rapprocher les deux sites. Par ailleurs, l'art rupestre de la vallée de la Boyne préfigure celui de l'Angleterre. Ici aussi, nous sommes en présence d'un centre cultuel. Enfin apparaît la signification première du cercle, dont nous avons pu voir quelques développements.

New Grange appartient à l'ensemble de la Boyne Valley, qui comprend trois gros tumulus et beaucoup d'autres plus petits, formant ainsi une nécropole. Il se présente comme un gigantesque tumulus de près de cent mètres de diamètre, de forme ovoïde, entouré d'un cercle de pierres dressées. Les archéologues demeurent incapables de se prononcer sur la contemporanéité des deux structures.

Dans la masse du tertre, un très long couloir conduit à une chambre cruciforme, couverte en encorbellement. Trois bassins de pierre hémisphériques, situés dans les cellules latérales, renfermaient des ossements calcinés. La partie centrale pouvait alors servir pour d'autres rites, d'autant plus qu'elle émet des vibrations intenses.

Un autre intérêt de New Grange réside dans son

Fig. 28
Irlande : New Grange, dolmen à couloir.

orientation actuelle en fonction du soleil levant au solstice d'hiver. Non seulement le couloir offre cette direction, mais de plus, une fenêtre permet aux rayons d'éclairer le fond de la chambre. Le parti pris paraît différer de celui de Stonehenge, mais il est nécessaire de souligner que l'orientation des monuments, comme les rites, ont pu varier au cours du temps et selon les zones géographiques.

Enfin New Grange est connu pour ses décors gravés dans la pierre, en particulier ses losanges et ses spirales qui préfigurent le labyrinthe si significatif de l'âge du bronze. La spirale comme le labyrinthe évoquent l'involution et l'évolution qui se succèdent tour à tour, l'alternance des contraires, la montée du *yang* corollaire à la diminution du *yin*. Tous deux symbolisent l'éternel retour. Et si dans un premier temps, à New Grange, ils parlent des cycles vie-mort-renaissance de l'être humain déposé dans le tombeau ultérieurement, ils signifieront surtout les cycles des astres, les jours, les lunaisons, les saisons, les années..., comme, par exemple, à Stonehenge.

Déjà New Grange, avec son sépulcre cruciforme enfoui sous la montagne et dans le cercle magique d'un au-delà, suppose une dimension cosmique qui sera atteinte avec Stonehenge.

Dernière forme mégalithique, le cercle de pierres dressées existe en Irlande et constitue, comme dans beaucoup d'autres régions, une énigme pour les chercheurs. Son premier rôle est à la fois magique et sacré puisqu'il correspond à la frontière entre le monde des vivants et celui des morts. Ultérieurement, il tendra à signifier le Ciel, dans le sens de Paradis.

Le cercle mythique à plus d'un titre reste Crom Cruaich. Tout d'abord il se constitue symboliquement de douze menhirs et d'une pierre centrale gravée d'une crosse, les douze mois de l'année et la treizième période où tout est possible. La crosse est censée évoquer saint Patrick, mais le glyphe date du néolithique. Enfin un texte irlandais, chrétien, mentionne les nouveau-nés de chaque tribu offerts en sacrifice à une « idole d'or » aux temps des Celtes.

Ainsi s'est forgée une image du cercle de pierres, à la fois idéale sur le plan symbolique et chargée négativement de toutes les incompréhensions successives des peuples qui sont arrivés après leur abandon. D'un cercle ayant un nombre indéterminé de menhirs, on passe à une conception en relation directe avec le calendrier de l'âge du bronze – dont il reste des traces dans les romans de la Table ronde. À un moment inconnu s'est greffée l'histoire des sacrifices propitiatoires. Enfin le christianisme insiste sur la crosse de saint Patrick pour bien signifier le rattachement à la nouvelle religion.

Quant aux Celtes, ils ont apporté une touche personnelle à la problématique du cercle et plus particulièrement des cercles concentriques. À New Grange, à côté des spirales figurent des cercles concentriques gravés. Par ailleurs le cairn entouré de son cromlech présente aussi une image du monde comparable. Mais pour le néolithique, on en ignore, au moins partiellement, les développements symboliques. Pourtant, les trois cercles de Keugant, Abred et Gwended se dessinent.

Le cercle de Keugant demeure inaccessible aux créatures du monde matériel. Abred correspond à la sphère de la nécessité – le *karma* hindou – et Gwended, au centre, signifie le monde blanc auquel peuvent parvenir les initiés. Le premier a une dimension cosmique et peut se placer au-delà du cromlech entourant le temple initiatique et sépulcral. Le cairn peut renvoyer au deuxième. Mais dans la tombe centrale se donne l'enseignement destiné aux morts et aux servants du culte. Voilà le schéma de genèse.

Inversement la croix celtique paraît un aboutissement de la pensée qui peut survivre en milieu christianisé. Cette figure conserve les trois cercles concentriques et les quatre points cardinaux, autre image de l'union du Ciel et de la Terre, du temps et de l'espace.

L'Écosse

Le tableau du mégalithisme des îles Britanniques serait incomplet si l'on omettait de mentionner l'Écosse et les îles Orcades. Comme ailleurs, on y trouve à la fois des sépultures sous tumulus, des cercles de pierres et des gravures rupestres. Le domaine funéraire offre quelques monuments particuliers, sans avoir la richesse de l'Irlande.

Parmi les formes rencontrées, il faut citer des tombes à cour, dans lesquelles la chambre a souvent une forme carrée ; d'autres dont le tumulus s'orne d'appendices en forme d'antennes (ou de cornes) et enfin les dolmens à couloir, dont le plus connu est Quanterness (îles Orcades).

Quanterness présente un couloir aboutissant à une chambre quadrangulaire, sur laquelle s'ouvrent six cellules également rectangulaires. Le tumulus, surtout, présente des particularités. En effet, quatre murs circulaires en constituent l'ossature, mais ils ne servent pas de base à un monument à étages à la manière des cairns

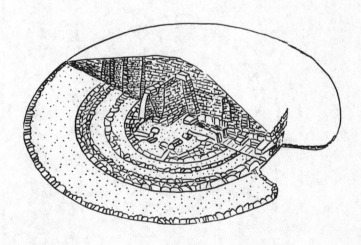

Fig. 29
Écosse : tertre de Quanterness.

bretons. Et on peut se demander pourquoi un tel soin a été apporté à bâtir une structure qui ne devait pas être vue, puisque le tumulus avait une forme hémisphérique.

Cette sépulture suppose un groupe familial peu nombreux – une vingtaine de personnes. Seuls les adultes ont été inhumés, pendant une période de cinq cents ans environ.

Toujours dans la plus grande des îles Orcades, quelques siècles plus tard, des monuments grandioses comme Maes Howe ou l'Anneau de Brogar semblent indiquer une société plus hiérarchisée. Maes Howe est un curieux monument, avec un long couloir d'accès débouchant sur une chambre cruciforme, sur laquelle se greffent trois autres cellules. L'ensemble a été bâti en petites dallettes de grès, minutieusement débitées et assemblées.

Avec l'Anneau de Brogar, nous renouons avec les cercles de pierres dressées et les *Henge Monuments*. Un fossé de trois cent trente mètres de circonférence, creusé dans un substrat de grès, ceinture un talus sur lequel

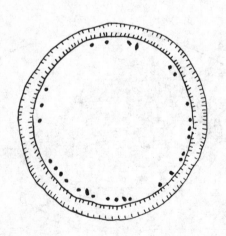

Fig. 30
Écosse : l'Anneau de Brogar.

sont dressés des menhirs. Il en subsiste une vingtaine actuellement. Ce monument s'avère comparable à des sites comme Avebury.

En revanche, il en est tout autrement avec les cercles de la région d'Aberdeen. Il y avait plus de cent monuments du même type, jadis, mais beaucoup ont actuellement disparu. Tous ont un petit nombre de menhirs – souvent une dizaine – et une pierre couchée, flanquée de deux autres dressées. Ce bloc horizontal se place systématiquement au sud. Par ailleurs, la taille des autres pierres décroît au fur et à mesure de leur éloignement du monolithe principal. Les dimensions des cercles restent variables.

Il est indéniable que le nombre dix présente une valeur sacrée et/ou rituelle, car il revient le plus souvent. En outre, les pierres sont disposées en cinq paires diamétralement opposées. On connaît l'importance du nombre cinq dans la mentalité préhistorique. Ultérieurement, des cromlechs à onze menhirs furent érigés. Mais il est difficile de donner une explication à la pierre surnuméraire.

Fig. 31
Écosse : cercle de Castle Frazer.

On peut noter d'autres particularités, à propos de ces cercles. Ainsi le bloc couché se trouve toujours parfaitement calé à l'horizontale. Parfois il se creuse de multiples cupules ou anneaux et cupules. Par ailleurs, au centre du cromlech, se situe souvent un cairn de pierres recouvrant une sépulture par incinération. La datation de ces monuments les place au début de l'âge du bronze.

Ils ont mauvaise réputation aux yeux des populations locales, qui voient dans ces pierres dressées l'œuvre du diable. Quant à leur interprétation, elle demeure délicate. Une relation peut être établie avec la lune, en ce qui concerne soit certains levers ou couchers particuliers, soit les points les plus hauts. Des croissants, faits de grosses pierres recouvertes d'éclats de quartz se placent parfois dans le cœur de ces cromlechs. Un chroniqueur parle, en 1527, d'offrandes mensuelles dans les cercles et de prières adressées à la nouvelle lune.

Ces éléments tendent à donner une image des cercles de pierres d'Écosse assez différente de ce que l'on admet habituellement. Les cercles entourant des sépultures sont communs à partir du néolithique. À l'opposé, la vocation astronomique paraît clairement définie pour des sites tels que Stonehenge. Ici tout demeure plus ambigu. Nous ne pouvons dire si les incinérations centrales sont des sépultures d'individus particuliers ou si elles témoignent de rites sacrificiels, comme le laisserait entendre le chroniqueur de 1527. D'autre part, la vocation astronomique ne semble pas explicite et se limite plutôt à une contemplation du spectacle très curieux de la lune, presque immobile. Y a-t-il allusion à un calendrier à onze mois ou volonté de retour au Chaos ?

Finalement le but rituel et cultuel paraît primer. Des cérémonies nocturnes devaient glorifier la lune naissante et la suivre dans sa course jusqu'à son déclin, d'où la référence au diable qui persiste à travers les âges. Il est vrai que la valeur symbolique du cercle peut varier dans

124

le temps et qu'un espace sacré se prête à divers rites, puisqu'il sert de limite entre l'ici et l'ailleurs.

Si nous connaissons mal la fonction de Stonehenge 1 et si nous en sommes réduits aux conjectures, cela peut aussi être le cas pour d'autres sites. Le cercle, miroir du temps et du ciel, se prête à tant d'interprétations.

Un dernier site mérite mention : il s'agit de Callanish, mégalithe situé dans l'île Lewis, qui fait partie des Hébrides. Le monument est complexe et comprend une zone centrale à vocation funéraire, un cromlech de treize pierres et plusieurs alignements de pierres dressées. Par certains côtés, il existe des ressemblances avec les autres cercles d'Écosse, mais par ailleurs, il semble que la vocation astronomique soit plus nettement confirmée et rapproche ainsi Callanish de Stonehenge.

La partie centrale de Callanish correspond à une sépulture cruciforme, à couloir d'accès orienté à l'est, sous un tertre limité par une structure circulaire en pierres. Mais le cromlech de treize pierres se trouve excentré par rapport à la sépulture, puisque les deux piliers d'entrée appartiennent aussi au cercle.

Fig. 32
Écosse : Callanish.

Quant aux rangées de pierres dressées, l'une va vers le sud, tandis que les deux autres, parallèles, forment une avenue, se dirigent vers le nord-nord-est. Quelques pierres supplémentaires s'orientent aussi en direction de l'ouest et de l'est. Le site a pu servir de calendrier et permettre le décompte des années. Ici, comme dans le reste de l'Écosse, la lune conserve une part prépondérante, comme en témoigne le plus grand nombre d'alignements sur des positions remarquables de cet astre.

De nombreux points d'ombre subsistent encore à Callanish. Si les alignements sur les couchers ou levers de lune paraissent certains, il est difficile de prouver que les hommes préhistoriques s'en sont servi pour effectuer des calculs. Par ailleurs, un autre élément introduit le doute : rien ne prouve que les différentes structures, la tombe, le cromlech et les rangées de pierres soient contemporaines.

En définitive, ni les cercles de pierres de la région d'Aberdeen ni celui de Callanish ne peuvent, pour l'instant, expliquer Stonehenge. Sur le plan géographique les sites écossais restent évidemment éloignés du sud de l'Angleterre. Sur le plan de la datation, les cercles d'Écosse sont contemporains de Stonehenge 1. Il n'y a ni filiation ni comparaison directe entre les uns et les autres. Le groupe d'Écosse offre une certaine cohésion, alors que pour le sud de l'Angleterre nous ne trouvons pas un phénomène semblable.

Quant aux fonctions de ces différents cercles, elles demeurent variées, enceinte sépulcrale, enclos rituel ou encore calendrier. Avec un tel contexte, Stonehenge conserve toujours de grands pans d'ombre. Son caractère exceptionnel se confirme, d'autant plus que sa phase finale est l'aboutissement de plusieurs courants de pensée. Enfin l'aspect symbolique revêt une importance qu'il ne faut pas sous-estimer.

Reste la question des gravures. En Irlande, elles s'associent au dolménisme. En Écosse, on les trouve sur les blocs des enceintes sacrées ou sur des rochers. Une unité artistique existe dans tout le nord de l'Angleterre et l'Écosse. De multiples variations sur le thème cupule – anneau apparaissent fréquemment. Elles préfigurent le « château en spirale » ou le labyrinthe de l'âge du bronze.

Malheureusement, il n'existe aucun lien entre ces figurations et celles du sud-ouest de l'Angleterre et plus particulièrement avec Stonehenge. De rares figurations de labyrinthes semblent perpétuer, dans le sud de l'Angleterre, une tradition qui remonte au néolithique. Quant aux gravures de Stonehenge, que l'on évoquera plus loin, elles paraissent parfaitement isolées, en raison de leurs sujets, plus proches de ceux de France ou d'Espagne.

L'interprétation du mégalithisme britannique s'avère relativement complexe. Pour l'Irlande, l'insularité joue un rôle important et va jusqu'à créer les conditions d'une invention autochtone. Ailleurs, les influences continentales ou irlandaises modifient les données, si bien que Stonehenge peut parfois sembler faire preuve d'originalité, simplement parce que ses sources d'inspiration arrivent du sud, par la mer.

CHAPITRE 6

STONEHENGE ET SON TEMPS

De nombreux auteurs se plaisent à insister sur le caractère exceptionnel de Stonehenge. Sans doute faut-il relativiser cette conception et ne pas omettre de replacer ce site dans son contexte mégalithique. Nous avons eu l'occasion de souligner que Stonehenge n'était qu'un centre religieux parmi d'autres, dans le sud de l'Angleterre. Il existe des cercles de pierres dressées non seulement en Grande-Bretagne mais aussi dans le reste de l'Europe occidentale et dans d'autres parties du monde. Malgré ses particularités, Stonehenge appartient à un courant international et se situe à une époque précise.

Chaque temps produit des œuvres, qui apparaissent comme le reflet de la mentalité et des croyances des peuples qui en sont les auteurs. Pourquoi Stonehenge échapperait-il à cette règle immuable ?

Le mégalithisme

Il n'est possible de dissocier Stonehenge ni du contexte néolithique – âge du bronze d'Europe occidentale –, ni du mégalithisme. La néolithisation comme le phénomène mégalithique ont un caractère de soudaine éclosion, sans grand signe avant-coureur, qui étonne le chercheur et laisse perplexe l'archéologue. Effectivement, toute nouvelle technique suppose une initiation. Or l'agriculture, l'élevage, l'architecture semblent, par certains côtés, sortir *ex nihilo*.

Le néolithique

Il n'entre pas dans notre propos de définir ni comment ni pourquoi un tel savoir a pu voir le jour. Toujours est-il qu'à partir de 5000 avant notre ère se manifeste une certaine forme architecturale – le mégalithisme – qui nécessite des moyens techniques et humains considérables. Encore faut-il dissocier la main-d'œuvre, qui pouvait être réunie au cœur de chaque groupe, des techniciens de la pierre qui ont fini par posséder un savoir-faire qui a pu à la fois se transmettre et s'exporter.

La première condition de l'existence du phénomène mégalithique tient dans la cohésion sociale des groupes. Si quelques hommes suffisent à bâtir une maison, il en faut plusieurs dizaines ou centaines pour déplacer certaines pierres et les ériger. Les tombes sous les *Long Barrows* ou les *Henge Monuments* supposent du temps et des hommes. Les sépultures en pierres sèches impliquent des constructeurs compétents. Et plus encore le grand Stonehenge fait obligatoirement appel à des spécialistes qui maîtrisent leur technique.

La seconde condition au développement du mégalithisme tient dans le savoir. Une connaissance empirique des matériaux et des forces ne suffit pas à élaborer un projet. Si l'édification des *Henge Monuments* se conçoit surtout grâce à un travail long et pénible – les dizaines de pelles et pioches usées dans le fossé en témoignent – elle nécessite cependant le concours d'arpenteurs. Les voûtes en encorbellement exigent la précision, et au XVIIIe ou XIXe siècle, lorsqu'elles furent remises à l'honneur dans certaines régions, elles étaient l'œuvre de maçons spécialisés.

Ainsi le mégalithisme peut-il s'expliquer dans un contexte d'expansion démographique, qui entraîne la naissance de sociétés organisées, voire hiérarchisées. Il faut ensuite la maîtrise de quelques techniques, probablement empiriques au départ, mais de plus en plus élaborées ensuite jusqu'à donner naissance aux corporations. Enfin, un relatif syncrétisme magico-religieux doit assurer la cohésion de l'ensemble et pouvoir galvaniser les foules. Le culte de la Terre-Mère et les rites sacrés afférant à la fécondité et à la mort paraissent suffisamment universels pour canaliser les énergies.

La question reste de savoir pourquoi on a magnifié la Terre-Mère grâce à la pierre. Ici se situe l'opposition nomade-sédentaire qui rejoint celle de bois-pierre. Les

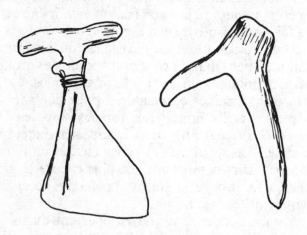

Fig. 33
Pelle et pioche.

130

populations nomades ou semi-sédentaires ne sauraient s'encombrer d'objets volumineux. Ainsi l'habitat est démontable (tente) ou périssable (hutte) et la vaisselle, transportable (outre en peau). Dès le moment où la sédentarisation s'opère, ces contraintes cessent et la pierre ou la poterie peuvent devenir symboles d'éternité.

Si l'on se place dans un contexte d'intégration à la nature, ce qui est encore le cas au néolithique, l'homme a conscience que la pierre vit à un niveau beaucoup plus lent que le bois. Alors elle acquiert valeur d'immortalité. De là naissent des mythes comme celui de Winabojo ou du Déluge grec, dans lequel les pierres correspondent aux os de la Terre. Au paléolithique, l'os et la graisse ont un caractère sacré, dans la mesure où ils sont le réceptacle de l'âme individuelle et collective. Au néolithique, la pierre tend à se substituer à l'os en tant que feu de la vie, tandis que l'élément fécondant acquiert une importance au détriment de la fécondation.

Si la chambre sépulcrale en pierres recouverte de terre conserve une polarité féminine, en souvenir de la grotte primordiale, le menhir – pierre dressée – possède d'emblée une valeur masculine (et ancestrale).

Dès le paléolithique moyen apparaissent les sépultures et leurs corollaires, le culte des ancêtres et la croyance en une vie après la mort. Tous ces concepts restent vivaces pendant le néolithique et la protohistoire. Le souci des morts, ou du moins de certains d'entre eux, revêt une importance capitale, tout en étant empreint d'une crainte profonde. Un domaine leur est réservé : au paléolithique, il s'agit de la fosse ou de la grotte ; au néolithique, le cercle remplace progressivement la grotte, de même que la pierre se substitue au bois.

En fait, le cercle existe dès le paléolithique moyen, comme en témoignent plusieurs sépultures (Monte Circeo). Son sens est avant tout magique et rituel, dès l'instant où on le trace d'une certaine manière. Empêche-t-il les morts de venir auprès des vivants ou le contraire ?

Mais la sépulture a une double fonction. Si elle recueille les défunts, elle devient le gage de leur renaissance soit dans un au-delà, soit dans le monde des vivants. L'allée couverte ou le dolmen témoignent de rites funéraires et initiatiques, tandis que le cercle peut accueillir des rites orgiaques destinés à perpétuer la race.

Si ces croyances sont communes à tous les hommes, pourquoi les exprimer avec un tel gigantisme ? Là se situe la question essentielle du mégalithisme.

Sans doute est-il aisé d'admettre la signification nouvelle que prend la pierre au néolithique, en relation avec la sédentarisation. En revanche, le gigantisme des structures réalisées a de quoi surprendre, *a priori*. L'expansion démographique, une organisation sociale structurée et le besoin d'étaler ses richesses ont dû largement contribuer à cet état de fait.

En outre, il semblerait qu'au départ ces sépultures grandioses soient réalisées pour des êtres d'exception : chamans ou « prêtres-rois ». En toute logique, plus le personnage s'avère important et plus il convient de l'honorer, surtout s'il peut apporter la prospérité à la tribu.

Les premières sociétés néolithiques ont pu avoir quelque peine à survivre, mais dès la fin du néolithique ancien et plus encore au néolithique moyen, prend place une ère d'abondance, probablement liée à un optimum climatique. Sans surplus alimentaire et sans accroissement démographique, il paraît difficile qu'on ait pu réaliser de tels ouvrages, même si l'on admet que la construction de quelques monuments a pu durer des siècles. Stonehenge en donne un bon exemple.

Reste la question de la structure sociale. Au départ existe une polyvalence des fonctions, chacun pouvant être à la fois agriculteur, potier, charpentier ou maçon. Mais le mégalithisme introduit une spécialisation des tâches, dans la mesure où apparaît un certain savoir. Au paléolithique, le mythe du chasseur exemplaire fait son apparition ; au néolithique, ce sont ceux du potier divin ou du grand architecte. Le savoir-faire de certains tend à prendre une valeur particulière, devient un secret de métier, avant de se trouver complètement occulté en tant que science sacrée.

Les premiers bâtisseurs de mégalithes acquièrent des notions de géométrie, puisqu'ils savent mesurer le terrain et tracer des figures géométriques ; d'architecture, puisqu'ils savent ériger des blocs volumineux et construire des fausses coupoles ; et d'astronomie, puisqu'ils savent orienter leurs monuments. Ainsi naît le « Grand Art ».

Mais les secrets seront si jalousement gardés qu'après la disparition des derniers bâtisseurs de mégalithes, leur savoir va progressivement se perdre, tandis que va naître la légende d'une race de Géants, à l'origine de tels édifices. Stonehenge n'est-il pas la *Chorea Gigantum* ? Sans les artifices de Merlin, les pierres de Stonehenge auraient-elles pu être transportées et érigées ?

L'ensemble de la période néolithique va être nécessaire pour qu'un tel art puisse s'élaborer. Plusieurs populations se succèdent, que ce soit en Grande-Bretagne ou sur le continent, mais les valeurs sacrées restent identiques, au-delà des changements culturels ou même cultuels.

Les Campaniformes

Avec les Campaniformes surviennent des bouleversements plus conséquents. Ces peuples sont nomades ; ils colportent une première métallurgie du cuivre et des récipients, caractéristiques par leur forme de cloche. En outre, ils sont brachicéphales et certains anthropologues les considèrent comme les premiers Indo-Européens. Comme ils arrivent en groupes réduits et itinérants, il n'y a pas trop de heurts avec les populations locales. Parfois pourtant, des destructions ont lieu dans les sites sacrés.

Rien ne les prédispose à adopter l'art mégalithique. Au départ, ils enterrent souvent leurs morts dans les sépultures existant déjà. À West Kennet cependant, ils murent le tombeau. À Stonehenge, ils vont ériger le premier ensemble mégalithique. Ce cas n'est pas isolé et, en Suisse par exemple, après avoir détruit les structures mégalithiques néolithiques, les Campaniformes bâtissent un dolmen et réemploient les statues-menhirs qu'ils ont brisées.

En fait, selon les lieux et les circonstances, ce nouveau peuple conserve ses propres traditions funéraires et sacrées ou adopte celles des autochtones. En Grande-Bretagne, les Campaniformes maintiennent une certaine forme de l'art mégalithique. Les grands tertres funéraires – *Long Barrows* – sont abandonnés au profit de tumulus ronds, plus petits – *Round Barrows*. En revanche, ils érigent des enceintes de monolithes, à côté de cercles de bois.

L'impression générale reste celle d'un tissu social assez comparable, avec les mêmes découpes en régions qu'à la période précédente. D'un côté, on constate des changements sur le plan culturel (artisanat) et cultuel (apparition de nouvelles croyances). Mais de l'autre, on s'aperçoit que certaines traditions se maintiennent et que les « arts sacrés » – géométrie, architecture et astronomie – trouvent un nouveau souffle. En Grande-Bretagne, une symbiose entre les peuples autochtones et les nouveaux arrivants semble se produire.

Sur le continent, les données sont différentes et la guerre existe déjà à l'état latent depuis la fin du néolithique, où divers groupes s'entre-déchirent parfois. Les îles Britanniques jouissent d'une situation insulaire qui encourage le négoce – les Campaniformes sont artisans et commerçants – et abhorre l'invasion. Tant que les intrusions demeurent pacifiques, il y a échange, mais dès qu'un envahisseur guerrier paraît, il y a résistance.

Ces particularités peuvent expliquer à la fois la continuité de la tradition mégalithique à Stonehenge et sa disparition avec les Celtes. Mésolithiques, Néolithiques, Campaniformes et peuples de l'âge du bronze se

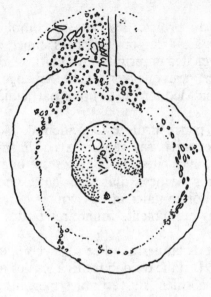

Fig. 34

Le *Round Barrow* de Glamorgan.

sont succédé apparemment sans friction et le courant oral de la tradition a pu se transmettre, y compris dans son aspect technique. Les religions changent, selon les groupes humains et les mentalités, mais il existe certaines connaissances qui s'apprennent au-delà des races et des langues. Avec les Celtes, ce savoir ne pouvait plus être véhiculé par le mégalithisme et il a dû prendre de nouvelles formes d'expression.

Que les Campaniformes aient pu continuer l'art mégalithique, cela s'explique par la proximité temporelle et culturelle avec le néolithique. En effet, le métal ne constitue pas encore une vraie révolution économique, mais seulement un signe de richesse. Ce maintien de la tradition ne semble pas spécifique à la Grande-Bretagne.

L'âge du bronze

Pour l'âge du bronze, les faits se compliquent. En effet, on constate à la fois une persistance de l'esprit mégalithique et des emprunts aux cultures contemporaines. Nous ne pouvons nier que Stonehenge ait eu des contacts avec la Méditerranée et plus particulièrement la Grèce.

L'art de la pierre brute est occidental. Nous avons longuement évoqué sa genèse avec le néolithique (cf. *Carnac*, ouvr. cité). Il consiste en une architecture de pierres sèches, qui allie de grandes dalles verticales ou horizontales et des voûtes en encorbellement, pour les monuments funéraires et des stèles (ou menhirs).

À côté, l'art de la pierre taillée se développe plutôt en Méditerranée. L'Italie du début des âges des métaux est la zone où se côtoient de véritables mégalithes, que ce soient des dolmens ou des statues-menhirs et les architectures cyclopéennes. Ainsi les temples de Malte peuvent être qualifiés de mégalithiques par les linteaux gigantesques ou les portes rétrécies, et de cyclopéens par l'agencement minutieux qui lie chaque bloc à son voisin.

Certes, le souci de perfection existe en Occident et de petits cailloux sont parfois placés pour l'ajustement parfait des dalles entre elles. Mais cela n'a rien de comparable avec la technique de taille des blocs des temples de Malte. Ici le travail du sculpteur influe sur celui du carrier.

Plus à l'est, la Crète donne de meilleurs exemples encore de cet art naissant. Et en Grèce, on peut citer Mycènes, où des *tholos*, sous des tertres gigantesques, sont bâtis soit avec des blocs bruts et en encorbellement, soit avec des pierres taillées pour former des coupoles. Or les poignards gravés sur les montants de Stonehenge peuvent se comparer aux modèles grecs ou crétois.

À l'âge du bronze, les transports et la navigation sont

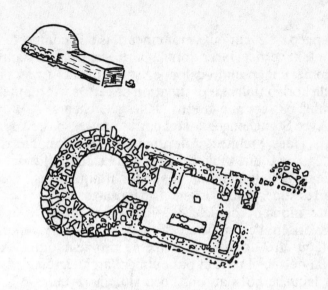

Fig. 35
Tholos de Crète.

florissants. Voyagent les marchandises rares et précieuses, les minerais échangés, mais aussi les hommes et surtout ceux qui détiennent une science.

Évidemment, il s'avère impossible d'établir des comparaisons directes entre les édifices mycéniens et Stonehenge. Trop de distance les séparent. Mais il est faux d'imaginer les populations protohistoriques vivant en vase clos et chacune pour soi. Si les poignards ont voyagé, et la preuve en est apportée par des pièces trouvées dans un tumulus de la plaine de Salisbury, les idées ont pu en faire autant.

Certes la question de l'originalité de Stonehenge paraît parfois irritante, mais il ne faut négliger aucun facteur susceptible de la résoudre. Sans aller aussi loin que la Grèce, les architectures cyclopéennes se développent aussi en Méditerranée occidentale, dans les îles Baléares. On y rencontre des *talayots*, sorte de tours rondes servant de forteresses, des *naveta* en forme de bateau retourné et surtout, à Mahon, la Taula de

137

Trepuco. Ce curieux monument, isolé, comporte un montant vertical large dont la partie centrale est sculptée comme une pseudo-colonne, sur laquelle repose une dalle horizontale. La destination de cette sorte d'autel ne semble pas connue et intrigue les chercheurs.

Avec Stonehenge, la comparaison n'est pas évidente, mais l'idée architecturale du montant surmonté d'un linteau ou d'une table offre des points de similitude. Par ailleurs la colonne, non pas monolithique mais faite de pierres superposées, existe aux Baléares.

Les moments de richesse – l'âge du bronze a dû en être – favorisent l'esprit de création. Ainsi plusieurs réponses ont pu être données à la même problématique. À ce point de vue, il ne faut pas oublier l'architecture de bois, sur laquelle nous aurons l'occasion de revenir.

Stonehenge reste malgré tout, avec ses trilithes et son cercle de montants et linteaux, une œuvre originale dont il semble difficile d'expliquer la genèse. Fernand Niel lui a vainement cherché des points de comparaison. Il cite donc la Taula de Trepuco aux Baléares, puis la Tripolitaine et l'Arabie et enfin les îles Tonga. Plus on s'éloigne

Fig. 36
La Taula de Trepuco aux Baléares.

et plus les affinités ont des chances de signifier une simple convergence de formes.

En fait, les composantes de l'univers de Stonehenge ont comme base la tradition mégalithique entretenue par les Campaniformes mais qui se limite à l'usage de la pierre brute, en premier. Ensuite les modèles méditerranéens apportent une technique de la pierre taillée : les montants comme les linteaux ont été soigneusement travaillés, et pas seulement équarris, avant d'être ajustés. Enfin les charpentiers ont eu leur mot à dire dans le système tenon-mortaise.

À partir de Stonehenge, une double opposition a pu s'insinuer, celle de la pierre brute face à la pierre taillée et celle de l'architecture de pierre face à celle de bois.

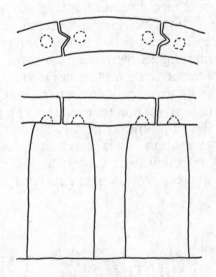

Fig. 37
Stonehenge : le système tenon-mortaise.

Architecture de pierre et/ou de bois

Plus haut, nous avons évoqué l'opposition chasseur/ cultivateur, qui en génère une autre, périssable/durable ou bois/pierre. Bien sûr, tout n'est pas aussi simple. Pendant très longtemps, les maisons d'habitation seront construites en bois ou en matériaux peu résistants. En fait, tout s'organise autour de deux courants de civilisation nés au néolithique.

L'Europe se divise en deux niches écologiques : l'Europe méditerranéenne au sud et l'Europe des plaines du Nord. Et à chacune de ces zones correspond une forme particulière de néolithisation. Sur les bords de la Méditerranée apparaît le Cardial, lié à une navigation par cabotage et constitué par des petites unités recherchant la protection des grottes et abris. C'est au sein de ce groupe arrivé aux rivages atlantiques que naît l'idée mégalithique, dont l'origine reste la caverne. Si l'on ajoute que de l'Italie à l'Espagne, ces peuples colonisent surtout des montagnes pierreuses, on saisit plus facilement cet attachement atavique à la pierre.

À l'opposé, le groupe danubien traverse certes des montagnes mais vit de préférence dans les larges vallées telles que celles du Danube, puis celles de l'Europe du Nord. L'organisation sociale paraît plus collective comme en témoignent leurs vastes habitats de bois. S'il est possible que ces groupes aient leur origine dans les

Fig. 38
Reconstitution de Stonehenge avec un toit,
de Stuart Pigott, en 1930.

steppes, on comprend mieux alors leur comportement semi-nomade. Dans un univers où les grottes restent rares, la conception de la mort-renaissance répond à des schémas différents de ceux de l'Europe méditerranéenne. Ici, la « maison des morts » tend à ressembler à celle des vivants et au cœur d'un enclos sacré, une hutte de bois sert à l'exposition des dépouilles avant leur enterrement dans une fosse.

Celle-ci a la même valeur symbolique que la grotte. À côté, la maison de bois a la même signification rituelle et sacrée que le cairn ou le dolmen. Seule l'expression culturelle change. Mais cette différence imprime une marque profonde dans les mentalités.

D'une part existent des bâtisseurs qui, par la pierre, marquent l'éternité, et de l'autre des charpentiers qui, par le bois, délimitent l'aire sanctifiée.

Les deux conceptions pénètrent jusqu'au bout de l'Europe occidentale et finissent par fusionner. Mais il en reste des traces, tant au niveau de l'artisanat quotidien qu'à celui qui touche à l'art sacré. La Grande-Bretagne n'échappe pas à ces conceptions dualistes du domaine funéraire. Sans doute est-ce là qu'il convient de chercher l'origine de manifestations mégalithiques côtoyant des ensembles de bois. Mais cela peut aller plus loin encore et jusqu'à l'opposition Soleil-Lune.

L'architecture de bois, comme celle de pierre, donne des formes simples mais aussi des montages beaucoup plus élaborés. Une haie ceinturant un enclos sacré paraît facile à réaliser, alors qu'une charpente nécessite une connaissance plus approfondie. Ici encore, des différences apparaissent : un toit à une seule pente suppose un jeu de poutres et de perches intermédiaires et reste aisé à construire. En revanche, le toit à double pente suppose l'élaboration d'une ferme, structure nettement plus complexe.

En réalité, nous savons très peu de choses sur les habitants néolithiques ou protohistoriques, que ce soit en Grande-Bretagne ou sur le continent. Dans le meilleur des cas, seuls les trous de poteaux sont conservés et nous ne pouvons préjuger ni de la hauteur des murs ni de la forme du toit. Quand de grandes largeurs sont en jeu, il arrive que des poteaux centraux soient présent et de là, il devient possible de déduire la présence d'un toit à double pente.

Pour un site comme le Cursus, proche de Stonehenge, que pouvons-nous restituer ? Il s'agit d'un enclos à vocation funéraire, ceinturé par les habituels fossé-talus. À l'une des extrémités se situe un *Long Barrow* et à l'autre, un tertre rond, mais il n'existe aucune preuve de la présence d'une maison des morts en bois. Il en est ainsi à Stonehenge 1, où seules les comparaisons permettent d'envisager cette éventualité.

Les maisons des morts comparables aux habitations des vivants constituent une première étape de la construction en bois. À côté apparaissent les bâtiments en bois de plan circulaire, tel que Woodhenge, le Sanctuaire d'Avebury ou Mount Pleasant. Ici encore seuls les trous de poteaux subsistent et l'interprétation paraît délicate.

Ainsi Woodhenge aurait été construit en une seule fois. La reconstitution fait état d'une cour centrale autour de laquelle s'élève un bâtiment en bois, rond. À l'extérieur, le cercle habituel – talus et fossé – entoure la structure. Et au centre, la sépulture d'enfant implique nettement que le contexte funéraire demeure prépondérant. Quant à l'orientation, elle approche le nord actuel.

Pour Mount Pleasant, la destination de l'édifice n'est pas connue. Ici encore, des cercles de bois concentriques, entourés d'un fossé, occupent une place excentrée d'une très grande enceinte. Par certains côtés, le plan ressemble assez à celui de Woodhenge, en particulier l'espace central dégagé. Mais par ailleurs, il offre des points de comparaison avec les cercles de pierres, tels que Durrington Walls. Son occupation commence sans doute avec les Campaniformes, mais se poursuit, comme à Stonehenge, à l'âge du bronze. Peut-on considérer que

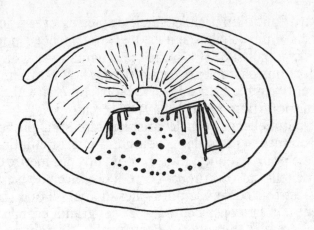

Fig. 39
Reconstitution de Woodhenge.

la problématique de l'utilisation change au cours du temps ?

Le petit cromlech d'Avebury aussi suppose quelques difficultés d'interprétation. Ici, les premiers édifices sont en bois et il faut attendre l'arrivée des Campaniformes pour que les cercles de pierres apparaissent. L'élément le plus ancien est un bâtiment en bois avec piquet central, probablement une maison des morts.

Ce cœur particulièrement sacré demeure dans le deuxième édifice, toujours en bois, créé autour d'une cour centrale, où l'on peut supposer que la première maison est sauvegardée. Enfin le troisième édifice, plus vaste encore, s'articule autour des vestiges du précédent.

Puis les pierres viennent s'intercaler entre les poteaux, modifiant une fois de plus la structure de l'ensemble. À ce stade, il paraît difficile de suivre les reconstitutions proposées d'un très grand bâtiment. Sans doute est-ce à ce moment que des bouleversements rituels et/ou religieux interviennent. Nous pouvons supposer que le troisième bâtiment subit une destruction, mais que le cœur, pour une raison inexplicable, demeure intact. Il

143

s'entoure donc d'un premier cercle de pierres levées, puis d'une enceinte où alternent la pierre et le bois, pour former une palissade. En outre, ce sanctuaire se trouve relié au cromlech immense de pierres par la West Kennet Avenue. Il semble bien que la vocation funéraire ait ici disparu, pour faire place à d'autres cérémonies.

Pour Stonehenge, dès le premier cercle de pierres, nous sommes assurés de la volonté d'une orientation, alors que pour Avebury, nous ne pouvons pas mettre en avant de telles justifications. Le petit cromlech de pierre et bois est tourné vers le nord-ouest actuel – l'ouest au moment de la construction – et le grand cromlech semble s'ouvrir par quatre portes, plus ou moins en relation avec les points cardinaux.

Ainsi il paraît difficile de donner une explication satisfaisante des rites pouvant se dérouler au sein des deux cercles d'Avebury. La vocation funéraire des premiers enclos et des maisons des morts intérieures semble décroître et disparaître avec l'arrivée du nouveau peuple que sont les Campaniformes. Pourtant le souci de maintenir la sacralité de certains lieux semble manifeste, que ce soit à Avebury ou à Stonehenge. D'autres festivités, peut-être en relation avec les saisons, pouvaient s'y dérouler.

Si les Campaniformes développent une architecture de la pierre, la tradition de la charpente se maintient probablement. Elle réapparaît curieusement à l'âge du bronze, au temps du grand Stonehenge : en effet les trilithes de sarsen, bien qu'en pierre, appliquent scrupuleusement une technique liée au travail du bois. Les populations vivant dans les forêts ont une maîtrise de ce matériau et les Grecs nous en fournissent un bon exemple.

Pour l'instant, nous pouvons dire qu'il y a interaction entre charpentiers et bâtisseurs et que la question mégalithique ne peut s'éclairer sans recourir à la dualité entre bois et pierre. Au départ, les populations néolithiques semblent plus familières avec le bois – matériau des plaines du Nord –, mais le courant mégalithique les entraîne à édifier des sépultures en pierres, car la pierre a valeur d'éternité.

Viennent les Campaniformes, forgerons et nomades. Et nous serions tenté de croire que leurs habitudes les lient au bois. Les sépultures changent, des tumulus ronds remplacent les gigantesques tombes de la période précédente et le culte de la Terre-Mère ne se déroule plus dans l'enceinte funéraire. De nouveaux dieux apparaissent sans doute. Mais le mégalithisme est intégré sous une forme nouvelle : des menhirs servent à matérialiser les cercles sacrés.

Et cette tradition mégalithique, issue du néolithique, a la vie longue, puisqu'elle se prolonge, dans certains cas au moins, en plein âge du bronze. Stonehenge perpétue une coutume devenue millénaire. Pourquoi ?

Il est difficile de résoudre cette énigme. Le cercle de pierres dressées devient un calendrier et Stonehenge, un des centres cultuels les plus importants du sud de l'Angleterre. Cependant l'empreinte des charpentiers reste forte et la pierre est traitée comme du bois.

La Grande-Bretagne n'est pas le seul pays d'Europe où architecture de bois et architecture de pierre se trouvent associées. On peut citer l'Allemagne et le Danemark, mais aussi la France de l'Est, la Bourgogne ou le Jura (cf. *Le Grand Secret des pierres sacrées*, ouvr. cité).

L'enclos sacré

Malgré ses particularités et la position chronologique tardive de sa dernière phase, Stonehenge s'intègre au mouvement mégalithique que connaît toute l'Europe occidentale. La notion d'enclos sacré apparaît partout, mais en Angleterre, elle peut revêtir des aspects spécifiques. Ainsi les *Henge Monuments* n'offrent pas de points de comparaison directs.

Plus haut, nous avons souligné la haute antiquité du concept de cercle protecteur, puisqu'il apparaît dès le paléolithique moyen. La grotte peut constituer un premier modèle de cette enceinte à la fois sacrée et défensive. Au néolithique, le camp retranché existe et l'on en trouve d'importants dans le sud-ouest de la Grande-Bretagne et aux environs de Stonehenge. Leur rôle premier paraît être plus prophylactique que militaire. Ensuite seulement, ils entrent dans la problématique de guerre. Mais à côté, on ne doit sous-estimer l'enclos sacré, dont la fonction peut s'avérer multiple.

Sur le continent, la situation est comparable, puisque des villages fortifiés sont présents, au moins dès le néolithique moyen, à côté de cromlechs ou de cercles avec palissade en bois, ceinturant des espaces à vocations funéraire et rituelle. La tendance à la séparation, entre le domaine purement sacré et un autre qui devient de jour en jour plus profane, s'amorce. De même, à un autre niveau, l'habitation perd peu à peu la sacralité qu'elle avait au paléolithique, mais à l'intérieur, un espace – souvent le foyer – demeure le « lieu des génies domestiques », qui assurent la protection de l'homme.

Cette notion de protection est liée à la fois à la Terre-Mère et aux ancêtres. Dès le paléolithique moyen et supérieur, la Terre, sur laquelle vivent les êtres humains, apparaît comme la mère nourricière, qui apporte nourriture et réconfort. Elle est la mère de tous les êtres vivants et doit être vénérée à ce titre. Au néolithique, l'invention de l'agriculture renforce cette image, car récoltes et troupeaux sont à la merci de cette déité fantasque, tantôt généreuse et tantôt dévoreuse et qui, en une sombre alchimie, se nourrit de cadavres, pour redonner la vie.

Ainsi les défunts sont consacrés à la Mère, pour pouvoir renaître à une autre existence, que ce soit dans le monde des vivants, sous la forme d'un nouveau-né, ou dans un au-delà auquel certains ont le pouvoir d'accéder.

La « Terre des ancêtres » semble être un concept que les chasseurs paléolithiques utilisent comme les agriculteurs néolithiques. Ce lieu, qu'on découvre grâce à un rêve, doit être consacré par des rites appropriés. Alors l'homme peut s'éloigner de la grotte et cependant conserver un espace-temps sacré qui lui est propre. Très souvent, la montagne constitue ce pôle hors du commun. Et s'il n'y a pas de hauteur, on en érige une.

Ainsi Silbury Hill devient à la fois le tombeau d'un individu exceptionnel et la montagne sainte de toute une population. Sans doute s'agit-il d'un cas extrême, mais il permet de comprendre les autres. Ce site s'entoure d'un fossé et d'un talus, qui représentent une barrière symboliquement infranchissable.

Tous les *Henge Monuments* entrent dans cette problématique de cercle magique. Mais l'objet à protéger peut varier au cours du temps. Au néolithique, les enclos – talus et fossé – se situent soit autour de grands groupements d'habitats, soit autour de sépultures et/ou maisons des morts. Leurs formes demeurent plus ou moins régulières : le Cursus est un quadrilatère, tandis que Stonehenge 1 est circulaire ou Mount Pleasant, vaguement triangulaire.

L'époque néolithique conserve donc à peu près les mêmes valeurs que le paléolithique : la vie – l'habitat des hommes – et la mort – sépultures – ont un sens particulièrement sacré. Ils correspondent aux deux polarités de la Terre-Mère ; la première est la fécondité et la seconde, le trépas, prélude à un nouveau statut, celui d'ancêtre.

Plus encore que le ventre de la mère, le cercle correspond à l'eau primordiale, source de toute vie et tombeau de tout mort. C'est le lieu par excellence de toutes les alchimies, de toutes les mutations. Ce sens-là a cours au néolithique, mais va évoluer ultérieurement.

En effet, dès le chalcolithique – les Campaniformes – des bouleversements ont lieu. On sort de l'ère du

Taureau, pour entrer dans celle du Bélier. La Terre-Mère continue à être honorée en tant que porteuse de vie et déesse de la Mort, mais elle n'a plus le premier rang. Le Feu, magnifié par le Soleil, tend à acquérir une place prépondérante.

Pourtant, il n'est pas certain que ce soit à ce moment que se place le « combat des arbres ». L'antagonisme ne paraît pas encore irréductible. Une sorte d'équilibre entre les polarités contraires, représentées par le Soleil et la Lune, s'instaure.

Dans le même temps, le cercle tend à changer de signification. Il n'est plus statique mais devient dynamique en tant que ronde des astres, tournant autour de l'étoile Polaire. Le principe de la roue prend force de vie.

À Stonehenge, la terre sacrée des ancêtres garde son caractère de lieu saint mais devient un calendrier, sous la férule de nouveaux prêtres. Le *Henge Monument* primitif avait probablement plusieurs entrées. Mais, pour bien marquer l'influence devenue primordiale des astres, l'orientation de l'axe du nouveau monument et de l'avenue tient compte des positions remarquables du soleil et de la lune et cette direction ne variera plus pendant toute la durée de fonction du sanctuaire.

Marquer une orientation implique simplement, au départ, l'instauration de nouveaux rites. Ensuite, l'aspect funéraire disparaît par la destruction ou la ruine de la maison des ancêtres, placée au cœur de l'enceinte. Mais la sacralité du lieu suppose une nouvelle consécration : le cercle de pierres bleues et d'autres menhirs sont dressés, à la fois pour indiquer des positions astrales remarquables et pour réaffirmer la sainteté du sanctuaire.

La religion, les rites changent mais pas les lieux, consacrés par l'usage et par des vibrations particulières.

Nous ne pouvons pas affirmer que tous les cercles sacrés néolithiques continuent à être en usage aux âges des métaux. Certains tombent dans l'oubli ; d'autres, comme Avebury, connaissent un nouvel élan, et d'autres encore apparaissent pour la première fois. Tous enfin n'ont pas nécessairement une fonction de calendrier.

Pendant tout le cours de la préhistoire, le sens du cercle s'affine et progressivement se transforme. On part de la grotte, qui correspond au ventre de la mère, dans lequel toutes les initiations peuvent avoir lieu. L'idée de hiérogamie du Ciel-Père et de la Terre-Mère apparaît également, au niveau de la sacralité la plus élevée.

Avec le réchauffement postglaciaire, l'idée de matrice maternelle se transpose dans le cercle, tracé à l'extérieur, à l'image de la tente ou de la maison, qui peut correspondre à un espace-temps sacré, le temps d'un rite particulier. Puis, la hiérogamie Soleil-Lune tend à supplanter celle du Ciel et de la Terre, de même que la Vierge-Mère détrône la matrone.

Dans l'enclos sacré, les rites se multiplient. L'union des deux principes opposés donne lieu à la naissance du monde : ici se situe le jour de l'An. Mais pour que le roi de l'année puisse naître, il faut tuer le vieux roi. Mort et renaissance s'opposent comme les portes solsticiales. Peu à peu, la tendance s'oriente vers des rites solennels aux quatre moments importants de l'année, les solstices et les équinoxes. Ainsi, le mariage est consommé à l'équinoxe et la mort-renaissance a lieu au solstice.

Le cercle coupé en quatre quarts induit l'idée de roue. Alors le mouvement peut faire tourner les cycles : la notion de calendrier a germé.

L'observation des astres et l'existence d'un calendrier paraissent particulièrement utiles à des populations qui se livrent à la navigation et à l'agriculture. Dès le néolithique, l'orientation de certains monuments funéraires peut signifier à la fois une fonction rituelle dans la route vers l'au-delà et indiquer, plus pratiquement, un moment particulier de l'année et ainsi servir de base au décompte des saisons et des années.

Par ailleurs tous les cromlechs n'ont pas obligatoirement le même rôle. La fonction rituelle ne doit pas être

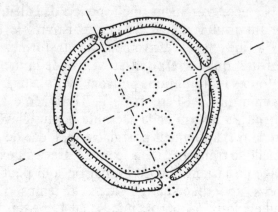

Fig. 40
Le grand cromlech d'Avebury découpé en quatre quarts.

exclue. Dans un monde agricole, les saisons rythment la vie et des festivités s'inscrivent dans ces cycles. Sans doute, le calcul du temps reste l'œuvre de spécialistes, mais les hommes se réunissent pour danser et chanter dans le chœur du sanctuaire et ainsi commémorer la naissance du monde.

Que ce soit en Angleterre ou sur le continent, la vocation des cercles de pierres évolue dès la fin du néolithique. L'empreinte funéraire demeure forte, mais d'autres se dessinent. Ainsi Crucuno est une enceinte rectangulaire dont les fonctions sont parfaitement comparables à celles de Stonehenge (cf. *Carnac*, ouvr. cité).

L'enclos sacré va rester identique dans sa conception, pendant toute la période protohistorique. Sa forme peut varier entre le cercle et le carré, mais sa valeur de temple ne saurait changer. Le carré trahit une emprise de la Terre et le cercle signifie le Ciel, mais l'un comme l'autre correspondent à l'espace cérémoniel, dans lequel nul ne peut pénétrer s'il n'a été, au préalable, initié.

En toute logique, Stonehenge aurait pu poursuivre sa

carrière pendant les âges du bronze et du fer puisque les deux périodes s'inscrivent dans l'ère du Bélier. Pourtant, il y a abandon et peut-être destruction entre les deux. Les Celtes passent certes pour belliqueux, mais ils n'ont pas systématiquement ruiné l'œuvre de leurs prédécesseurs. Que s'est-il donc passé à Stonehenge ?

Stonehenge a-t-il focalisé la révolte des autochtones contre les envahisseurs et, à ce titre, suscité la haine ?

Pourtant les druides hériteront d'un savoir millénaire. Le lieu saint perd sa puissance, il est abandonné, mais pas oublié. La science sacrée continue à se transmettre, non plus gravée sur la pierre, mais oralement. Ce passage vers l'oralité la diminue considérablement. Les Géants sont bien morts, même si leur œuvre défie l'éternité. Reste la magie du cercle. Rien ne saurait la briser.

Bien des cercles ont disparu avec le vandalisme de la chrétienté. Stonehenge, seul, n'a pu être oublié et maintenant encore, il attire les foules et suscite les écrits.

CHAPITRE 7

STONEHENGE, TERRE SACRÉE

Stonehenge se situe, à plus d'un titre, au centre d'une terre sacrée. Déjà le plan d'occupation des sols à la fin du néolithique et à l'âge du bronze dessine une figure à quatre concentrations, dont le point de convergence se trouve à Stonehenge. Évidemment, si l'on se promène dans la plaine de Salisbury, on ne peut pas dire que Stonehenge attire le regard par une position élevée. C'est donc d'une autre source qu'il tire son caractère central.

S'agit-il d'une tombe fameuse ? À ce titre, le Cursus, nettement plus gigantesque, évoque à la fois les Géants des temps anciens et la puissance du (ou des) personnage inhumé dans les profondeurs du *Long Barrow*. Pourquoi Stonehenge a-t-il été prédestiné pour cristalliser la Terre des ancêtres ? Comment un simple cercle de pierres a-t-il pu devenir la mémoire des peuples qui se sont succédé dans le sud-ouest de l'Angleterre ?

La Mère souterraine

La caverne

Les Indiens d'Amérique gardent le souvenir d'une cosmogonie que l'on a plus ou moins oubliée en Europe, où tant de nouveaux mythes ont remplacé les anciens. Ainsi ils parlent d'un temps très reculé, où les hommes ne vivaient pas sur la terre, mais dans les entrailles de celle-ci. À l'époque, ils étaient encore qu'à moitié humains, proches de l'embryon, insuffisamment mûrs ou développés.

Puis un jour, ils naquirent de la terre, disent les Esquimaux, « ils sortirent d'entre les buissons de saule... Ils étaient là, avec les yeux fermés. Ils ne pouvaient même pas ramper. Leur nourriture leur venait de la terre [1] ».

À Haïti, on raconte qu'ils sortirent de deux cavernes de la montagne. Au départ, un gardien les empêchait d'aller à l'extérieur. Mais un jour, il partit explorer le monde, fut ravi par le soleil, que nul ne devait voir, et transformé en pierre. Alors les hommes tentèrent leur chance et s'aperçurent qu'ils ne pouvaient vivre que la nuit sous peine d'être changés en arbre ou en animal. Une femme sortit avec ses enfants qui devinrent des grenouilles et les hommes restèrent seuls dans la caverne. Dans d'autres légendes plus élaborées, le mythe de l'humanité souterraine ne semble plus qu'un épisode de l'histoire humaine.

En Occident, le mythe de la caverne de Platon est plus ou moins l'héritier de cette tradition. Ici aussi, il y a opposition entre la caverne, la terre, les ténèbres, porteuses d'une vie embryonnaire et l'extérieur, le monde

---

1. Cité dans Péret, B. *Anthologie des mythes, légendes et contes populaires d'Amérique*. Albin Michel, 1960.

153

diurne et le soleil qui apportent soit la mort – dans la légende indienne – soit la lumière de l'illumination et de la connaissance, chez Platon. Cette opposition donnera naissance au mythe indo-européen du combat de l'oiseau et du serpent, illustré à Stonehenge, d'une certaine manière.

La Terre-Mère, valorisée dans la caverne, fait référence à une lointaine préhistoire, celle du paléolithique. Au néolithique, de nouveaux thèmes apparaissent, mais la grotte conserve tout son pouvoir sacré et la nuit précède encore le jour dans le calendrier, et cela jusqu'aux Celtes. Ainsi la lune garde une place primordiale et Stonehenge, comme les cercles d'Écosse, s'aligne sur ses positions les plus remarquables.

Il n'existe pas de grotte à proximité immédiate de Stonehenge, mais l'importance du monde souterrain est soulignée par plusieurs faits. La fosse et le puits renvoient au symbolisme du monde d'en bas. Or, si l'on admire les restes aériens de structures bâties vers le ciel, on ne peut jamais oublier l'anormale quantité de fosses qui truffent le sol. La plupart servent à asseoir des montants lithiques ou des poteaux, mais nombreuses sont celles qui semblent n'avoir aucune utilité, car on ne leur a pas trouvé de fonction apparente, comme les trous d'Aubrey.

L'eau souterraine

Près de l'enceinte de Stonehenge se trouve un puits, directement relié aux puissances infernales, et, à quelque distance du sanctuaire, un autre, particulièrement vaste et profond, s'enfonce dans les épaisseurs de craie. Sans doute paraît-il être l'une des curiosités les plus troublantes de l'âge du bronze, même si sa valeur rituelle et symbolique apparaît dès le néolithique.

Le puits de Wilsford s'ouvre par un large entonnoir de dix mètres de diamètre environ et de trente mètres de profondeur, pour une largeur de deux. À la base, le mobilier archéologique s'avère abondant : un anneau de jais, des épingles en os, des perles en ambre, mais aussi des fragments de bois et de cordage nécessaires au travail de creusement. Plus haut ont été découverts des fragments d'urne et un crâne de bœuf. En revanche, la partie supérieure du remplissage n'a rien livré et le sommet était obstrué par des blocs de craie.

Ce puits n'est pas unique. Il en existe d'autres, soit en Angleterre soit sur le continent. Au départ, beaucoup ont une fonction utilitaire – puiser de l'eau – et certains deviennent ultérieurement des dépotoirs. Mais celui de Wilsford semble entrer dans une autre problématique.

Il se situe au cœur d'une région particulièrement riche

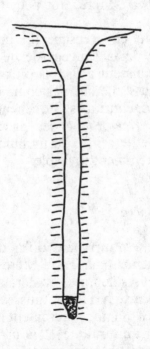

Fig. 41
Le puits de Wilsford.

en tumulus, comme Stonehenge. Quel a pu être son usage ? Il ne semble pas qu'il s'agisse d'une sépulture, bien qu'il soit difficile d'écarter tout à fait cette thèse, car les os ont pu s'altérer dans un remplissage gorgé d'eau. Les perles plaideraient en faveur de cette interprétation. À côté, le crâne de bœuf indique clairement un rite de consécration du lieu.

Pourquoi ne pas y voir un sanctuaire dédié aux divinités du monde souterrain ?

Les puits votifs sont connus surtout à partir de l'âge du bronze final, mais il en existe bien avant. Dès le néolithique, l'homme creuse le sol, à la recherche d'eau, de mines de silex puis de minerais. Mais ouvrir la terre, que ce soit pour labourer ou pour forer un puits, ne saurait se faire sans un sacrifice ou une offrande à la Terre-Mère, qui peut ou non dispenser ses bienfaits.

Chercher l'eau en creusant un puits constitue un aspect pratique de la sauvegarde de la vie. Il en est d'autres qui paraissent à la fois plus magiques et plus énigmatiques : la recherche des cours d'eau souterrains et celle des ondes telluriques. Stonehenge se justifierait-il sans elles ? La *Heel Stone*, les pierres restantes des quatre stations et le centre du monument révèlent tout un réseau apparemment invisible.

La Mère nourricière

La Terre-Mère nourricière offre deux aspects distincts. Prosaïquement, la Terre-Mère des profondeurs donne son eau et ses denrées – minerais, silex, mais aussi graines et animaux, qui sont tous ses enfants. Ici on rejoint les mythes qui nous présentent la terre comme un ventre maternel qui enfante et nourrit. Aux âges des métaux, des déesses chtoniennes, telles Déméter et Koré, sauront traduire cet aspect premier de la vie.

Déjà au paléolithique, la Mère donne à l'être humain

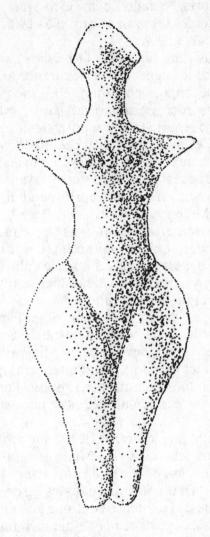

Fig. 42
La Déesse-Mère plantureuse (Strelice, Tchécoslovaquie).

toutes sortes de bienfaits et la Vénus de Laussel apparaît, une main sur le ventre, l'autre tenant une corne, en
signe de fécondité. Au néolithique, l'invention de l'agri-

culture revalorise le culte de la Terre-Mère, car en son sein sont enfouies les graines qui, plus tard, donneront l'épeautre, source de vie.

Malgré leur rang inférieur, Déméter et sa fille Koré réunissent tous les signes d'une très grande antiquité, qui trahissent une origine néolithique. La mère a les attributs de la matrone possessive et qui ne pouvant plus avoir d'enfant reporte tout son potentiel maternel sur sa fille. Celle-ci, enlevée par le dieu des Enfers, partage son temps entre sa mère et son époux. Comme la graine, elle disparaît plusieurs mois sous terre, avant de revenir chargée de moissons. Koré correspond à un nouvel aspect de la Mère souterraine.

Son aspect souterrain tient dans sa fréquentation du monde inférieur, qui devient celui des Enfers et de l'initiation. Ce n'est pas en vain que le culte de Déméter suppose des mystères et des cérémonies secrètes liées aux cycles de vie et de mort agraire.

D'ailleurs, la cyclicité paraît constituer l'apport néolithique au mythe de la Mère souterraine. Sous l'impulsion du cycle végétal, devenu primordial pour l'agriculteur, l'alternance vie-mort prend une autre signification. L'année, découpée en saisons, suppose l'existence du calendrier et la périodicité acquiert une valeur essentielle.

Au paléolithique, les cycles de vie sont connus et des calendriers existent déjà. La Mère apparaît dans son aspect de donneuse de vie et de dévoreuse de cadavres. Mais le temps n'a d'utilité que dans les gestes quotidiens. Une large part de l'existence continue à se dérouler hors de son emprise. À partir du néolithique, il faut vraiment compter avec le temps, avec les saisons, les moments de la journée, dont l'influence sur les récoltes s'avère déterminante. À côté de la Mère protectrice ou marâtre se profile l'ombre d'un Ciel, lointain mais opérant sous les traits de son fils, le Soleil, ou de sa fille, la Lune.

L'équilibre des cycles s'introduit ainsi dans la cosmogonie.

Mais la Terre-Mère est également connue sous un second aspect, plus ésotérique mais tout aussi fondamental, celui de puissance souterraine. Tout le cosmos vibre dans un jeu subtil de forces d'attraction et de répulsion. Le soleil, la lune et les autres planètes dansent un ballet, qui influe sur la Terre et l'ensemble des êtres vivants qui la peuplent : il s'agit de l'énergie cosmique.

Cependant la Terre, du fait de sa masse, a sa propre force qui entre en conflit avec les autres. Dès le paléolithique, la vibration de l'énergie tellurique se trouve utilisée et canalisée par des êtres exceptionnels. Chacun la ressent plus ou moins, selon son degré de réceptivité, la subit ou l'exploite, mais les chamans sont capables d'en faire un étonnant usage.

Cette science obscure a survécu a l'époque paléolithique et l'homme néolithique sait toujours l'utiliser. En revanche, la tradition se perd progressivement à partir des âges des métaux et il ne restera plus que la légende qui prête aux Géants, au diable ou à Merlin l'édification des pierres de Stonehenge.

L'homme néolithique correspond au Géant chez les Indo-Européens. Le diable, serpentin, devient le fils de la Terre-Mère. Quant à Merlin, il est aussi son enfant, à moins qu'il ne soit celui du diable. Ainsi reste-t-on toujours dans le même contexte.

Le serpent se trouve, depuis les origines, associé à la Déesse-Mère ou à la première femme – Ève. Plusieurs raisons peuvent être mises en avant. Les cours d'eau souterrains ou le réseau des courants telluriques affectent souvent une forme serpentine. Ici se situe un lien direct. La puissance de la terre se traduit dans une ondulation et un cheminement tortueux, que seuls ceux qui ont les yeux pour le voir peuvent capter. À Stonehenge, des zigzags sont gravés.

Quant à l'autre référence, elle a un rapport avec l'animal, qui vit sous terre, une partie de l'année, dans des retraites secrètes. Il sort avec les beaux jours, ondulant comme les rivières. Son sang est froid comme l'énergie de la Mère et comme elle, il dévore ses proies. Il paraît significatif que les mégalithes bretons soient constellés de son signe. Il sait garder les secrets et le chemin caché qui conduit au trésor inconnu. Enfin il a comme antagoniste l'oiseau, digne représentant des hauteurs ouraniennes.

Et par un chemin détourné, nous en revenons à Stonehenge et Avebury où William Stukeley supposait l'existence d'un culte du Serpent. En fait, l'idée ne semble pas si folle, mais la manière dont elle fut présentée l'a rendu complètement ridicule. Les deux centres correspondent à des points de convergence des énergies de la Terre et du Ciel.

Ici se place leur raison première d'être.

Ondes telluriques, cours d'eau souterrains, serpent

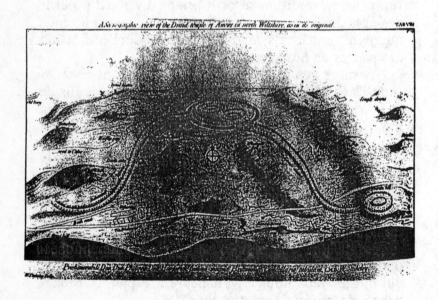

Fig. 43
Avebury et le serpent, d'après Stukeley.

160

apparaissent comme les aspects les plus visibles de la puissance souterraine. Mais un autre est aussi puissant : l'initiation.

Au sens littéral du terme, initier signifie « entrer à l'intérieur » (*in* = dans, *itio* = action d'aller). Au paléolithique, la grotte sacrée est le lieu magique où se déroulent les rites les plus fondamentaux pour la tribu, en particulier ceux d'intronisation du chaman et ceux qui s'adressent aux morts ou aux mourants (cf. notre *La Caverne et ses rites*, Trédaniel Éditeur). De là naît l'idée de la terre ou de la caverne comme grandes initiatrices.

Ultérieurement, au néolithique et même à l'âge du bronze, la femme reste la grande initiatrice. Des légendes se rapportant aux fées ou à la Dame blanche en apportent la preuve et on va bientôt en développer d'autres illustrations. Si la fée a souvent un côté aérien et s'identifie volontiers à la Vierge-Lune, elle peut avoir également un côté obscur et se rapprocher de la sorcière. Quant à la Dame blanche, elle devient la personnification de la mort.

La terre ou la caverne, si elles enfantent, donnent aussi la mort. Ne considère-t-on pas cette dernière comme l'initiatrice suprême ? Alors la puissance souterraine devient une force involutive.

La coupe

Si l'on célèbre à Stonehenge ou à Avebury la hiérogamie Ciel-Terre, ces lieux sacrés deviennent ceux de la naissance du monde. La Terre, en tant que Mère, n'a plus la première place et elle doit céder à son parèdre une part de la gloire qui rejaillit sur le couple. Cette perte de la prépondérance du pôle féminin s'amorce au néolithique.

Cependant les clans resteront matrilinéaires assez longtemps dans toute l'Europe occidentale, et nous en aurons quelques illustrations, à travers des légendes se

161

rapportant à Stonehenge. Pourtant la tendance à revaloriser le côté masculin s'amorce dès le néolithique et se poursuit ultérieurement. Pendant toute la protohistoire une sorte d'équilibre entre les tendances s'instaure, imagée d'une part, par le combat du serpent et de l'oiseau et, d'autre part, par l'extrême sensibilité aux cycles diurnes et annuels où alternent, jusqu'au point de rupture, les polarités contraires – solstices, midi/minuit.

Ainsi la cosmogonie cesse d'être l'œuvre de la Mère pour entrer dans la cyclicité du calendrier.

Pour en revenir à Avebury, ce sanctuaire a pu être l'un des centres dédiés au culte de la Terre-Mère, y compris dans son aspect serpentin que la West Kennet Avenue respecte. À Stonehenge aussi, elle apparaît comme la coupe où ont lieu toutes les mutations.

Le concept de Terre-Mère évolue avec le temps et les civilisations. Et la caverne originelle peut devenir la coupe, le réceptacle de la semence des dieux. Ainsi le fer à cheval interne de Stonehenge offre une double référence à la Grande Déesse. D'une part, le plan des trilithes évoque la vulve paléolithique, et tant d'autres gravures en popularisent aussi la forme, que ce soit au néolithique ou à l'âge du bronze. À côté apparaît le bâtonnet – puis la lance –, ici l'avenue, pôle masculin indispensable dans le rite de l'union sacrée. De la vulve, on passe aisément à la coupe – au Graal. L'autre référence va au croissant de lune.

Par ailleurs, le nombre des trilithes évoque le nombre sacré de la Terre et c'est à cause de ce nombre, de ce nom, qu'a eu lieu la « bataille des arbres » et la fin du règne de la Terre-Mère.

Stonehenge, après avoir été le témoin annuel d'une hiérogamie qui préludait à la naissance du monde, a été celui de la sanglante bataille entre les autochtones, partisans de la Déesse, et les envahisseurs, adorant un dieu solaire. Ici le combat a tourné à l'avantage de l'oiseau et l'harmonie des cycles a été rompue.

Mais Stonehenge n'a pu disparaître des mémoires et

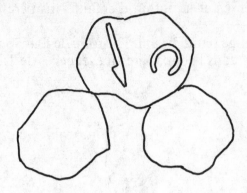

Fig. 44
Gravures du Pied de la Mule : vulve et lance.

il a fait figure de champion d'une résistance aux intrus, même si cela s'est fait sur le tombeau de la Mère.

La Vierge-Mère

Si la Mère dans son aspect de matrice et grotte semble privilégiée au paléolithique, une autre de ses formes se dessine au néolithique, celle de la Vierge-Mère. La Mère paléolithique reste la matrone opulente qui enfante et nourrit sans cesse. À partir du néolithique et surtout à l'âge du bronze, l'aspect de la jeune fille nubile et destinée à donner naissance à un être d'exception se superpose lentement à la première image.

Plus haut, nous évoquions Déméter et Koré. La première reste fidèle à la tradition archaïque alors que la seconde apparaît déjà sous les traits de la vierge attirante par sa beauté et sa candeur. Koré épouse son séducteur, mais d'autres déesses grecques subissent l'infortune de ne pas avoir d'époux. Le conflit entre les sociétés patrilinéaires et les sociétés matrilinéaires s'inscrit dans

163

l'air du temps et la notion d'enfant sans père apparaît alors.

Un étrange parallèle unit l'histoire de Danaé et de son fils Persée, dans l'épopée grecque, et celles de Taliesin, le

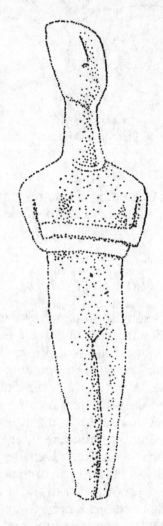

Fig. 45
La Vierge-Mère : idole cycladique.

héros du « combat des arbres », ou de Merlin, pour le Pays de Galles et l'Angleterre. Ils subissent le déshonneur de ne pas avoir de père et/ou l'incompréhension de tous, pour être nés d'une vierge.

Danaé

Commençons par Danaé. Cette dernière, fille du roi d'Argos, jeune et belle, vit recluse dans une tour d'airain, qui a pour seule ouverture un regard vers le ciel. Les oracles ont prédit qu'elle mettrait au monde un fils qui allait tuer son grand-père, à moins que le roi ne tue sa fille de ses propres mains. Mais il n'arrive pas à se résoudre à un tel forfait et il préfère enfermer son enfant et la laisser mourir lentement.

Curieusement, on retrouve le nom de Danaé en Irlande et les Thuata dé Danann – les enfants de la déesse Dana – correspondent à l'une des invasions de l'île, à l'âge du bronze. Quant à la « tour d'airain », elle apparaît dans le « combat des arbres », lorsque Taliesin dit : « J'ai été trois fois dans le château d'Arianrhod. » Car le nom d'Arianrhod signifie « cercle d'airain » et il est porté par une princesse vierge-mère.

Revenons à Danaé qui se morfond dans sa prison, jusqu'à l'instant où une pluie d'or se déverse sur elle. Et neuf mois plus tard, elle enfante un fils, Persée, qu'elle tente de cacher aux yeux de tous.

Mais les cris de l'enfant le trahissent et le roi entre en fureur – Persée n'a pas de père – car il ne peut admettre que Zeus soit à l'origine de cette naissance miraculeuse. La mère et l'enfant sont alors enfermés dans un coffre de bois et jetés à la mer. Pendant un jour et une nuit, le caisson flotte. Enfin il aborde sur une île et les naufragés, vivants, sont recueillis par un pêcheur.

Plus tard Persée s'illustrera en tuant la Gorgone-Lune, dont la vue pétrifiait quiconque la regardait. Et pour que l'oracle s'accomplisse, à un jeu d'athlétisme, il lance le disque parmi les spectateurs, frappant à mort son grand-père.

Ici intervient la mort – ou plus exactement le sacrifice – du roi, toujours tué par son descendant ou son jumeau, qui lui succède sur le trône. Stonehenge est justement bâti sur ce règne alterné. Le meurtre rituel du roi-soleil a lieu au solstice d'été, au centre d'un cercle zodiacal de douze pierres. Il est lié, battu, écorché, empalé, dépecé et rôti, avant d'être mangé, nous dit Robert Graves. On sent ici la tradition de l'initiation chamanique préhistorique et la relation avec un autre mystère de type agraire, celui de Dionysos. Ajoutons que le roi épouse toujours sa sœur ou sa mère : l'histoire de Taliesin le confirmera.

Ainsi nous constatons que la mythologie qui entoure Stonehenge se centre autour d'une initiation de type agraire, en souvenir du néolithique, sur laquelle se greffe peu à peu un cycle zodiacal. Il témoigne d'une société plus hiérarchisée, avec une répartition sociale en classes, dès l'âge du bronze. Cependant la filiation reste matrilinéaire, au moins dans certaines castes.

Merlin

Merlin, un autre fils de vierge, se trouve, lui, directement impliqué dans l'histoire ou la légende de Stonehenge. Son nom est populaire sous sa forme française, transmise par Robert de Boron, dans son *Roman du Graal*. Nous suivons Jean Markale dans la relation qu'il établit avec l'oiseau, car le merle passe pour beau parleur, comme Merlin le fou. Sa couleur noire en fait un oiseau solaire, comme le corbeau et en opposition avec l'oie ou le cygne lunaires. Il peut aussi y avoir une référence totémique. Merlin devient, par excellence, un roi solaire.

Nous trouvons des éléments sur la naissance de Merlin soit chez Geoffroy de Monmouth, soit chez

166

Robert de Boron et ils se recoupent. Sa mère est la fille du roi des Demetae. Dans la version de Robert de Boron, elle vit dans un monastère – christianisme oblige – et le diable vient la troubler dans ses rêves, jusqu'à ce qu'elle conçoive un enfant. Dans celle de Geoffroy de Monmouth, le songe du « prince charmant » opère encore.

Et Merlin, enfant sans père, se trouve conduit à la cour du roi Vortigern, celui-là même qui se situe à l'origine de la « trahison des longs couteaux », qui prélude à la construction légendaire de Stonehenge. En effet ce roi a bâti une tour qui menace ruine, car deux dragons, un rouge et un blanc, se battent sous les fondations, dans les marécages. Ses devins lui ont dit qu'il fallait mélanger le sang d'un enfant sans père au mortier, pour qu'il puisse prendre et consolider les fondations, ce qui explique la présence de Merlin auprès du roi.

Ici le texte évoque une autre coutume préhistorique, celle du sacrifice de l'enfant à la place du roi. Le règne du roi solaire dure huit ans, au terme duquel il est sacrifié, mais chaque année du cycle, au solstice d'hiver, un enfant meurt (ou naît) à sa place.

Vortigern s'apprête donc à sacrifier Merlin, parfois nommé *Merlinus Ambrosius*. Celui-ci révèle aux mages la cause des tremblements de terre qui ébranlent les assises de la tour et se met à prophétiser la mort du dragon rouge, c'est-à-dire du roi.

Effectivement, l'histoire se poursuit avec l'arrivée de deux frères, Aurelius Ambrosius et Uther Pendragon, qui vont prendre la relève de la royauté, tout en impliquant une invasion qui mettra fin à une partie des traditions autochtones.

Les dragons font référence à la Terre-Mère et aux forces telluriques, puissantes sous Stonehenge ou Avebury. Ils impliquent aussi la Déesse dans des conflits qui vont soulever la mère patrie. D'une certaine manière, ils justifient le culte du Serpent que William Stukeley

167

supposait dans les deux grands sites mégalithiques. Enfin, ils font référence à un changement polaire, dans la constellation du Dragon.

Il est assez difficile de suivre, dans le détail, la vie de Merlin et les épisodes varient d'une version à l'autre. Cependant, on est sûr qu'il s'agit d'un roi solaire, qui épouse sa sœur (Gwendydd, Ganieda ou Viviane), dont le nom a un rapport avec la couleur blanche de la Déesse nocturne, pour réaliser l'androgynat si cher à l'homme primitif.

Mais il doit partager son trône et, sous prétexte de folie, il se retire dans la forêt où il vit avec les bêtes sauvages. Le soleil aussi, au crépuscule, cède sa place à la nuit et à la blanche Déesse. Dans *La Vie de Merlin*, on précise qu'il passe six mois dans l'obscurité des bois et les six autres dans son palais aux soixante-dix portes et autant de fenêtres, par lesquelles il contemple les astres. L'allusion, ici, évoque l'alternance entre le déclin du soleil, à partir du solstice d'été, et sa montée, à partir du solstice d'hiver.

Les chamans néolithiques lisaient dans les rêves la marche du futur. Merlin et, à la suite, les mages consultent le ciel et les astres. Stonehenge n'est pas seulement un observatoire astronomique, mais aussi et surtout un oracle de type apollinien.

Mais les servants de la Déesse rêvent d'une revanche et d'un retour aux cultes anciens. Cela explique la fin dramatique bien que provisoire de Merlin. La Déesse-Mère l'a initié et dès le berceau, il est doué de parole. À son tour, il forme des élèves, sa sœur et Morgane. Cette dernière lui vole des « tours » et l'ensorcelle. À la fin, elle profite de son sommeil pour l'entourer de son voile et le livrer à une prison « d'air » où il demeure endormi jusqu'à ce que ses fidèles viennent le réveiller. L'évocation de l'étole de la Déesse figurée sur les statues-menhirs paraît manifeste ici.

Dans d'autres versions, Merlin – ou Arthur – se trouve emprisonné dans un château de verre ou de

Fig. 46
L'étole de la Déesse (Bragnassargues).

cristal. Cette vision de l'au-delà appelle irrésistiblement les allées couvertes néolithiques ou les tertres en spirale, comme New Grange, parfois recouverts de quartz blanc. La mort devient une prison, si l'on ne sait plus trouver le chemin de la lumière et de la vie. Du cycle astral, nous sommes revenus au cycle humain. Mais tout ne se répond-il pas ?

Taliesin

Reste Taliesin, qui est à la fois un héros de type agraire et un roi solaire. Son histoire débute mal. Une reine-mère – et sans doute vierge – confie à Gwion la surveillance d'un chaudron magique. Nous pourrions nous croire en pleine épopée celtique, mais il n'en est rien. Le « chaudron celtique » hérite de prototypes de l'âge du bronze et sans doute même des vases en forme

169

de cloche, où les Campaniformes buvaient une boisson qui altérait les états de conscience.

Ce vase alchimique contient la connaissance de toute science et il explose avant que ne se soit écoulée l'année pleine de fermentation. Gwion est éclaboussé et ainsi initié. Furieuse, la Déesse-Mère s'en prend à l'enfant qu'elle poursuit sous diverses formes en référence aux quatre éléments (ou saisons). Elle devient lévrier quand il se métamorphose en lièvre, loutre quand il devient poisson, faucon quand il est passereau et, pour finir, poule quand il apparaît comme grain de blé.

La poule avale le grain et la reine se trouve enceinte d'un enfant qui n'a pas de nom, puisqu'il n'a pas de père, étant donné qu'il est son propre père. À sa naissance, sa beauté est telle qu'elle n'a pas le cœur de le tuer. Elle le met donc dans un sac de peau et l'abandonne à la mer. Souvenons-nous de Persée. Elphin, un fils de roi, pêche et recueille le nouveau-né, qui aussitôt, comme Merlin, se met à parler.

Elphin lui donnera le nom de Taliesin et il deviendra barde, participant à la « bataille des arbres » où il découvrira le nom secret de la Déesse. L'oracle de Stonehenge alors va disparaître, sous les coups d'une nouvelle religion, glorifiant le côté masculin de la création.

Taliesin et Merlin se ressemblent et souvent l'un dit avoir été l'autre. Tous deux gravitent autour du plus grand centre sacré de l'âge du bronze.

Dylan

Un dernier personnage des mythes britanniques naît également d'une vierge. Il porte des noms multiples, en fonction des saisons. Quant à sa mère, il s'agit d'Arianrhod, à la ceinture argentée. On ne peut pas manquer de rapprocher celle-ci de l'Ariane crétoise, perdue au cœur du labyrinthe. Nul ne sait comment elle a pu concevoir sans approcher un homme.

170

Un jour Math, en quête d'une épouse, se voit présenter Arianrhod, fille et sœur de rois. Il incline sa baguette, la jeune fille passe au-dessus et, aussitôt, apparaît un enfant auquel on donne le nom de Dylan. Plongé dans la mer, il se transforme en poisson. Plus tard l'enfant devient cordonnier, fait des chaussures à sa propre mère et, devant elle, tue un roitelet. Alors, elle lui donne le nom de Lion-à-la-main-ferme. On ne connaît pas son patronyme d'automne, lié à sa prise d'armes, mais il a un rapport avec le cheval. Avec l'hiver, il devient un aigle, lorsque sa mère tente par la ruse de le tuer.

Ce mythe paraît ancien puisque ce roi naît quand le solstice d'hiver se situe dans le signe du Poisson, c'est-à-dire à l'ère des Gémeaux. Il y a d'évidentes références totémiques. La Vierge-Mère enfante l'œuf Dylan, initie le jeune Lion-à-la-main-ferme, l'aime ensuite sous un nom secret et finalement le tue en tant qu'aigle pour que le cercle soit achevé. Sa sépulture devient le château tournant ou la couronne boréale.

La Terre-Mère et les autochtones

Les esprits chagrins se demandent, sans doute, ce que Merlin et Taliesin, dont l'histoire dit qu'ils ont été des bardes vivant au VIᵉ siècle après Jésus-Christ, viennent faire dans l'épopée de Stonehenge, qui se termine un millénaire avant notre ère. Mais l'histoire n'est-elle pas une version cohérente et actualisée de la légende ?

Renvoyons Merlin et Taliesin dos à dos. Le second dit :

« Le principal chef des bardes d'Elphin, c'est moi,
Et mon pays d'origine est la région des étoiles d'été ;
Idno et Heinin m'appelaient Merddin (Merlin),
À la fin, tous les rois m'appelleront Taliesin... »

Quant au premier, il conclut, dans *Le Dialogue entre Myrdinn et Taliesin*, ceci :

171

« Puisque moi, Myrddin, je suis le premier après Taliesin, permets que ma prophétie nous soit commune. »

En fait, l'un et l'autre n'ont pas d'âge et se situent hors du temps, car ils représentent une autre réalité. Ils sont les enfants de la Terre-Mère, parfois des rois-soleil et parfois des prophètes – il est vrai qu'à l'âge du bronze la royauté et la prêtrise pouvaient reposer sur les épaules d'un même homme – et enfin ils représentent les insulaires face aux envahisseurs.

D'ailleurs, nous ne pouvons pas nous tromper. Taliesin insiste lourdement :

« Je suis capable d'instruire l'univers tout entier.

J'existerai jusqu'au jour du jugement sur la face de la Terre... »

Chaque poète, chaque prophète semble être son héritier, et comme lui, naît d'un chamanisme préhistorique où le verbe a la première place et où les personnalités les plus remarquables pouvaient être déifiées. Cependant il défend son pays, celui « des étoiles d'été » (le nord de la Grande-Bretagne ?).

Le « combat des arbres » l'a fait connaître.

Mais quelle relation y a-t-il entre ce combat des arbres et Stonehenge ? Robert Graves s'en explique. Dans un combat, dès l'instant où le nom secret du dieu qui protège un clan est deviné, les ennemis peuvent, par magie, battre le clan désormais sans protection. Il pense que la référence « historique » de cette bataille renvoie sans doute à la conquête du sanctuaire de Stonehenge, qui paraît être le seul site à avoir subi non seulement un abandon, mais aussi une destruction volontaire, et cela au cours du premier millénaire avant notre ère.

Dans le poème apparaît une énigme, si bien cachée qu'elle va traverser les millénaires, souvent répétée mais probablement incomprise, pour resurgir au Moyen Âge. Les Celtes contribuent largement à sa propagation, puisqu'ils sont les héros du jour, ceux qui ont découvert le nom secret. Une version populaire racontera d'ailleurs que les Celtes, camouflés grâce aux arbres, ont mis en fuite toute une armée organisée. Quant à l'autre, il s'agit du poème de Taliesin, qui occulte sans doute le nom inversé de la Grande Déesse.

À Stonehenge, ce nom, sous sa forme numérique, figure au cœur du sanctuaire. Voilà l'un des arguments qui permettent de défendre la thèse de Robert Graves à propos de ce site.

Quant au personnage de Taliesin, il a des antécédents particulièrement archaïques. Sa mort-renaissance mystérieuse en fait un héros agraire. Il hérite du chaman paléolithique la possibilité de se transmuer à volonté, par l'appel au totem. Sa mort initiatique rappelle beaucoup Osiris ou Dionysos. Enfin, les Celtes lui confient leur chaudron magique.

Ses relations avec la Déesse-Mère sont à la fois charnelles et conflictuelles. En cela, il s'apparente bien aux rois solaires de l'âge du bronze. La Déesse le met au monde en tant que mère, l'initie en tant qu'épouse ou amante et le tue en tant que roi d'un cycle. C'est un temps où le règne de la Mère tend à s'estomper, mais où le fils n'a pas encore toute son autonomie et subit encore la loi cyclique s'il tient à devenir immortel.

Le sacrifice du roi s'avère nécessaire à l'équilibre cosmique et il ne saurait s'y soustraire. Et l'épopée de la Table ronde, dans laquelle s'illustre Merlin et que l'on imagine, à tort, médiévale, renforce cette croyance.

Suivons le texte de Robert de Boron, quand il nous conte la bataille de Salisbury. L'histoire commence avec les questions qu'Uther et Pendragon posent au devin Merlin sur l'issue de la bataille. Ce dernier leur annonce l'arrivée des armées ennemies pour le « neuvième jour de juin » et la mort de l'un des deux frères. « Ils séjournèrent huit jours et au neuvième chevauchèrent... Et ainsi furent douze jours et au treizième, quand ils eurent vu tous les signes apparaître, ils furent prêts... Ainsi, comme vous l'avez entendu, commença la bataille de Salebière (Salisbury). Et Pendragon mourut et Uther remporta la bataille, et il y eut beaucoup de morts, des pauvres et des riches. »

La mort du roi a lieu le 21 juin. Uther enterre chacun : la plaine de Salisbury n'est-elle pas une nécropole de l'âge du bronze ? Pour Pendragon, il fait élever le tombeau le plus haut qui soit et nous ne pouvons nous empêcher de songer au tertre de Silbury Hill, qui a toujours frappé les esprits. Uther est sacré roi sous le nom d'Uther-Pendragon. Bientôt Stonehenge va s'élever dans la plaine pour commémorer la victoire des Bretons sur les Saxons et servir de cénotaphe.

Au cours de la bataille, deux dragons ont paru dans le ciel et Uther s'interroge sur leur signification. Merlin lui apprend qu'ils annoncent la mort d'un roi et l'avènement de son successeur. Le dragon a souvent un rapport avec le monde souterrain et c'est le sens qu'il avait dans l'épisode de la tour de Vortigern. Mais ici, il a une toute autre signification, céleste, solaire et royale. Ce dragon ailé ressemble fortement à son homologue chinois en tant qu'insigne de la royauté. Il renvoie aussi à la constellation, qui indiquait alors le nord, et au changement de pôle, au changement d'ère.

Le roi de l'année montante meurt au solstice d'été et le roi de l'année descendante est alors sacré.

Ainsi nous constatons que le roman de Robert de Boron, sous le couvert d'une bataille historique du haut Moyen Âge, nous parle d'une épopée solaire et de rites sacrés qui se déroulaient en plein âge du bronze. Plus loin, un fait comparable survient. Arthur – le roi de l'Ourse, gardien du Nord – est révélé comme roi, en extirpant « Excalibur » de son fourreau de pierre, le jour du solstice d'hiver. Ainsi il devient le souverain de l'année montante.

Le roman de Robert de Boron et les récits de Geoffroy de Monmouth restent des œuvres ésotériques. L'un des sens cachés concerne une religion cosmique, disparue. L'autre, plus évident, a quelques traits nationalistes.

Merlin comme Taliesin chantent la guerre, une guerre

d'indépendance et de lutte contre les envahisseurs de tout bord qui n'ont pas hésité, au cours des siècles, à franchir la mer pour coloniser la Grande-Bretagne. Ces guerres servent à mettre en valeur une tradition que l'on veut éternelle et qui a continué à vivre.

Ainsi Stonehenge détruit et abandonné a pu devenir l'emblème d'une tradition archaïque mais exemplaire, que l'archéologie ou le néo-druidisme tentent de réanimer, chacun à leur manière. Stonehenge devient le symbole d'une entité socio-culturelle.

Il est vrai que le site où deux cultures, l'une prônant le culte de la Terre-Mère et des rites d'initiation agraires, l'autre, celui d'un soleil dieu et des rites cosmiques, plus cycliques encore, se sont succédé sur un mode plus ou moins belliqueux, figure déjà le combat entre le Bien et le Mal, qui ne peut avoir d'issue que dans un équilibre entre les tendances contradictoires. Ici la symbiose entre deux mondes a pu se réaliser.

La Déesse-Mère n'est pas morte et, sous les traits de la mère patrie, elle protège les autochtones contre les intrusions étrangères. Après la matrone et la vierge vient la muse d'une identité culturelle, et le cercle d'airain enserre le dieu mort qui doit renaître.

Serpent, spirale, labyrinthe

Le cercle a une double polarité, selon qu'on l'envisage comme statique et matriciel ou alors comme dynamique, cyclique et céleste. Ainsi la ceinture de la Déesse peut enserrer Merlin. Mais la graine divine s'anime au centre et fait tourner la roue des existences.

À l'image du cercle, le serpent joue l'ambivalence. Dressé, il évoque le pôle masculin et lové, il renvoie au côté féminin. Il est l'expression d'une totalité androgyne, le modèle dont rêvent les hommes primitifs. Aussi ne faut-il pas s'étonner qu'il soit devenu le gardien de l'arbre de la connaissance et celui de tous les secrets.

William Stukeley a cherché à l'associer à Stonehenge et Avebury sous la forme d'un culte ophique. Peut-être n'avait-il pas complètement tort ? Sortant des entrailles de la terre, il a un rôle de devin. Stonehenge n'est-il pas l'oracle des populations de la région ? Le dieu ailé Soleil ne prend-il pas son essor dans la mort de son compagnon chtonien ? À Stonehenge, le dieu de l'année montante est couronné lorsque décline son jumeau – ou sa sœur – de l'année descendante, chacun se partageant également le cycle.

Cette image évoque celle des deux dragons s'agitant sous la tour de Vortigern, énigme que Merlin résout, en annonçant la mort du roi. À un autre niveau, le dragon rouge symbolise le Soleil, tandis que le blanc a quelque rapport avec la Lune et la Déesse. Une fois de plus transparaissent les cycles cosmiques et le thème éternel de vie-mort-renaissance.

La lignée des rois bretons qui sont censés se battre dans la plaine de Salisbury a le dragon pour emblème, que ce soit Uther Pendragon ou Arthur. Leur totem, tour à tour ailé ou rampant, souligne une fois de plus la dualité des êtres et des mondes.

Mais très souvent, le serpent s'associe au Mal et par là, à la polarité féminine. Au néolithique, figuré sous les traits d'une ligne ondulée pourvue ou non d'une tête ovale, il apparaît comme l'un des attributs de la Déesse-Mère. Alors il garde l'entrée du royaume des morts, ne laissant pénétrer que l'initié. On en revient à la connaissance du Bien et du Mal, du passé et de l'avenir, du secret.

On représente aussi le serpent par la spirale, dès le néolithique et sans doute avant. Cette nouvelle image apparaît gravée sur les rochers ou les montants des dolmens. Le site de New Grange, en Irlande, illustre parfaitement cet enroulement qui peut être double, triple et conduit, sur le plan graphique, au labyrinthe. Au

176

néolithique et à l'âge du bronze, des centaines de ces figures plus ou mois hybrides vont couvrir les rochers des pays d'Europe occidentale, énigme à résoudre.

À côté, les cairns vont s'élever vers le ciel, spirale hélicoïdale et expression, avant la lettre, du « château en spirale ». Couronne ou pyramide à degrés, les mots manquent pour les nommer et le terme de cairn, qui renvoie à plusieurs concepts, paraît le plus juste.

Mais alors se pose la question : ces montagnes restent-elles terrestres à l'image du serpent souterrain ou deviennent-elles cycliques, transposition de la spirale du temps planétaire ? Il est certain que la spirale linéaire, gravée, conserve un côté statique, alors que l'autre tend à acquérir un dynamisme rotatif. On en revient alors au cercle pointé de départ.

La spirale et le labyrinthe nous ont laissé un type de marelle qui s'enroule autour d'elle-même dans un élan centripète et le jeu de l'oie. Ce dernier reste entaché du culte de la Déesse-Lune. Certes l'oie ne paraît pas avoir de polarité bien définie. Mais il ne faut pas oublier qu'elle est, à l'origine, l'un des attributs de la Déesse-Mère, particulièrement dans les steppes d'Europe de l'Est ou dans les contrées nordiques. Ici encore, le retour au centre paraît le but à atteindre. Le Cygne n'est-il

Fig. 47
Spirales sculptées à New Grange.

177

pas l'une des constellations de la couronne boréale ? Alors la marelle en spirale et le jeu de l'oie ramènent à l'enstase et à la Déesse-Vierge, cachée au cœur du labyrinthe.

Si nous supposions que ce jeu de l'oie représente le graphisme de quelque danse préhistorique qui se déroulait dans l'enclos sacré, serions-nous très loin de la vérité ?

Alors faisons appel au dédale crétois. La Crète est bien éloignée de Stonehenge et pourtant des poignards crétois ont été gravés sur les montants du cercle de sarsen. Il nous faut évoquer maintenant le Minotaure. Plusieurs thèmes narratifs s'articulent autour du Labyrinthe, celui de Dédale et d'Icare ou celui de Thésée et d'Ariane au fil d'argent, qui peuvent avoir un lien avec Stonehenge.

Le héros Thésée vient de consacrer sa chevelure à

Fig. 48
Le disque de Phaestos : jeu de l'oie ?

l'Apollon de Delphes – dieu solaire – et il poursuit son voyage initiatique, tout en restant à l'affût de l'exploit à accomplir. C'est ainsi qu'il arrive à Athènes et voit les quatorze jeunes gens et jeunes filles, prêts à s'embarquer pour la Crète où ils vont s'offrir en pâture au Minotaure, roi-taureau ou monstre mi-animal mi-humain. Il prend la place de l'un d'eux, tout en promettant à son père Égée de hisser la voile blanche s'il réussit sa mission.

Le roi-taureau est l'amant et le fils de la Déesse-Mère. Cet animal, tenu pour l'un de ses attributs au même titre que le serpent, signifie aussi que l'action se passe dans l'ère du Taureau. Ici le rôle du « roi » paraît réduit à l'extrême : faire des enfants à la Déesse, incarnée sous les traits des prêtresses de son temple. Des orgies et des sacrifices suivent ces fêtes équinoxiales et des courses de taureau ont lieu. En revanche, rien ne prouve l'existence de sacrifices humains.

N'oublions pas que l'histoire de Thésée est connue par une version qui date probablement de l'âge du bronze et que le patriarcat commence à s'instaurer.

Fig. 49
Thésée dans le Labyrinthe à Val Camonica.

Donc Thésée débarque dans l'île, avec ses compagnons, et aussitôt Ariane, fille du roi Minos et sœur du Minotaure, s'éprend du héros et lui confie la pelote qu'elle file, pour lui permettre de ressortir du dédale. Thésée étouffe le taureau, inaugurant toute une lignée de héros qui combattront monstres et dragons, de préférence chtoniens. Dans sa hâte de rentrer au port, il abandonne Ariane sur l'île de Délos et oublie d'abaisser la voile rouge, qui trompe le roi Égée et le pousse vers la mort. Par inconséquence, le héros a échoué dans sa quête. Il devait sauver et épouser la vierge et pas seulement tuer son frère taureau.

De cette légende, il convient de retenir l'aspect solaire du héros qui emprunte une voie centrifuge pour sortir de l'impasse et gagner la lumière, d'une part. De l'autre, il faut s'arrêter sur la danse de la grue (ou danse de Thésée). Elle est représentée sur des rochers et se pratique encore à Délos. La spirale ouverte vers l'extérieur paraît en constituer une composante.

Laissons danser Thésée, les jeunes gens et les jeunes filles à la fête de l'équinoxe et des œufs, que l'on célébrait peut-être aussi à Stonehenge, puisqu'il s'agit de festivités saisonnières, spécifiques du néolithique.

Tout ici tend à se rapporter à la lune. Ainsi la danse de Thésée doit offrir quatre temps, dont un troisième plus bref en imitation des phases de la lune. La lune montante, la pleine lune et la lune descendante présentent des phases relativement égales, alors que la période où la lune cesse de se rendre visible est plus courte. Ainsi la danse grecque se calque sur ce modèle.

N'oublions pas que Thésée a vingt-sept compagnons et compagnes. Les quatorze jeunes gens et les quatorze jeunes filles renvoient, eux aussi, à la lune et aux demi-lunaisons de quatorze jours. Il semble que l'on puisse retrouver ce nombre fameux à Stonehenge. Les trous d'Aubrey sont au nombre de cinquante-six (soit 14 × 4). À Stonehenge, l'année ne dure que six mois et à chaque fois, les mêmes festivités se répètent. Indubitablement, le premier modèle calendaire de ce grand sanctuaire fait référence à la lune. Il se situe chronologiquement à la fin du néolithique, juste avant que les Campaniformes n'investissent le site.

L'œuf est-il celui de l'oiseau (l'oie) ou du serpent ? À l'équinoxe du printemps naît l'œuf de l'oiseau, conçu au solstice d'été, tandis qu'à l'équinoxe d'automne apparaît celui du serpent, conçu au solstice d'hiver. Serpent et oiseau ne sont-ils pas l'autre expression du combat du Soleil et de la Lune ?

Dédale, quant à lui, ouvre la perspective de contacts entre la Grande-Bretagne et la Grèce. Il est l'architecte chargé de bâtir un enclos sinueux dans lequel doit vivre le terrible monstre que Thésée va occire. Son édifice débute à l'extérieur et se poursuit vers l'intérieur, dans un mouvement centripète que l'on retrouve dans le jeu de l'oie, divertissement des Grecs assiégeant les Troyens, dans un château en spirale. Il effectue ainsi un retour au centre avant de quitter le cosmos.

Sa sortie se trouve facilitée par les ailes de plumes attachées avec de la cire, qu'il confectionne pour lui et son fils Icare. Malheureusement ce dernier, au lieu de suivre la voie du Dragon polaire, s'envole vers le soleil. La cire fond et Icare s'abîme dans la mer.

Le vol magique de Dédale l'a sans doute conduit vers des îles nordiques. En effet l'enclos de Stonehenge et plus particulièrement certaines parties centrales, les trous Y et Z, mais aussi le cercle de sarsen, ont un plan spiralé, qui évoque d'autres cycles. Mais Stonehenge a été bâti de l'intérieur vers l'extérieur.

Il est vrai que la spirale renvoie à d'autres images, à d'autres concepts. On passe de la spirale au coquillage puis à l'eau et de celle-ci à la spirale du temps, puis au cosmos, dont le ballet évoque aussi la danse de Thésée.

Le cercle du départ, entre-temps, s'est animé pour devenir la roue de la manifestation. N'est-ce pas là un autre des aspects de Stonehenge et de ses cercles plus ou moins irréguliers mais concentriques ? Chaque pilier s'illumine à un moment précis de l'année. La course du soleil et de la lune y trouve un schéma directeur.

Une fois de plus, la problématique du labyrinthe, souvent double, à l'âge du bronze, nous entraîne vers des directions contraires. Une force centripète, caractérisant le soleil et la lune, anime l'une des voies alors qu'une autre, centrifuge, le ballet du zodiaque et le cercle polaire, s'enroule autour de la première. S'agit-il du trajet de l'âme ou de la naissance d'une galaxie ?

Dans le cœur de Stonehenge, le sage médite et réintègre le centre que représente la Terre-Mère, après avoir vécu le tourbillon de la danse. À peine plus tard, le mage élève son regard vers le Ciel et les astres, calcule le temps et prévoit la marche du futur. Les héros agraires cèdent le pas au roi-soleil, que l'on sacrifie tous les six mois, tous les huit ans ou au cours de la Grande Année.

Au cours du néolithique et de l'âge du bronze, le concept de la Terre-Mère, si cher aux populations préhistoriques, évolue peu à peu. L'image de la grotte de la naissance et de la mort s'estompe dans de nouveaux mythes où se trouve valorisée la Vierge-Mère. Celle-ci apparaît d'abord sous un aspect maternel dominant puis comme sœur et jumelle du roi-soleil. La Déesse-Lune entame une carrière que viendra briser le passage à une société patrilinéaire.

Parallèlement le cycle annuel de la graine qui germe dans le sol devient solidaire de celui des astres et en particulier du soleil et de la lune, dont les révolutions sont étudiées par les mages de Stonehenge. Les mythes indo-européens parlent beaucoup de saisons – les mutations de Dylan ou Taliesin – ou de cycles – les vingt-huit jeunes victimes du Minotaure ou les vingt-huit jours du mois lunaire. Stonehenge se fait l'écho d'une telle cosmogonie, à caractère calendaire.

CHAPITRE 8

LE CALENDRIER DE STONEHENGE

Stonehenge n'est pas seulement le temple des hommes de l'âge du bronze ; il a aussi servi de calendrier.

Tout a commencé lorsqu'au XVIIIe siècle, les inventeurs du site archéologique se sont rendu compte que l'axe du monument et l'avenue s'orientaient, alors, vers le soleil levant au temps du solstice d'été. À partir de là débutait une recherche astronomique : William Stukeley tentait de dater Stonehenge grâce à la déclinaison magnétique. Certes, on pouvait penser que cette orientation préférentielle se rapportait à des croyances particulières et/ou à un rite spécifique. Mais à partir du début du XXe siècle, les esprits s'enflammaient à nouveau pour la thèse du calendrier solaire, d'autant plus que l'on continuait à se réunir tous les 21 juin dans l'enceinte sacrée.

Alexander Thom et, surtout, Gerald Hawkins mirent en lumière bien des aspects de Stonehenge en tant qu'observatoire astronomique. Plusieurs étapes de construction peuvent être décelées et chacune insiste sur des données différentes. Les cinquante-six trous d'Aubrey paraissent encore difficiles à expliquer et tous les archéologues ne suivent pas les thèses de Hawkins. À côté, les pierres dressées des quatre stations et la *Heel Stone* constituent un second ensemble, intéressant pour les levers de lune. Mais c'est sur le cercle central et le fer à cheval que tous les efforts se sont concentrés.

Effectivement, les pierres n'ont pas été placées au hasard, mais un plan judicieux paraît tenir compte de la situation particulière du site dans l'hémisphère boréal à cinquante et un degrés de latitude nord, ce qui confère des positions spécifiques aux levers et couchers du soleil et de la lune. Dès le départ, le site devait intervenir dans un grand dessein. Plus on se rapproche du pôle et plus l'angle entre le point du lever du soleil au solstice d'été et celui de lever au solstice d'hiver est grand, ce qui rend aisée la division de l'année. Quant à la lune, elle observe une trajectoire qui donne une impression de gravitation étroite autour du centre polaire, toujours en raison de la latitude. Précisons que son ballet est le miroir de celui du soleil et qu'en été, elle se lève là où se lève le soleil en hiver et réciproquement.

Au départ, Hawkins pensait que Stonehenge avait été conçu pour l'observation des étoiles, qui jouent toujours un grand rôle à la fois pour les navigateurs et aussi pour préciser les saisons. À sa grande surprise, il n'a rien trouvé de probant, ce qui paraît d'autant plus étrange que l'homme préhistorique avait une connaissance empirique du ciel particulièrement développée.

Ce savoir était-il tenu caché ? Stonehenge reste malgré tout un temple et à ce titre, seule la partie exotérique du culte apparaît au grand jour. Le combat Soleil-Lune ou jour-nuit constitue l'essentiel de la croyance des foules. Ce que les astrologues devinent dans le secret de la nuit demeure la spéculation des sages. Voilà pourquoi se trouve privilégié un seul aspect de leur recherche, le calendrier luni-solaire que chaque pierre met en évidence.

De surcroît, ce calendrier asseoit leur prestige puisqu'il semble leur donner le pouvoir de lire l'avenir dans la ronde du ciel. Ainsi, au ballet des étoiles, à l'harmonie des sphères, peut répondre, sur Terre, la danse des hommes pénétrant au cœur du labyrinthe infernal. Ne dirait-on pas que les astres, selon les saisons, forment une spirale autour de la couronne boréale, de la ceinture d'Arianrhod ? Ainsi le château en spirale, cairn terrestre brillant de quartz, a son reflet là-haut, dans le ciel étoilé.

Les portes de l'année

L'espace a quatre directions et le temps, quatre portes. Ainsi nous en revenons à l'histoire de Taliesin ou à celle de Dylan. Pour échapper à sa mère-amante-meurtrière, Taliesin va aux quatre points cardinaux et prend, tour à tour, les quatre états de la matière.

Au nord se situe l'élément Terre et Taliesin devient un lièvre. Cerridwen trouve aussitôt la parade et se transforme en lévrier. Mais Taliesin s'enfuit vers l'est, où vit l'élément Eau et prend l'apparence d'un poisson, et Cerridwen, celle d'une loutre. Au sud, Taliesin s'envole, poursuivi par le faucon – ou la chouette –, pensant trouver son salut dans l'Air. Il ne lui reste plus que l'ouest, où pour son malheur (bonheur ?), il choisit le grain comme Feu de vie, si bien que la mort peut le dévorer sous les traits de la poule noire.

Est-ce le cycle de la vie de l'homme ou est-ce celui des astres ? Vers la fin du néolithique sans doute, la roue vie-mort-renaissance n'a plus concerné seulement les dépouilles enfermées dans le château en spirale, mais aussi les astres tournant dans le firmament. Un jeu de miroir s'est instauré entre ce qui était en bas et ce qui était en haut. Des mythes comme celui de Dylan ou Taliesin sont venus expliquer une réalité ancienne, vue sous un jour nouveau.

Ainsi l'année, à l'image de Taliesin, a quatre portes : les solstices et les équinoxes. Si l'on en juge par Stonehenge, le solstice d'été paraît avoir la préférence à l'âge

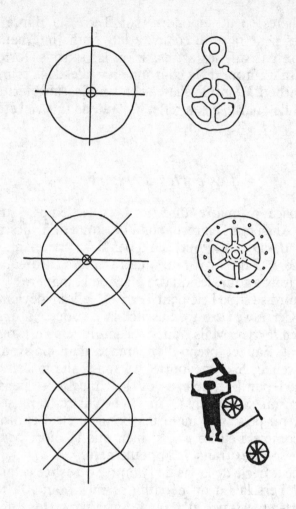

Fig. 50
Les divisions de l'année : les quatre saisons et la rouelle ;
équinoxes et solstices ou la roue ; les quarante-cinq jours
et le dieu-forgeron de Val Camonica.

du bronze, mais cette vision est peut-être trop facile.
Pour simplifier, disons que le soleil et le jour ont comme
porte le solstice. L'une d'entre elles correspond à la

porte des hommes et l'autre, à celle des dieux. Inversement, la lune et la nuit ont pour porte l'équinoxe, seul moment où l'équilibre des forces peut être atteint.

Ces portes déterminent le début de l'année et ont pu avoir une importance cruciale à Stonehenge, dans la légende du combat des arbres. Certes, pour les peuples qui n'utilisent pas l'écriture et n'ont pas consigné leurs coutumes, il semble difficile de reconstituer la trame de leurs cycles et seuls l'examen de leurs temples et parfois celui des contes déformés par le temps apportent leur concours.

Avant tout, il convient de rappeler le phénomène de précession des équinoxes et les conséquences qu'il engendre sur l'orientation des monuments. Dans le ciel, les astres dessinent un cercle autour d'un point fixe, le pôle nord, dans l'hémisphère boréal, et le pôle sud, dans l'hémisphère austral. En réalité, cette fixité n'est qu'apparente et le pôle lui-même décrit un cercle, qui dure vingt-cinq mille sept cent soixante-cinq ans, dans le sens inverse du soleil, avant de revenir à son point de départ.

Le déplacement du pôle nord correspond globalement à un degré tous les soixante-dix ans, ce qui n'est pas sensible à l'échelle humaine. En revanche pour Stonehenge 3, qui a duré environ mille ans, la déclinaison approche quatorze degrés et devient significative. Ainsi au bout d'un certain temps, l'avenue a cessé de servir comme axe au monument.

Actuellement, le pôle nord se trouve à proximité d'une des étoiles de la constellation de la Petite Ourse et le soleil se lève dans la constellation du Poisson, pour l'équinoxe de printemps. Mais il n'en a pas toujours été ainsi.

Au temps de Stonehenge 1, le soleil se levait dans la constellation du Taureau pour l'équinoxe du printemps. Pour Stonehenge 3, le lever se situait dans celle du Bélier et le pôle nord de cette époque était l'une des étoiles de la constellation du Dragon. Quelles en sont les implications ?

Stonehenge 1

Stonehenge 1 (le *Henge Monument*) correspond à
l'implantation la plus ancienne. Il offrait une ou plusieurs portes, permettant de pénétrer dans le cercle sacré.
Ce premier témoin a été largement perturbé par les
adjonctions ultérieures et un passage a été ouvert au
nord-est au moment de la construction de Stonehenge 3.
Il faut donc faire abstraction de cet indice. En revanche,
les autres entrées méritent mention, car elles paraissent
renvoyer à une autre tradition.

L'une se trouvait dans l'axe est-ouest, au moment de
la mise en œuvre du *Henge Monument*, compte tenu des
variations du nord géographique depuis cette époque.
Quant à la dernière, elle indiquait le coucher du soleil au
solstice d'hiver. En outre, elles impliquent l'implantation des menhirs des quatre stations dès 3000 ou même
3500 avant Jésus-Christ.

En règle générale, les monuments funéraires tels que
le Cursus s'orientent face à l'est actuel, soit au nord pour
leur temps. Sur le plan statistique, il semblerait que,
pour le sud de l'Angleterre, existe une variation entre
l'est et le sud actuels. Ainsi Stonehenge 1 et le Cursus
s'intègrent parfaitement à leur ensemble.

Mais il semble difficile d'en déduire où se situe
réellement la porte de l'année. En effet, si l'orient fait
penser à l'équinoxe de printemps, au lever de la lune, le
sud-ouest ramène, lui, vers le soleil couchant au solstice
d'hiver et pourrait indiquer la date proche du Nouvel
An actuel.

Sur le *Henge Monument* se greffent régulièrement les
cinquante-six trous d'Aubrey, qui ne ménagent aucune
ouverture particulière. On peut difficilement leur attribuer une datation cohérente, dans la mesure où ils
paraissent ne pas s'intégrer au schéma de base et où les
incinérations qu'ils renferment appartiennent à l'époque
campaniforme. Ils n'apportent aucun indice, à propos
des portes de l'année.

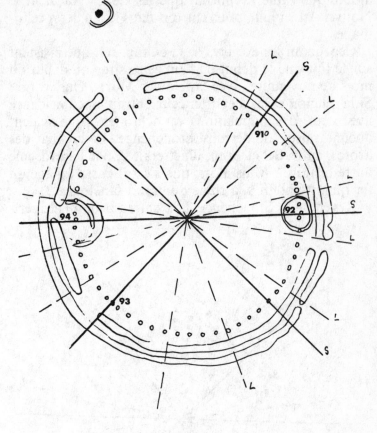

Fig. 51
Levers et couchers remarquables du soleil et de la lune sur
Stonehenge 1.

Stonehenge 2

À partir de Stonehenge 2, la volonté de souligner la direction nord-sud semble effacer toute autre considération, bien que l'avenue et la *Heel Stone* ne soient pas encore en fonction, et on semble s'acheminer vers la solution du début de l'année au solstice d'été. Si on ajoute que Pline rapportait que les Celtes plaçaient le Nouvel An en juin, nous entrons dans le jeu des « celtomanes ».

Cependant les exégètes de la culture celtique insistent sur le fait que le début de l'année se situe au début du mois de novembre, avec la fête des Morts. Qui croire ? Si la religion et le calendrier celte entrait en coïncidence avec ceux des populations autochtones, ils n'avaient aucune raison de détruire Stonehenge. Le combat des arbres, entre Bel et Bran, illustrerait-il, par hasard, une autre histoire ? Mais alors, que s'est-il passé à l'âge du fer qui ait abouti à la ruine du grand sanctuaire ?

Revenons à Stonehenge 2. L'entrée triomphale sert-

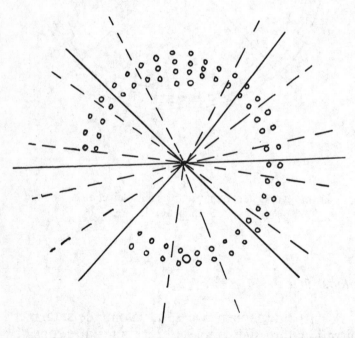

Fig. 52
Levers et couchers remarquables du soleil et de la lune sur Stonehenge 2.

elle vraiment d'entrée ou est-elle la sortie royale du cortège funèbre, vers la voie de la Tradition ? Le jeu des apparences masque le message caché.

Certes, l'ouverture de l'enceinte sacrée extérieure se situe au nord. Mais à l'intérieur, il existe d'autres ouvertures, sinon Stonehenge ne pourrait pas être la retraite de Merlin, aux « soixante-dix portes et fenêtres ». Pour Stonehenge 2, il reste trop peu d'éléments fiables pour connaître les vraies issues. Atkinson mentionne des trous supplémentaires dans l'axe de l'avenue, formant un portique probable, et arrive au nombre de soixante-seize trous pour le cercle même et quatre-vingt-deux trous pour l'ensemble. Niel totalise quatre-vingts, pour le cercle, en partant d'une base de quarante doubles trous. Enfin, Hawkins penche pour un nombre impair, proche de trente-huit (18 + 19 = 37). On en reste au culte lunaire et au cycle métonien, déjà attesté, avec d'autres nombres, à Stonehenge 1.

En fait, toutes les argumentations paraissent faibles. D'une part, s'il y a douze double trous entre les pierres 46 et 34, il peut difficilement y avoir plus de soixante trous dans le cercle et les dix additionnels, soit soixante-dix. D'autre part, une large partie du cercle demeure incomplète, dans la partie sud. Peut-être y avait-il là une ouverture, en rapport avec la naissance hivernale du soleil ?

Stonehenge 2 a été détruit avec une rare violence, qui nous prive d'un important témoignage sur l'évolution du calendrier. Le soleil gagne en importance, avec la porte solsticiale, mais la lune continue à recevoir les honneurs. Est-ce ici que se place le combat des arbres ?

Stonehenge 3

Quant aux reconstitutions de Stonehenge 3, elles s'inspirent trop souvent de la vue idéale d'Inigo Jones ou de celles des architectes de son époque. Dès que l'on

191

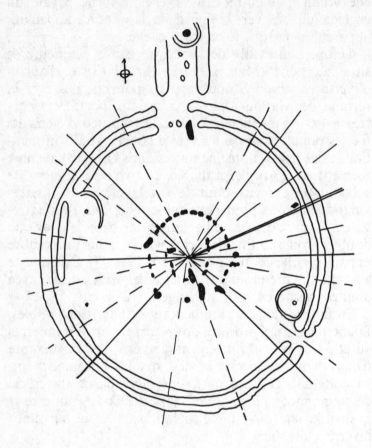

Fig. 53
Levers et couchers remarquables du soleil et de la lune sur
Stonehenge 3a.

s'attarde sur d'autres dessins, on constate que l'on peut
faire dire ce que l'on veut aux ruines.

Certes l'avenue reste toujours l'axe de l'édifice et un
espace plus important dans le cercle des trilithes de
sarsen ouvre une porte vers le nord. Mais cette ouverture
ne doit pas masquer les autres.

Rendons à Niel le mérite d'avoir souligné quelques

192

spécificités de ce cercle, parfait seulement dans l'esprit. Ainsi, le pilier 11 a une taille réduite de moitié par rapport aux autres, et dans sa reconstitution, Niel interrompt le cercle à cet endroit, qui indique le lever du soleil au solstice d'hiver et se trouve alors dans l'axe de l'une des portes plus ou moins disparues du *Henge Monument*. Y a-t-il ou non volonté de se rattacher à une antique tradition ? Nous l'ignorons.

Un autre bloc mérite notre attention, le 16. Il faut de la bonne volonté pour le placer dans le cercle, à moins de donner à ce dernier une forme hélicoïdale. N'oublions pas que cette zone constitue l'une des parties les moins bien conservées de Stonehenge. Si nous ajoutons que sa forme diffère des autres piliers soigneusement épannelés, nous pouvons donc saisir son intérêt.

Il se situe exactement dans l'axe de l'intervalle qui sépare les piliers 1 et 30 et de l'avenue, qui se dirige vers le nord et marque, quant à lui, un nouvel axe fondamental. Cela mérite d'être souligné.

En revanche, d'autres points significatifs du calendrier ne paraissent pas avoir été notés. Apparemment rien n'indique le coucher du soleil ni au solstice d'hiver ni en été. Les équinoxes non plus, ne sont pas mises en valeur.

Comme dans certains labyrinthes, nous avons ici trois portes : l'une d'entre elles, au nord, correspond à la voie directe par laquelle on accède sans détour vers le centre ou on en sort. Quant aux deux autres, au sud-est et au sud, elles ont valeur de voie de droite et de voie de gauche, si le but à atteindre est bien de réintégrer le centre, d'accéder au trésor, à la coupe, à la fleur, à la Déesse. Qui est ici l'initié ?

La réponse est évidemment : le roi-soleil, Merlin ou Taliesin.

Mais ces trois portes nous masquent celle du début de l'année. Pourtant des changements ont eu lieu entre le début du néolithique et l'âge du fer, à la fois dans les divisions du temps annuel et dans ce fameux jour du

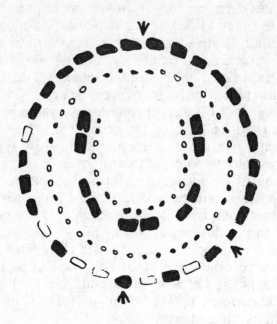

Fig. 54
Les trois portes de Stonehenge 3.

Nouvel An. Pour l'instant, Stonehenge ne paraît pas nous apporter de données satisfaisantes.

Si l'année avait débuté au solstice d'été, comme le laisse supposer la voie directe, les Celtes n'auraient eu aucune raison d'investir le sanctuaire. Il nous faut donc rejeter cette hypothèse. Au solstice d'été meurt le roi de l'année montante. Cette ouverture se trouve donc avoir valeur de sortie et la porte nord sert au cortège funèbre.

Aux deux extrémités opposés, meurt le roi de l'année descendante et naît celui de l'année montante. S'il s'agit là d'un seuil important, pourquoi ne se trouve-t-il marqué par aucune pierre particulière ? Le montant 11 correspond, en fait, au lever de la lune au solstice d'été.

Reste la porte sud, indice du soleil à son zénith et du milieu de l'année. L'orientation des tertres funéraires

194

obéit à la loi de la renaissance, dans le plan humain. Pour l'Angleterre cela se situe entre le nord et l'est. L'orient signifie le printemps et le retour à la vie, alors que l'on place la mort au nord et le milieu de la vie, au midi. Cette vision paraît, dès le début, théorique. Il semblerait qu'au paléolithique, la mort ait effectivement correspondu au nord et qu'à partir du néolithique, il y ait évolution vers l'ouest. Mais deux conceptions ont pu coexister.

Le roi-prêtre naît au solstice d'hiver et au printemps, naît l'année nouvelle.

Mais les portes opposées ont une signification particulière, à condition de la prendre dans son sens premier. Janus et Janua, à Rome, indiquent la succession de deux règnes. Si le roi s'en va, vient le tour de la reine et réciproquement. Au niveau céleste, quand le soleil se lève en un endroit, la lune se lève, non pas à l'opposé, mais là même où le soleil se lève, à l'autre extrémité de l'année.

Dans la mythologie celtique, le sanglier se situe en opposition à l'ours. L'un correspond à la fonction sacerdotale, tandis que l'autre renvoie à la royauté. Cependant l'ours représente le nord et dès le paléolithique, les constellations de la Grande Ourse et de la Petite Ourse s'identifient à l'ancêtre totémique de l'homme. Cette tradition va survivre d'une certaine manière. Ainsi, le roi-prêtre Arthur – roi-soleil – s'asseoit au nord de la table, tandis qu'à l'opposé se situe le siège périlleux, que personne ne saurait occuper, puisqu'il correspond à celui de la Déesse, qui partage le trône pendant une moitié de l'année.

Par leur opposition radicale, les portes solsticiales ont pris le pas sur les équinoxes. Cela s'inscrit aussi dans la montée des cultes de type luni-solaire, avec l'ère du Bélier. Puis l'axe est-ouest tend à se confondre avec celui du lever de la lune au solstice. Ainsi s'expliquent les trois portes de Stonehenge 3.

La marche du soleil et de la lune

C'est la marche du soleil et de la lune dans le ciel qui a pu inspirer à la fois le concept d'oiseau et de serpent qui s'entre-dévorent et celui des portes opposées. Certes, depuis toujours l'homme a conscience de la dualité, mais elle prend une forme exacerbée à partir du néolithique seulement, comme si la coïncidence des contraires ne pouvait plus avoir lieu. Il est vrai que l'union du soleil et de la lune ne se produit que lors d'une éclipse. Nous y reviendrons.

Comme nous l'avons souligné, le solstice met en avant la notion de nuit la plus courte suivant le jour le plus long ou le contraire, ou le maximum d'effet *yang* suivant le minimum d'effet *yin*. Cette disparité qui ne cesse qu'à l'équinoxe se perpétue, semble-t-il, sans fin. Sous la tour de Vortigern, le dragon rouge et le dragon blanc font trembler les fondations et à Stonehenge, au règne de l'un succède le règne de l'autre.

Au jour succède toujours la nuit et à l'année montante, l'année descendante.

Mais leurs marches offrent quelques différences. Voyons le jour : le soleil se lève entre le nord-est et le sud-est, selon les moments de l'année, et se couche entre le sud-ouest et le nord-ouest. Ainsi il semble tourner autour de la Terre. De même, la lune naît du côté de l'est, poursuit sa course dans la partie sud du ciel avant d'être dévorée à l'ouest. Certains jours, les deux astres sont visibles aux extrémités de la voûte céleste et ont pu paraître, aux yeux de l'homme préhistorique, désespérés de ne pas se rencontrer.

Ainsi a pu naître le mythe des jumeaux qui se partagent la création du monde et la royauté.

Mais ces révolutions étranges, dont la Terre paraît être le cœur, ont inspiré la spirale. Certes, la coquille en constitue le premier modèle directement accessible à la compréhension humaine. Mais là-haut, le soleil et la lune dansent la marche de Thésée – ou des grues – se suivant sans se rattraper et selon un mouvement plus ou moins hélicoïdal.

Au cœur se cache la chambre secrète où l'union est consommée. Si nous ajoutons que la lune occupe parfois des positions qualifiées d'immobiles, car elle paraît tourner autour d'un point fixe, voisin de celui de l'apparition du soleil aux solstices, nous arrivons à Danaé prisonnière de sa tour ou à Ariane au cœur du labyrinthe.

Le cycle ne peut continuer ou repartir que lorsque la hiérogamie a été accomplie, d'où l'importance de ces points, qui ressemblent quelque peu à des portes étroites. Alors le soleil a fécondé la lune, qui va mettre au monde l'enfant-étoile, le fils sans père.

Cet enfant, fils et jumeau de son père, conçu au solstice, va naître sous la forme d'un œuf, aux temps de l'équinoxe. Mais nul ne sait s'il appartient à l'oiseau ou au serpent. Toujours est-il qu'il continue à être fêté, pour Pâques, que ce soit dans la campagne anglaise ou sur le continent.

À Stonehenge, le grand cercle sert à mesurer non seulement l'année, mais aussi les heures diurnes. Si nous partons de l'hypothèse qu'il comprend trente trilithes, deux arcs de cercles très différents correspondent, l'un au jour le plus long du solstice d'été et l'autre au jour le plus court du solstice d'hiver. Le premier inclut vingt-quatre pierres, alors que le second en comporte seulement huit. Plus tard, nous verrons le symbolisme qui s'attache à eux. Pour l'instant, restons-en aux curiosités de Stonehenge.

L'heure de midi est, ici, indiquée par la pierre 16, dont nous avons déjà parlé et dont nous reparlerons. Il s'agit de ce montant triangulaire, étroit au sommet et excentré au milieu de l'axe nord-sud. Ses fonctions sont multiples : il indique la porte du sud et le milieu de la journée. Sans doute exprime-t-il la voie du centre, le juste équilibre dont chaque homme poursuit la quête. Dans le roman d'Arthur et de la Table ronde, son emplacement

197

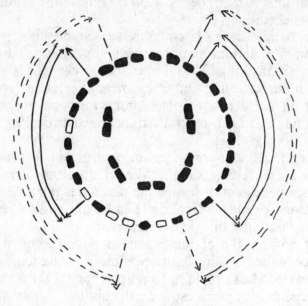

Fig. 55
La course annuelle du soleil et de la lune à Stonehenge 3.

peut correspondre au siège périlleux, voici pourquoi personne ne s'étonne qu'il soit toujours vide.

Le cycle du soleil et celui de la lune se développent sur des bases différentes. Nous avons déjà eu le temps d'évoquer la particularité des points extrêmes de l'apparition de ces deux astres. Pour l'un comme pour l'autre, le cheminement va d'un point sud à un point nord, puis le schéma s'inverse, si bien que l'un apparaît comme un serpent qui monte vers le pôle, tandis que l'autre suit le même mouvement en descendant.

À Stonehenge 3a, au solstice d'hiver, le soleil se lève du côté du montant 12 du cercle des trilithes. À la même époque, la lune apparaît soit au niveau du montant 3, soit du 4. Tandis que le soleil se lève de plus en plus en direction du nord, la lune apparaît de plus en plus vers le sud. Au solstice d'été, le soleil a atteint son point

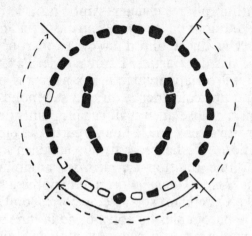

Fig. 56
La course diurne du soleil, au jour le plus court et au jour
le plus long.

maximal vers le nord, tandis que la lune atteint le sien vers le sud. Avec Stonehenge 3c, tout se trouve décalé vers l'est d'un pilier.

Alors s'amorce le chemin inverse : le soleil s'éloigne du nord et la lune y revient.

Ce mouvement alterné crée l'impression de flux et de reflux ou, mieux encore, celle de l'ondoiement de deux serpents enroulés l'un dans l'autre. Pour l'être humain il devient synonyme de vie, d'alternance d'énergie *yin* et d'énergie *yang*. Des nœuds se présentent au moment des équinoxes, où les trajets tendent à se recouper. Même si les énergies opposées s'équilibrent, tout n'en est pas facilité.

À Stonehenge, cette activité semi-annuelle luni-solaire apparaît avec précision sur le cercle des trilithes où neuf pierres répondent aux cent quatre-vingts jours de la demi-année, les montants 4 à 12 pour le lever du soleil, et douze pierres pour la lune, les montants 3 à 14.

Ces « six jours astraux » sont séparés par deux espaces

de onze et huit pierres chacun, symbolisant le règne de la Déesse et dont la somme renvoie à la « Grande Année », celle du retour d'un cycle, marqué par la hiérogamie des deux astres. La lune se lève exactement au même endroit apparent que dix-neuf ans plus tôt. S'agit-il là d'une coïncidence ou tout se répond-il ?

Hawkins a réalisé un travail sur les points des levers et couchers du soleil et de la lune, à partir des pierres des quatre stations. Malheureusement, son dessin schématique part d'une position erronée des monolithes par rapport au *Henge Monument* et son hypothèse se révèle invérifiable. Cependant son idée de correspondance des positions remarquables du soleil et de la lune avec des piliers, à chaque étape de la construction de Stonehenge, demeure vraisemblable.

Toute la trame de l'ensemble paraît tissée avec tant de soin, dans le souci d'un jeu subtil de correspondances, dont certaines peuvent demeurer secrètes encore aujourd'hui. Sans ce travail de géants, comment les hommes auraient-ils su que « le soleil avait rendez-vous avec la lune » ?

La Grande Année

Nous sommes partis du jour, des jours qui déroulent leur spirale autour du pôle, puis de l'année où les dragons lunaire et solaire s'entrelacent en une lemniscate sans fin. Maintenant nous arrivons à la « Grande Année ».

Pour être exact, il existe plusieurs Grandes Années. On vient d'évoquer la première, le cycle d'un peu plus de dix-huit ans où la lune se lève au même endroit du ciel. Un Grec nommé Méton lui a donné son appellation : le cycle métonien. Mais apparemment, il était connu déjà bien avant et probablement appliqué à Stonehenge.

Le cycle métonien et les trous d'Aubrey

Il convient ici de reparler des trous d'Aubrey et d'avancer la théorie de Hawkins. Ces cinquante-six trous se trouvent immédiatement à l'intérieur du *Henge Monument* et assez régulièrement espacés, alors qu'une telle figure est très difficile à réaliser. Niel prétend qu'ils n'ont aucune signification particulière, si ce n'est d'indiquer deux lunaisons de vingt-huit jours ou quatre demi-lunaisons de quatorze.

En revanche, Hawkins en fait un cycle de dix-neuf, plus dix-huit, plus dix-neuf années qui aurait servi à prévoir les éclipses de lune et à asseoir la réputation des prêtres de Stonehenge. Il existe probablement des moyens bien plus simples pour parvenir à ce résultat.

Selon son système, à partir d'un événement exceptionnel, marqué par « une pierre blanche » dans le trou le plus proche de l'entrée du temple, les sages savaient calculer, en allant dans le sens polaire, le moment de la prochaine éclipse de la lune. Ainsi le cinquième trou, à partir de ce point de départ, se trouvait être le bon. Lorsque le moment attendu avait eu lieu, la pierre était déplacée et le calcul pouvait continuer à l'infini.

En fait, l'observation de la position exacte du lever de la lune à quelques moments clés de l'année, comme le solstice d'été, permet très simplement de prévoir ces fameuses éclipses qui paraissent avoir tant inquiété les populations préhistoriques. Si la lune se lève juste après le coucher du soleil dans l'un des points qualifiés d'« immobiles », une éclipse va se produire.

En revanche, le « computeur » des trous d'Aubrey peut servir à calculer des fêtes mobiles, comme le Nouvel An chinois ou Pâques. Une telle utilisation a-t-elle pu être mise en œuvre à la protohistoire ? Il s'avère bien difficile de répondre à cette question, car nous connaissons mal les festivités de l'époque.

L'éclipse correspond à l'image de l'union du soleil et de la lune dont les mythes parlent d'une manière si

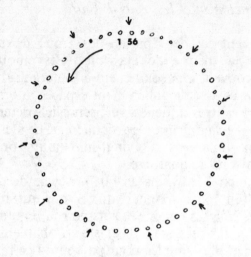

Fig. 57
Fonctionnement du cercle des trous d'Aubrey, selon
Hawkins.

souvent ambiguë. Dans l'imagerie des peuples de la
steppe, les éclipses de soleil surtout sont figurées par un
monstre, chien, lion ou griffon dévorant l'astre du jour.
Celles de la lune semblent apparaître, en filigrane, dans
des légendes comme celle de Danaé inondée d'une pluie
d'or.

Ainsi, nous voyons, dès Stonehenge 2, la Terre-Mère
peu à peu détrônée par la Vierge-Lune. Le culte des
ancêtres s'estompe devant la naissance de nouveaux
dieux, Soleil, Lune et Étoiles, dont l'influence sur les
cycles végétaux et marins prennent, avec le temps, une
importance accrue.

Si nous exceptons les trous d'Aubrey dont le rôle dans
un décompte de la Grande Année n'est pas assuré, il
reste cependant d'autres indices qui prêchent en la
faveur d'une connaissance relativement précise de l'astronomie. En effet, les trous d'Aubrey paraissent avoir
une relative ancienneté et Atkinson n'hésite pas à les

situer dans le cadre de Stonehenge 1. Or la seule datation faite (1850 avant notre ère) les rangerait, au contraire, dans une phase récente de l'ensemble. La relation la plus plausible leur attribue une place intermédiaire entre les deux premières phases de Stonehenge. Ils paraissent ne pas avoir servi comme trous de poteaux ou de monolithes et leur remplissage d'ossements humains calcinés concerne les niveaux supérieurs. Leur première fonction reste inconnue et leur seconde paraît être à la fois rituelle et funéraire.

À propos des trous d'Aubrey, dans leur rôle le plus récent, nous avons tendance à nous remémorer la légende cruelle concernant le roi de l'année. Dans la réalité, les peuples du chalcolithique et du bronze pratiquent l'inhumation et leurs tumulus ronds nous en apportent la preuve. Alors que penser de la pratique de la crémation à Stonehenge ?

Atkinson avait daté de Stonehenge 1 les trous d'Aubrey, justement parce qu'au néolithique cet usage apparaît parfois. Or la première utilisation de ces trous demeure inconnue : il n'y a, à la base, aucun vestige qui permette de donner une interprétation. Ils ont été remplis de craie. Est-ce une référence à la couleur blanche de la Déesse ? Ultérieurement, ils ont été ouverts à nouveau pour recevoir des cendres.

Les légendes disent que le roi de l'année était brûlé. Toutes les versions n'apportent pas les mêmes éléments. La mort du roi a lieu au moment du solstice d'été, mais au solstice d'hiver, l'enfant est sacrifié à sa place. Parfois, on raconte que le malheureux souverain est tué juste après son union avec la reine ou qu'un esclave enrichi et comblé se substitue à lui et meurt à sa place. De sauvages pratiques, avec un luxe de détails sanglants, parlent du roi, lié, battu, écorché, empalé, rôti et finalement mangé. On songe alors à Osiris, Dionysos, Héraclès ou Taliesin, tous de grands initiés, selon la tradition chamanique.

Faut-il prendre à la lettre de pareils mythes ? Les

romantiques vont faire renaître, à Stonehenge, ces légendes où des druides sacrifient sur la pierre de l'autel, au cœur du monument, leurs infortunées victimes.

Le cannibalisme rituel demeure une pratique préhistorique connue. Soit il s'agit d'exo-cannibalisme : en tuant et en mangeant son adversaire, on empêche son esprit de nuire et de se venger et, en même temps, on s'approprie sa force, surtout s'il a été un valeureux guerrier.

Soit il s'agit d'endo-cannibalisme et dans ce cas, les vertus de l'ancêtre méritant sont particulièrement prisées. De tels rites d'anthropophagie sont attestés au néolithique, à la fois en Angleterre et en France, où l'exemple de la Baume de Fontbrégoua a fait couler beaucoup d'encre. En revanche, il paraît difficile d'établir les circonstances dans lesquelles ces coutumes se plaçaient. L'endo-cannibalisme pourrait avoir influé sur le thème de la mort du roi, d'autant plus que l'origine de cet usage est paléolithique.

Pour les populations protohistoriques, les sacrifices humains ont une valeur exemplaire et les têtes coupées de Roquepertuse ou d'Entremont apportent leur témoignage. Mais ici, le contexte s'avère différent : ces crânes ennemis sont des trophées de guerre. Il n'est plus question, alors, de cannibalisme.

En définitive, l'endo-cannibalisme archaïque conduit à deux pratiques. La première est l'initiation chamanique dans laquelle le candidat se décrit comme dépecé, morcelé, cuit pour se découvrir sous les traits d'un homme nouveau, après cette mort magique. Des chamans ont décrit ce passage et il apparaît dans les mythes d'Osiris ou de Dionysos.

Quant à l'autre, il s'agit de la mort du roi. Ici, la mort initiatique n'est plus considérée comme le passage d'un état ordinaire à un état transcendé. Il faut qu'il y ait sacrifice. Deux protagonistes font leur apparition : le sacrificateur et le sacrifié. Ainsi les fonctions de prêtre et de roi ont tendance à se séparer. L'un devient le bourreau alors que l'autre est la victime.

Au temps des Campaniformes, il semblerait que l'ère du prêtre-roi arrive à son apogée et à l'âge du bronze, les rôles tendent à se séparer.

Cela pourrait expliquer certains mythes où la mort de la divinité apparaît comme un autosacrifice, tandis qu'ailleurs, le sacrificateur et la victime se distinguent. Quelques civilisations, comme celle de l'Égypte, restent fidèles à l'idée du prêtre-roi, pendant que d'autres évoluent différemment. En revanche, les rois anglais de l'âge du bronze ont l'argent et le pouvoir temporel, mais la puissance spirituelle semble leur échapper chaque jour davantage.

Pourtant le roi Arthur, dans l'épopée de la Table ronde, garde une partie de ce double pouvoir, puisqu'il ne peut combattre lui-même. Il a le rôle d'époux de la Déesse, de roi-prêtre, chef des armées et d'initiateur de la quête du Graal.

Dans certains mythes, le meurtre rituel du roi se trouve transféré sur l'arbre. Peut-être est-ce là l'influence de la culture celte ? Au solstice d'été, on brûle le chêne, roi des arbres de polarité masculine, et au solstice d'hiver, c'est un arbre féminin que l'on sacrifie – le pin (?). Ici, apparaît une autre tradition, tout aussi archaïque que la précédente.

En effet, dans la mythologie paléolithique transmise aux peuples nomades des steppes, l'arbre de vie a une valeur exemplaire. C'est en lui que l'homme prend sa force et il sert au chaman d'axe entre la terre et le ciel. L'apport des populations du postglaciaire consiste en cette idée nouvelle de sacrifice rédempteur ou propitiatoire, commun à l'Occident et à l'Orient. Ainsi le roi-chêne se trouve sacrifié et brûlé pour que vive l'espèce humaine.

Pour en revenir à Stonehenge, nous ne pouvons pas apporter la preuve que les crémations soient en relation avec le mythe de la mort du roi, mais de fortes présomptions existent. Quant à la sépulture campaniforme découverte dans le fossé, on ne peut pas préciser s'il s'agit d'un fait de guerre ou d'un sacrifice rituel.

Le mystère des trous d'Aubrey nous a éloignés, semble-t-il, de notre propos sur les éclipses et la Grande Année, qui voit la réunion du soleil et de la lune sur le même point d'horizon. La Grande Année ou cycle métonien dure dix-huit ans et deux cent vingt jours, soit entre dix-huit et dix-neuf ans. Chaque fois que ces nombres apparaissent, la relation symbolique s'établit.

Le cycle métonien et Stonehenge 3

Nous avons mentionné le cercle des trous d'Aubrey et les restrictions que l'on peut émettre à leur encontre. Pourtant d'autres points méritent mention. Le premier se trouve au cœur de Stonehenge 3 : le fer à cheval des pierres bleues. Pour sa part, Stukeley avait relevé dix-neuf blocs sur son plan. Depuis, la structure a été fortement démantelée et celui d'Atkinson n'en comporte plus qu'une douzaine. Il ne donne aucun chiffre définitif et, seul, Niel s'avance dans ce domaine, en se fondant sur les espacements entre les monolithes restants.

Si les cinq trilithes centraux, disposés en croissant, expriment le nombre et la résonance du cosmos, peut-être le fer à cheval intérieur est-il placé là pour souligner symboliquement la hiérogamie ou la naissance qui se déroulent ici, tous les dix-huit ans. L'ouverture de cet ovale est identique à celle de l'ensemble des cinq trilithes, exactement face au nord.

Enfin apparaît un dernier élément, dans les cercles de Stonehenge 2 et 3. Pour Stonehenge 2, il reste une part d'approximation, dans la mesure où ce cercle de pierres n'est révélé que par le négatif des fosses d'implantation des monolithes. Ils livreraient soixante trous, pour lesquels une disposition régulière semblable à Stonehenge 3 paraît probable.

Le cercle des trilithes de Stonehenge 3, bien que partiellement détruit, semble présenter une série de trente montants. Dans la partie la mieux conservée, nous avons pu établir une relation entre la course du soleil depuis son lever au solstice d'hiver et jusqu'à celui d'été et la présence de neuf piliers, qui caractérisent la demi-année. Celle de la lune apparaît sur douze pierres. Par ailleurs, onze et huit blocs séparent ces ballets différents.

Ainsi, nous avons ce fameux dix-huit ou dix-neuf, fondamental pour la compréhension de l'un des cycles de l'univers. Il existe également dans le double cercle de Stonehenge 2 où la disposition pouvait être similaire.

Peu à peu, Stonehenge apparaît comme une savante combinaison de nombres dont certains correspondent à des données d'ordre pratique alors que d'autres n'ont qu'une signification symbolique. Bien avant Pythagore, les hommes ont su cacher leur secret dans les nombres.

Le nom occulté par le nombre n'est-il pas le point crucial de la bataille des arbres ?

La bataille des arbres, éternel sujet de la fin de Stonehenge ! Ce fameux combat, quel est-il ? Sur le plan même du site, plusieurs phases de destruction semblent évidentes. Quelques esprits chagrins avanceront qu'il s'agit simplement d'un changement dans la mode. Toujours est-il que le sanctuaire funéraire de la Terre-Mère de Stonehenge 1 disparaît au profit du double cercle de Stonehenge 2. Plus tard, cette structure se trouve entièrement démantelée pour céder la place à Stonehenge 3. Ici encore, des remaniements successifs apparaissent. Le cercle et le fer à cheval de trilithes viennent en premier, puis avec les pierres bleues, vestiges d'une gloire passée, un nouveau cercle et un fer à cheval supplémentaire sont érigés. Mais l'histoire ne s'arrête pas là et de nouveaux trous témoignent de structures additives.

Enfin tout sombre dans la misère et la ruine. Certains aimeraient imputer aux Romains une destruction qui a eu lieu bien avant. D'autres soutiennent que l'injure du temps et les constructions médiévales sont à l'origine du démantèlement. Dans la légende, il reste seulement l'idée d'une bataille mémorable, qui se traduit par des versions toutes différentes les unes des autres.

Quelle bataille y a-t-il eu dans la plaine de Salisbury, aux environs de Stonehenge ?

Nous songeons à celle des Saxons et des Bretons qui oppose Vortigern à Merlin, la science de la tradition et les nouvelles croyances. Cet épisode que l'on croit abusivement être une part de l'histoire britannique et qui aboutit à l'investiture d'Arthur, et à la quête de la Table ronde, semble retracer une légende bien plus ancienne et probablement protohistorique.

Et pourquoi pas le combat des arbres ? Le barde Taliesin prend le nom de son illustre prédécesseur seulement pour parler d'un fait qui s'est déroulé dans un autre temps, si lointain qu'il paraît complètement sorti des mémoires, et il se trouve déformé par les ajouts successifs de générations de poètes.

Nous apprenons que deux peuples, guidés par deux dieux nommés Bel et Bran, se battent pour la suprématie – ou pour la possession d'une terre (l'Angleterre). La ruse permet au camp de Bel de s'approprier la victoire, car dès l'instant où le nom secret de Bran a été deviné, il perd tout pouvoir. Taliesin apparaît comme le nouveau devin, capable de trouver la solution de l'énigme, dans le rameau que Bran tient à la main. En fait, cette histoire se rapproche singulièrement de la précédente.

Ne nous laissons pas abuser. Les arbres ne sont que des ornements – peut-être celtiques – pour dissimuler les nombres. Ici se situe le véritable secret – astronomique.

Qui sont les protagonistes ? Graves nous aide volontiers à découvrir leur personnalité. Bel, le vainqueur, est un dieu solaire dont la couleur est le blanc ; il est associé au chêne, roi du solstice d'été. Bran, lui, brandit le rameau d'aulne pourpre qui causera sa perte ; son animal emblématique est la corneille. Ce roi couronné a des affinités avec le taureau. Nous ne reviendrons pas ici sur la racine *krn*, dont les multiples dérivés ont un lien fort avec la Déesse-Mère (cf. *Le Grand Secret des pierres sacrées*, ouvr. cité).

L'année astrale

Ainsi nous pouvons noter à la fois des liens avec la bataille de Salisbury, à l'origine des romans de la Table ronde, et avec un mythe archaïque, le combat de l'oiseau et du serpent, né au début du réchauffement postglaciaire. N'y a-t-il pas un dragon rouge et un dragon blanc sous la tour de Vortigern ou dans le ciel de Pendragon ?

Poussons plus loin l'argumentation : Bel et Bran ne représentent-ils pas deux figures zodiacales : le Bélier et le Taureau ? Dans une année solaire, le Taureau suit le Bélier, mais au cours de la Grande Année, le cercle se déroule dans le sens polaire et le Taureau précède alors le Bélier.

Cette Grande Année n'a, bien sûr, aucun rapport avec le cycle métonien, que nous avons évoqué plus haut. Il s'agit de vastes ères de plus de 2 000 ans et qui correspondent à des influences astrales plus complexes que celles qui nous affectent directement, et à un mois de la Grande Année de la dérive des pôles. Les divers auteurs ne donnent pas tous la même valeur à cette période, qui varie entre 2 000 et 2 500 ans.

Si nous partons de la naissance du Christ, qui s'inscrit dans l'ère du Poisson, la période précédente est celle du Bélier. Vers 2 000 ans avant notre ère ou même un peu avant, apparaissent, à plusieurs endroits de l'ancien monde, des cultes qui ont en commun de valoriser la polarité masculine de l'univers et de mettre en avant des divinités de type solaire. Les tribus nomades, adorant le feu ou sacrifiant le bélier, déferlent sur les civilisations agraires et pacifiques, pour les réduire à merci.

Certes l'image se veut caricaturale et simpliste, mais

elle reflète parfaitement ce combat du Bélier fougueux contre le Taureau attaché à sa terre.

À ce propos, soulignons que Stonehenge 2 et surtout Stonehenge 3 s'inscrivent à merveille dans ce cadre. À un premier sanctuaire dédié à la Terre-Mère succède une série de temples consacrés, eux, à des divinités célestes, et plus particulièrement au Soleil et à la Lune.

Auparavant se situait l'ère du Taureau, qui avait pu débuter vers 4500 avant notre ère. Peu importe d'ailleurs sa durée réelle : il suffit de savoir qu'elle coïncide avec le néolithique confirmé, où le culte de la Terre-Mère agricultrice et initiatrice connaît son plein développement. Des petits détails comme les cornes (de taureau) de consécration, l'attachement à la terre et au monde souterrain donnent une image simplifiée d'un monde sédentaire, tombé sous le coup des nomades.

Stonehenge 1 appartient à cette ère. Mais nous n'en concluons pas que le fameux combat des arbres entre Bel et Bran se situe obligatoirement à la charnière entre l'ère du Taureau et celle du Bélier. Tout d'abord, l'ère du Bélier inaugure une série de guerres, qui se poursuivent malheureusement toujours aujourd'hui. Chacune est la première pour celui qui la vit. Ensuite cette même ère inaugure aussi l'ascendance de la polarité masculine de l'univers. Ceci explique la guerre et le patriarcat. Enfin ici, se réactualise le mythe du combat de l'oiseau et du serpent, qui peut correspondre à celui du soleil et de la lune, celui de Bel et Bran ou celui de Vortigern et Merlin.

Mais dans le ciel, le ballet inversé du soleil et de la lune n'en donne-t-il pas le reflet ?

L'année sidérale

Au-delà des cycles de deux mille cent cinquante ans environ, il existe un cercle plus vaste encore, puisqu'il mesure près de vingt-six mille ans. Ce dernier a rapport avec le phénomène de précession des équinoxes, déjà évoqué. En effet chaque année, l'équinoxe se trouve en avance sur le mouvement solaire, car l'axe du monde se déplace à la manière d'une toupie et ainsi le pôle nord décrit un cercle pendant vingt-six mille ans environ, avant de revenir à son point d'origine.

Les ères du Bélier ou du Poisson représentent, chacune, un mois de cette très grande année. Sur ce cercle gigantesque, dix degrés correspondent à un peu plus de mille ans. Au début du postglaciaire, le pôle nord se situe dans la constellation du Dragon et vers 1000 avant Jésus-Christ, quand Stonehenge est abandonné et/ou détruit, il entre dans la Petite Ourse. Un écart de quarante-cinq degrés, dans le sens rétrograde, l'éloigne du pôle nord actuel. Le nôtre se rapproche de celui qu'ont observé les hommes qui vivaient plus de trente mille ans avant Jésus-Christ, au milieu du paléolithique supérieur.

Pendant tout le temps de la gloire de Stonehenge, le pôle nord se trouvait dans la constellation du Dragon et le soleil ne pouvait pas se lever sur la *Heel Stone*. À Stonehenge 3, celle-ci et l'avenue indiquaient le nord géographique et le soleil se levait vers la pierre 4, au solstice d'été.

Calendrier, horloge et oracle

Le temple de Stonehenge a eu des fonctions multiples, au cours du temps. Dans sa phase finale, il a servi, à la fois, d'horloge, de calendrier et d'oracle.

Stonehenge 1

Stonehenge 1, avec son enceinte sacrée et sa maison des morts, paraît réservé à certaines initiations – celle des servants du culte – et à des cérémonies exotériques que l'ampleur du *Henge Monument* laisse supposer. En

211

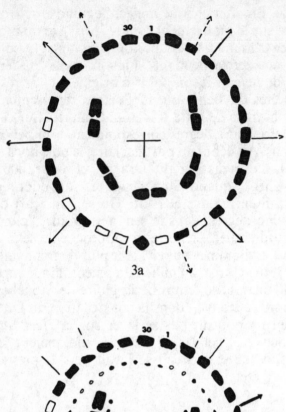

3a

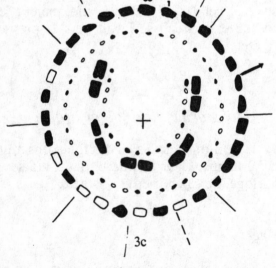

3c

Fig. 58 et 59
Le nord est décalé d'un pilier entre Stonehenge 3a et
Stonehenge 3c.

effet, toute la tribu pouvait pénétrer à l'intérieur. Les utilisateurs étant des cultivateurs, des festivités saisonnières en relation avec les grands moments de l'année agricole semblent s'inscrire dans ce cadre grandiose. Mais les côtés initiatiques et funéraires restent prépondérants. Nous ne pouvons pas prouver l'existence d'une fonction calendaire, dès le départ.

Les cinquante-six trous d'Aubrey

En revanche, les cinquante-six trous d'Aubrey pourraient définir les bases d'un premier calendrier. Plus haut ont été évoquées la relation avec la lune et la possible utilisation de cet ensemble pour calculer les éclipses de lune. Maintenant il convient de s'attarder sur le nombre cinquante-six et ses implications.

Il correspond à deux lunaisons ou à quatre périodes de quatorze jours. Ainsi il permet d'aboutir à un calendrier annuel, soit de trois cent trente-six jours (56 × 6), soit de trois cent soixante-quatre jours (56 × 6,5). Plusieurs chercheurs considèrent que les calendriers de trois cent soixante-quatre jours précèdent ceux de trois cent soixante-cinq jours (360 + 5). Ici, l'hypothèse paraît séduisante et pourrait préciser le moment de la bataille des arbres.

Stonehenge 2

À partir de Stonehenge 2, tout devient différent. Les pratiques initiatiques liées à la mort s'estompent, sans disparaître totalement, devant des cultes voués à des divinités plus proches de l'homme que le Ciel-Père. Déjà, les trous d'Aubrey supposent un culte lunaire. En termes de mythologie, c'est la seconde génération de déités, celle qui bouleverse tout. Des êtres humains particulièrement méritants, chamans d'abord, héros ensuite, ont

213

la possibilité d'être déifiés et le dieu prend les traits d'un surhomme.

Dans un tel contexte, les cultes funéraires se détachent des cultes divins et deux lieux distincts deviennent nécessaires. La nécropole s'installe dans la plaine de Salisbury, près du centre religieux de Stonehenge, comme le cimetière médiéval entoure l'église. Nous ignorons si une enceinte sacrée en protégeait l'accès, et dans ce cas, elle pouvait se limiter à une simple palissade.

Les dieux, à l'imitation des Grands Ancêtres vénérés, ont besoin d'une maison : le temple, et d'un domaine : l'enclos.

Mais les dieux exigent le luxe et la grandeur, pour les moments qu'ils passent parmi les hommes. Et des peuples, nomades à l'origine, se mettent à ériger des cercles de bois ou de pierres, à la gloire de déités célestes, ignées, aquatiques ou souterraines. Chaque groupe rivalise avec le voisin pour faire montre de sa richesse. On n'hésite pas à effectuer des centaines de kilomètres pour aller chercher les blocs les plus rares et les plus puissants.

Alors Stonehenge peut s'enorgueillir d'être le plus beau temple de l'Occident.

Malheureusement, Stonehenge 2 a beaucoup souffert et son plan directeur est bâti sur plusieurs hypothèses. L'une d'entre elles a pour base trente doubles trous, pour diviser la circonférence en douze parties égales. Approximativement, la lunaison a vingt-neuf jours, donc trente peut paraître satisfaisant. Alors, l'année et/ou le cercle correspondent à trois cent soixante, nombre particulièrement intéressant par les multiples combinaisons qu'il offre avec douze.

Ce nombre sacré permet d'établir des relations entre le cosmos, la terre et l'homme, puisqu'il mesure aussi bien le cercle que le carré. De nombreux cycles cosmiques s'harmonisent avec ses multiples. Ainsi, trente-six, soixante-douze, cent huit représentent respectivement le Ciel, la Terre et l'Homme, triangles d'or.

214

Les hypothèses d'Atkinson et de Niel, avec respectivement soixante-seize et quatre-vingts trous, n'aboutissent à rien, que ce soit sur le plan d'une année solaire de trois cent soixante ou trois cent soixante-cinq jours ou que ce soit sur celui de douze ou treize lunaisons.

En revanche, celle de Hawkins, partant d'un demi-cercle et donnant un nombre impair proche de trente-huit, pourrait s'avérer plus intéressante, car trente-sept, par exemple, est la somme de dix-huit et dix-neuf. On retrouve une fois encore la Déesse blanche. En outre, trente-six (deux fois dix-huit) permet de passer d'un calendrier de type lunaire (trois cent trente-six ou trois cent soixante-quatre jours) à un calendrier de type solaire (trois cent soixante-cinq jours).

La problématique de faire coïncider les douze mois comptant trois cent quarante-huit ou trois cent soixante jours de la lune et l'année solaire qui en a près de trois cent soixante-cinq se situe au cœur du débat. Stonehenge 2 correspondait à une tentative idéale pour résoudre ce dilemme, mais sa destruction aboutit à de nouvelles interrogations. Quel était le nombre exact des monolithes du cercle ? Restait-on encore dans le cycle lunaire ou envisageait-on déjà de concilier la course du soleil et de sa jumelle ?

Maintenant reste la question de la destruction de Stonehenge 2. Faut-il voir une erreur dans les essais de calcul d'une parfaite division de l'année ? Est-ce à ce moment que se place le combat des arbres ? Par ailleurs, l'arrivée de nouvelles populations justifie souvent la désacralisation d'un lieu, en vue d'une construction plus imposante et d'une consécration plus magnifique.

On se rend compte alors des limites de l'archéologie : elle s'avère incapable de fixer une date ou même une culture pour les trous d'Aubrey. Pourtant il s'agit d'un calendrier particulièrement significatif pour l'histoire de l'Occident. Stonehenge 2 est l'œuvre des Campaniformes, mais on ne peut dire s'il y a, ou non, lien ou filiation entre le cercle des cinquante-six trous d'Aubrey et ce nouvel ensemble. Le seul élément que l'on puisse établir avec certitude est la quasi-contemporanéité de la réutilisation des trous d'Aubrey, comme réceptacle d'ossements humains calcinés et celle de l'implantation des Campaniformes sur le site. Sans doute y a-t-il eu une transmission du savoir ésotérique ?

Ainsi Stonehenge 2 apparaît comme une tentative pour concilier les cycles solaire et lunaire et pourrait donner une clé pour la compréhension des calendriers d'Occident.

Les quatre stations

Quant aux pierres isolées des quatre stations, elles indiquent des positions astronomiques remarquables, à deux dates différentes, l'une au départ de Stonehenge 1 et l'autre après l'abandon de Stonehenge 3. Pourtant les archéologues ne savent pas où les situer chronologiquement. En outre, le quadrilatère des quatre stations est dessiné par juxtaposition de triangles d'or.

Stonehenge 3

Puis Stonehenge 3 se bâtit sur les ruines de Stonehenge 2. La base trente paraît définitivement adoptée, avec le cercle de trilithes, légèrement hélicoïdal et excentré, pour que l'axe passe par l'espace séparant les montants 30 et 1 et, à l'opposé, par le monolithe 16. Cet ensemble renvoie au nombre trois cent soixante et le cinq complémentaire apparaît dans les trilithes centraux. Ici, le rapport entre les cycles lunaire et solaire paraît réalisé.

En effet, Stonehenge 3 reste une figure complexe, avec de multiples reprises. De plus, il est délicat d'y faire la part du symbolisme, de la géométrie sacrée et de l'astronomie. Si un cercle de trente trilithes a une justification

216

évidente, rien ne permet de le définir avec certitude. Quant aux trilithes centraux, ils peuvent, par leur hauteur croissante, exprimer une harmonie plus musicale qu'astronomique. Sans doute ont-ils également une relation avec les voyelles de l'alphabet des arbres, mais qui pourrait le prouver ?

Puis les structures en pierres bleues sont venues alterner avec les trilithes de sarsen. Que pouvons-nous trouver au-delà de l'alternance des couleurs qui renvoie sans doute à celle des polarités ?

Tout d'abord, le cercle intérieur, bien que situé sur les bases même de Stonehenge 2, en diffère apparemment par le nombre des pierres, tel que nous pouvons le restituer en suivant Stukeley, Atkinson et Niel. Ils seraient quarante, mais quelques auteurs demeurent fidèles au nombre trente.

Selon le choix, l'implication diffère. Trente renvoie au cycle lunaire et se borne à répéter une formule déjà exprimée. Quarante introduit une attente : c'est le nombre de l'épreuve et de l'initiation. D'après la Bible, le Déluge dure quarante jours, Moïse reste quarante jours au sommet du Sinaï ; le jeûne du Christ correspond également à une quarantaine ; dans certaines cultures africaines, le deuil obéit aussi à cette règle. Si nous ajoutons quarante et trente, nous obtenons les soixante-dix portes et fenêtres du château de Merlin et nous appochons d'un autre nombre particulier : soixante-douze.

Nous avons souligné que soixante-douze est le nombre de la Terre. À Stonehenge, il servirait à exprimer l'union du Ciel – les trente trilithes blancs – et de la Terre – les quarante monolithes noirs.

Dans cette alternance, de l'extérieur vers l'intérieur, se succèdent deux cercles, un blanc et un noir, puis deux fers à cheval, ou plus exactement deux ovales, également de deux couleurs. Le fer à cheval de pierres bleues est actuellement très détérioré. Il aurait pu compter dix-neuf pierres, en réponse peut-être au cycle métonien qui voit le retour de la lune à une position remarquable.

Au cœur du monument se trouve la pierre de l'autel, actuellement couchée et dont nul ne sait ni la place originelle ni la position. Certes plus personne ne croit aux sacrifices humains perpétrés par les druides, mais qui pourrait dire que le roi n'a pas été symboliquement immolé en ces lieux ?

Stonehenge garde jalousement une large part de mystère. Et vers la fin de l'âge du bronze, les hommes, une fois de plus, sont venus tout bouleverser en creusant des trous au-delà des structures de pierres. Pourquoi ? Immédiatement à côté du cercle des trilithes, une série de vingt-huit fosses s'inscrit dans le départ d'une spirale, puis une autre plus irrégulière encore, de trente trous, semble poursuivre ce même dessin. Est-ce là une nouvelle tentative pour concilier les cycles lunaire et solaire et donner un nombre fixe de jours à l'année ? Ce prétexte pourrait-il servir de point de départ au fameux combat des arbres ?

Ces derniers essais, maladroits, trahissent une relative dégénérescence : le grand Stonehenge n'existe plus. Les prêtres-astronomes ont perdu leur prestige et leur crédibilité. À la première invasion, les restes d'une grande culture vont s'effondrer, d'autant plus facilement que le changement climatique crée une certaine instabilité.

Quelques sages poursuivent probablement leurs spéculations. Puis à l'âge du fer, le calendrier change, semble-t-il, une fois de plus. Il paraît difficile de reconstituer une trame que seuls, les pierres ou les trous ont tenté de conserver. Des hypothèses peuvent être avancées mais aucune certitude ne se dégage.

La querelle des calendriers

Le plus ancien calendrier de Stonehenge s'élabore avec le cercle des trous d'Aubrey, dont la relation avec le cycle lunaire n'est plus à prouver. Il a probablement trois cent soixante-quatre jours. En revanche, il y a rupture avec la tradition funéraire antérieure, qui date du néolithique final. La Déesse-Lune tend à supplanter la Terre-Mère.

Puis, avec les Campaniformes, s'implante le cercle de pierres bleues de Stonehenge 2. Mais il est sauvagement détruit à l'âge du bronze, si bien que l'on ignore aujourd'hui sa structure exacte. Il semble renvoyer à une année de trois cent soixante jours, mais on ne peut savoir si les cinq jours épagomènes sont, ou non, décomptés.

En quelques siècles, le calendrier évolue, mais il est impossible de mettre en avant des changements culturels et/ou cultuels, dans la mesure où le cercle des trous d'Aubrey n'est pas daté. La référence à la lune persiste, mais on la retrouve toujours à Stonehenge 3.

Plusieurs phases caractérisent Stonehenge 3. La plus ancienne se limite au cercle de sarsen et au fer à cheval central. Cependant, dès ce moment, la base définitive du calendrier se met en place, avec douze mois de trente jours et une période supplémentaire de cinq jours. En tenant compte des vestiges conservés ou de leur restitution, il paraît difficile d'obtenir un découpage différent. Dans le cercle, le nombre des piliers compris entre les deux solstices semble confirmer cette interprétation. Ce même cercle détermine, à la fois, les mois et les jours. La question du « treizième » se trouve résolue par les trilithes centraux. Avec un degré comparable de civilisation, les peuples du Moyen-Orient possèdent des calendriers similaires.

En revanche, la seconde phase de Stonehenge 3, celle des deux cercles de vingt-huit et trente (ou trente et un) trous semble entrer dans une problématique différente. Le nombre de cinquante-neuf conduit à une année de trois cent cinquante-quatre jours, auxquels il faut ajouter onze ou douze jours, pour aboutir à trois cent soixante-cinq.

De tels calendriers avec six mois de vingt-neuf jours,

six mois de trente jours et onze ou douze jours épagomènes, situés entre la fin d'une année et le début de la
suivante, existent en particulier chez les Celtes. Pouvons-nous en conclure que de nouvelles populations,
apportant une culture différente, apparaissent à la fin de
l'âge du bronze ? La datation de 1 500 ans avant Jésus-
Christ, concernant justement les trous Y de Stonehenge 3, renvoie à l'un des moments les plus récents du
site.

Les archéologues anglais considèrent que la troisième
et dernière phase de Stonehenge 3 se caractérise par
l'abandon des structures extérieures au cercle de sarsen
et, au contraire, par la restauration d'un cercle de pierres
bleues sur l'emplacement de Stonehenge 2. Aucune
datation ne vient confirmer ou infirmer cette thèse. Il n'y
a pas accord sur le nombre des pierres de ce nouveau
cercle. Hawkins penche pour cinquante-neuf monolithes, ce qui nous ramène au calendrier de trois cent
cinquante-quatre jours plus onze, apparu bien avant
l'arrivée des Celtes historiques.

Dans tous les cas de figure, la Table ronde et ses
douze (plus un) sièges se trouve confirmée. Soit il y a
treize mois égaux et Arthur a le même rang que les
autres. Soit il y en a douze, plus une treizième période
(de cinq ou douze jours), correspondant au règne de la
Déesse.

Il y aurait également beaucoup à dire sur le système de
numérotation, à l'origine des lettres. Malheureusement,
les pierres nous parlent de géométrie et de nombres,
mais paraissent ne pas avoir laissé de noms dans la
mémoire des hommes, si ce n'est d'une manière très
déformée.

L'horloge de Stonehenge

Stonehenge a pu servir également au décompte du
temps journalier. La pierre 16 indiquait midi. Nous

220

avons déjà abordé cette question pour expliquer le rôle des différents montants du cercle de sarsen. Sans doute, à l'âge du bronze, une trop grande précision n'était pas encore de mise, bien qu'elle le soit dans les pays du Moyen-Orient. En ce qui concerne Stonehenge, il nous paraît difficile d'aller plus avant dans l'argumentation.

Cette fonction s'inscrit évidemment dans un ensemble infiniment plus complexe, qui inclut les lunaisons, les années solaires, la coïncidence des deux cycles et peut-être même ceux d'autres planètes. N'y aurait-il pas une résonance rythmique entre les cinq trilithes centraux et les cinq planètes alors connues du système solaire – en dehors du soleil et de la lune – soit Saturne, Vénus, Jupiter, Mercure et Mars ? Ainsi s'expliquerait mieux le passage de la Terre-Mère vers un Dieu cosmique, par un élargissement volontaire du champ de perception.

L'oracle

Reste l'aspect oraculaire, qui ne saurait être mis en doute. Si l'astronome connaît vraiment la marche des étoiles, il a une vision claire à la fois du passé et du futur et il peut s'inspirer des cycles. À l'époque protohistorique, nul n'établissait de différence entre l'astronome et l'astrologue. Celui qui lisait les conjonctions astrales, qui prévoyait les éclipses de soleil et de lune, connaissait obligatoirement le destin des hommes.

Le combat des arbres aboutit à la prise d'un sanctuaire oraculaire – pourquoi pas Stonehenge ? – par les partisans du dieu lumineux Bel. À l'époque néolithique, la divination existe, mais elle ne se fonde pas sur les mêmes critères qu'ultérieurement. Ici le rêve a la prépondérance et il n'est pas exclu qu'une forme de nécromancie, où les chamans s'endormaient sur le tombeau des ancêtres avant de prophétiser, ait existé.

La légende de Python, monstrueuse femme-serpent, issue de la Terre-Mère et éliminée de la scène par le redoutable Apollon, seigneur de lumière, pourrait en apporter la preuve. Au départ, des femmes pratiquaient la divination au-dessus d'une caverne, exhalant des vapeurs soporifiques et passant pour l'antre du monstre. Sans doute, ce sanctuaire primitif de Delphes n'a pas été retrouvé, mais est-ce une raison suffisante pour l'occulter ?

Alors survient le héros, l'Apollon solaire, typique des âges des métaux, sûr de sa ruse et de son bon droit. Un combat sans merci élimine le Serpent. Mais c'est sur sa tombe que le nouvel oracle s'instaure : la Pythie pratique la nécromancie. Malgré son caractère stellaire, Apollon, lui, conserve de nombreux traits chtoniens. Les Grecs ont parfois quelque peine à helléniser des dieux archaïques.

L'eau et le quartz servent aussi de miroir des étoiles et de reflet du futur. Probablement ce nouveau mode de divination intervient ensuite, car il semble faire la transition entre la nécromancie tournée vers les entrailles de la

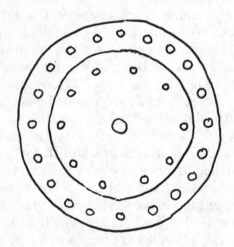

Fig. 60
Plan du temple rond de l'oracle de Delphes.

Terre et l'astrologie, dont le regard se perd dans les étoiles.

Stonehenge 1 était-il déjà un oracle ? Rien ne nous permet ni de l'affirmer ni de l'infirmer. Trop peu de témoignages restent de la zone centrale.

Mais Stonehenge 2 est incontestablement un temple à la gloire du cosmos étoilé. L'aspect astronomique induit l'astrologique. Nous ignorons pourquoi ce sanctuaire a été délibérément détruit. L'hypothèse de l'erreur dans le calendrier peut se défendre, mais d'autres, aussi. En tout cas, la sacralité du lieu n'est pas remise en doute un seul instant, ce qui prouve qu'une tradition déjà millénaire y vivait, au-delà des cultures et des peuples.

Stonehenge 3 a continué la tradition.

Pourquoi tout cela a-t-il brutalement pris fin, alors que rien ne laissait supposer une crise ? Les prêtres ont-ils perdu leur pouvoir, à la suite d'erreurs d'interprétation ?

Alors le sanctuaire a été abandonné, ce qui ne veut pas dire que la tradition ait été perdue. Certes, une partie des astrologues a pu sombrer dans le charlatanisme. Mais d'autres ont su transmettre un savoir, qu'ils tenaient de générations antérieures.

Cette connaissance sacrée et secrète a pu revêtir deux formes. La première survit dans diverses sociétés ou corporations ésotériques.

Quant à la seconde, il s'agit du mythe puis de la légende, voire du conte que les poètes se sont répétés en le transformant parfois, mais qui continue à vivre. Merlin ou Taliesin sont des rois-prophètes ; ils ont don de « parole ». Et la légende dit que dès le berceau, ils ont su rassurer, l'un sa mère et l'autre, le pêcheur qui l'a recueilli. Ici vit la tradition chamanique préhistorique, qui use de la « langue des oiseaux ». Plus tard, ils prophétisent : Merlin est le fou que l'on interroge et Taliesin va deviner le secret de la Déesse et permettre à Bel de l'emporter sur Bran. Rappelons le lien que tous deux ont avec Stonehenge.

Stonehenge 2 et 3 se justifient non seulement en tant que temple des divinités stellaires, mais aussi comme calendrier. Dès le paléolithique, les hommes s'intéressent au mouvement des astres dont la répercussion prélude aux saisons et aux migrations animales. Mais il faut attendre la fin du néolithique pour que d'indiscutables calendriers, étudiant divers cycles, lunaire, solaire, métonien, polaire, existent.

La difficile coïncidence entre douze cycles lunaires et une année solaire entraîne des querelles infinies à propos de ce calendrier. Il n'y aura pas moins de quatre calendriers successifs à Stonehenge. Le début de l'année est également important et sujet à des controverses. Chaque nouveau groupe tient à imposer son ordre des choses, souvent en détruisant délibérément l'œuvre de ses prédécesseurs, si bien que l'on ne sait plus où placer le combat des arbres.

Enfin les sages se mêlent de lire dans le déplacement des étoiles, le déroulement du futur. On ne fait plus appel ni au rêve ni au miroir de cristal : les dieux du Ciel régentent la vie des hommes sur terre et décident de la mort de Stonehenge, sous les coups d'une ultime invasion, en coïncidence avec un nouveau changement d'étoile Polaire.

TROISIÈME PARTIE

LE MESSAGE
DE STONEHENGE

CHAPITRE 9

LES SYMBOLES

L'être humain ne saurait vivre sans symbole. Stonehenge n'est pas seulement un temple à la gloire des dieux. Un autre message plus énigmatique mais fondamental lui semble attaché. De multiples signes apparaissent à nos yeux, qui appartiennent à une langue universelle. Mais nous en avons parfois perdu la trace et cette trame occultée est à reconstituer.

À Stonehenge, chaque élément a une signification. Sa place se trouve dictée par une idée directrice, un plan quasi cosmique. Leur ordre obéit à des lois strictes, qui dépassent de beaucoup l'homme et auxquelles il doit se conformer. Sans une sensation d'harmonie totale, un tel chef-d'œuvre n'aurait pu se réaliser. Tant de correspondances en forment l'unité. Seul l'homme inspiré a su le créer.

Stonehenge est une vision cosmogonique.

La pierre

Avant tout, Stonehenge est un monument de pierres. Voilà pourquoi ce matériau revêt une importance capitale. Deux noms restent attachés au site : *Chorea Gigantum* et Stonehenge. Le second se décompose en *stone*, qui signifie « pierre », et *henge*, dont l'étymologie pose question. Ce terme viendrait de l'anglo-saxon *hon*, qui aurait donné *hang*, qui veut dire « pendre ». Ainsi Stonehenge signifierait « les pierres pendues » ou « les pierres de potence ».

La traduction n'explique pas tout. « Stonehenge » paraît plus récent que « *Chorea Gigantum* », car ce dernier fait référence à une lointaine tradition sur laquelle nous reviendrons et serait la traduction latine d'une expression locale. Par contre, Stonehenge offre la modernité d'une description saxonne, qualifiant un ouvrage dont l'origine semble avoir disparu des mémoires.

Il faut nous rapporter au sens profond de la pierre pour tenter de comprendre ce monument et la signification première qu'il a pu avoir. Selon qu'elle est dressée ou bien couchée la pierre n'a pas la même valeur. Verticale, elle a une polarité masculine et sert souvent de stèle ou d'autel. Elle peut être placée à la limite entre le monde des morts et celui des vivants et indiquer alors la proximité de la sépulture. Il faut se souvenir des *her-*

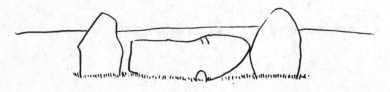

Fig. 61
Pierres dressées et couchées dans le cercle d'Akey.

mai, blocs carrés érigés à la croisée des chemins, en l'honneur du dieu Hermès, messager et initiateur. Horizontale, la pierre devient féminine, renvoie à la terre et à l'entrée de l'univers souterrain.

Son rôle est celui de médiateur entre le Ciel et la Terre, comme pour l'arbre de vie, et ici, apparaît à nouveau un thème que nous avons évoqué, celui de la pierre en opposition avec le bois. Au paléolithique et dans les tribus nomades, le bois possède une très grande sacralité, tandis que les peuples sédentaires néolithiques attachent un sentiment d'éternité à la pierre, fille de la Terre-Mère.

Au départ, cet aspect de la pierre semble prévaloir. Sa densité et sa longévité en font l'élément issu du règne minéral, l'embryon d'un être éternel. Les pierres précieuses vont conserver ce symbolisme. Mais en la dressant, la ressemblance avec le règne végétal s'accentue et le menhir peut devenir le pilier du monde, s'enfonçant dans le sol et s'élevant vers les cieux.

Un autre aspect intéressant reste son caractère central. Un rocher, une pierre placée par l'homme à un certain endroit, peuvent devenir l'*omphalos*, le centre du monde, dans le sens spatial ou temporel. Une pierre marque le lieu de la tombe du serpent Python et cet emplacement devient alors le cœur d'une nation. Peut-être en a-t-il été ainsi pour la pierre de l'autel à Stonehenge.

À la pierre s'attache l'idée de sagesse. Ce qui est fixe paraît immuable et ce qui est immuable ne saurait se rendre versatile. Alors, le mythe indien de Winabojo pourrait exprimer ce concept. Winabojo est un chaman, mais aucun de ses condisciples ne sait exactement s'il est mort ou vivant. Dès l'instant où il vit dans le pays du soleil levant, tous présument qu'il appartient à notre monde. Quelques-uns vont le chercher dans sa retraite et finissent par le découvrir complètement immobile, à tel point qu'un arbre a poussé dans ses cheveux. À l'un des chamans qui l'interrogent sur l'éternité, il répond que le seul moyen d'être éternel est de devenir pierre.

Ainsi apparaît une nouvelle notion liée à la pierre, celle d'ancêtre. Dans la mentalité néolithique, cela va se traduire d'abord par des signes trahissant un aspect de la divinité, puis par la statuaire. Le côté féminin de la divinité paraît dans la vallée, le collier, les seins, tandis que le côté masculin est indiqué par la montagne (écusson) et par des traits rayonnants ou solaires. À Stonehenge, un « écusson » d'une pure tradition néolithique est gravé sur un linteau. L'ancêtre qui a une vie particulièrement exemplaire se trouve déifié. Quelques générations plus tard, il a un nom dans le Panthéon.

Enfin la pierre brute n'a pas le même sens que la pierre taillée. L'une renvoie à la matière première, à l'origine, au fondement et par-delà à la Terre-Mère. En revanche, la seconde suppose une intervention, une modification, l'action d'un démiurge. Son caractère divin devient céleste.

À Stonehenge, les deux aspects de la pierre se côtoient. Les éléments les plus archaïques – Stonehenge 2 –

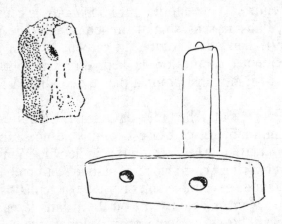

Fig. 62
Pierre brute (la pierre-anneau d'Avebury) et pierre taillée
(pilier et linteau de Stonehenge).

font appel à la pierre qui n'a pas été travaillée, qui n'a pas connu le ciseau, telle qu'elle se trouve dans la nature. Inversement, une partie de Stonehenge 3 montre la maîtrise de l'architecte, du tailleur de pierres, de l'ouvrier divin. Quant au résultat final, fait d'alternance de couleurs et de matériaux bruts et taillés, il exprime une fois de plus la nécessaire ambivalence de la vie.

La pierre brute sert de fondement. Elle rattache le temple à la terre. La pierre épannelée sert de faîte et de pierre de consécration. Alors le temple communique avec les cieux. Un double jeu de correspondances apparaît ainsi, sans doute volontairement, à Stonehenge.

Pour d'obscures raisons culturelles propres au néolithique, la pierre a pris l'ascendant sur le bois, dans le sens de temple de l'éternité. Ainsi Stonehenge est devenu le sanctuaire le plus sacré du sud de l'Angleterre, avec Avebury, car tous deux ont été bâtis pour durer, pour défier le temps et les hommes. Mais ils n'ont pas su survivre aux changements de religions.

Le message architectural

Le message architectural de Stonehenge se situe en même temps dans les plans, les proportions et les élévations. Ce qui frappe le plus, c'est la succession de cercles concentriques jusqu'à un point central, ici excentré, la pierre de l'autel. Peut-être s'agit-il de la synthèse de l'enseignement symbolique du site ?

Ce choix du cercle ne saurait être anodin, car la signification de cette forme diffère sensiblement des autres. Avant tout, le cercle a un côté magique et il a la valeur protectrice du ventre maternel. D'ailleurs le sens de vulve et de lune se trouve exprimé par les fers à cheval centraux, renfermant déjà l'embryon à naître.

Inversement, la pierre de l'autel semble correspondre

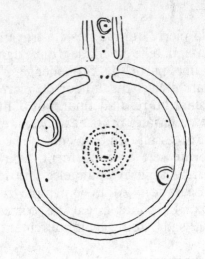

Fig. 63
Les cercles concentriques de Stonehenge 3.

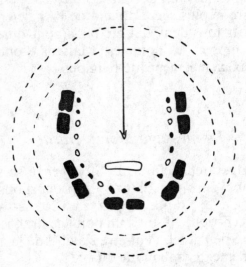

Fig. 64
La pierre de l'autel au centre de Stonehenge.

au point, origine de toute chose, ce point par lequel débute le cercle. Ici se situe l'Œuf du monde, à la fois en tant que centre du monde et pierre d'origine, mais aussi en tant que germe de toutes les vies à venir. L'œuf peut être aussi bien l'enfant de l'oiseau que du serpent. Mais il est également le fils-soleil de la Lune-Vierge. Au temps de l'équinoxe de printemps se situe la fête des œufs. Pourquoi n'aurait-elle pas son origine dès la construction de Stonehenge ?

Pourtant cette relation mère-enfant a un caractère primitif qui s'atténue peu à peu et laisse la place à d'autres concepts. À un second degré, le cercle renvoie à l'Eau, élément de moindre densité que la Terre et correspondant au règne végétal.

Le *Henge Monument* (Stonehenge 1) renvoie à cette référence à la fois aquatique et végétale : le fossé n'a-t-il pas été creusé pour le rappeler ? Dans l'enclos funéraire de cette époque, la maison des morts, plus ou moins rectangulaire (?) appartient à la Terre, alors que l'enceinte ou la palissade évoquent l'Eau.

Mais toute surface aqueuse est un miroir qui peut donner une image du passé ou du futur, mais également du Ciel et ainsi, le cercle d'Eau devient la roue du Ciel. Dès Stonehenge 2, le cercle n'a pas seulement une fonction de protection, ni de naissance du monde, sous la forme de l'œuf ou de la fleur à la surface des Eaux, il est devenu cosmique.

L'arpenteur qui trace un premier cercle sur la Terre sacrée part d'un point pour dessiner la roue des mondes. Déjà on le considère comme un démiurge, de même que le potier céleste ou le forgeron divin. Notons aussi que le principe de la roue est connu bien avant que celle-ci ne soit inventée, à l'âge du bronze.

L'image du cercle induit celle de la spirale et de la roue, qui ont toutes deux une valeur exemplaire, dès l'aube des temps. L'une et l'autre supposent la notion de cyclicité. Mais rapidement, elles vont se différencier dans leur sens.

La spirale apparaît, gravée sur les rochers ou les terres funéraires, comme New Grange. À Stonehenge, nous la retrouvons dans une ultime étape de construction, les trous Y et Z. Dans la nature, la spirale existe, que ce soit dans la crosse de la fougère ou la coquille de certains animaux. Son lien avec l'élément Eau reste puissant et en fait un symbole de polarité fémine.

Pourtant elle possède une certaine ambivalence, car elle peut s'enrouler dans un sens polaire ou dans un sens solaire. Comme les deux types de figurations existent, cette dualité paraît être perçue dès le début. Son aboutissement apparaît dans le labyrinthe.

Dès la fin du néolithique, des labyrinthes ont été gravés sur les rochers, un peu partout dans le monde, mais surtout en Europe occidentale et au Sahara. Pour les îles Britanniques, les plus anciens, imparfaits, proviennent de la vallée de la Boyne et des environs de New Grange. Ici, le passage de la spirale au labyrinthe est indiscutable. À Tintagel, en Cornouailles, deux labyrinthes à sept enroulements ont été dessinés à proximité l'un de l'autre. Ils sont contemporains du grand Stonehenge.

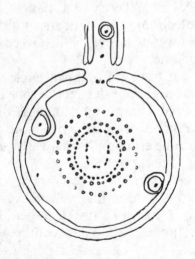

Fig. 65
Les trous Y et Z de Stonehenge 3b.

Fig. 66
Un des labyrinthes gravés de Tintagel.

Comme pour la spirale, la polarité peut être masculine ou féminine. Ainsi, chez les Indiens Hopi, ce symbole peut renvoyer soit à la Terre-Mère, soit au Soleil. Malheureusement nous ignorons si de telles relations peuvent s'établir à propos des labyrinthes de l'ancien monde.

Cette figure énigmatique nous ramène à la fois à Stonehenge et aux mythes du labyrinthe. En effet si aucune gravure de ce type ne s'inscrit sur les montants de Stonehenge, la figure n'en est pas moins présente symboliquement, puisqu'un parcours en spirale et plusieurs portes permettent de pénétrer au cœur du monument. Certes, il existe une voie directe par la porte du nord, mais il s'agit de la voie royale et probablement d'une sortie cosmique.

Quant aux mythes, ils présentent la même ambivalence que le symbole. L'histoire du Minotaure rappelle le culte néolithique de la Terre-Mère avec un sacrifice du taureau au sein de l'enclos sacré. De telles pratiques existent encore actuellement, bien que le sens symbolique ait été perdu. Ici le cercle originel tend à devenir un dédale. Il n'est pas exclu que le premier cercle de

Stonehenge ait pu servir à cela, à moins que les cornes trouvées ne soient des emblèmes de consécration.

Tout autre apparaît la légende de la jeune fille dans le labyrinthe, qui s'est transmise jusqu'à nos jours, en Scandinavie par exemple. Le héros doit venir la délivrer et l'épouser, allusion à la hiérogamie Soleil – Vierge-Lune, pour laquelle le temple de Stonehenge 3 a été construit.

Le labyrinthe suppose une double problématique. Soit le candidat se trouve au centre et doit en sortir. Là se placent la ruse de Thésée et plus généralement l'ingé-nuité masculine. Inversement, il peut se situer à l'exté-rieur et avoir pour but de réintégrer le centre. Ce cheminement initiatique et rituel peut également être double, avec une allée serpentine et une sortie directe. Stonehenge paraît suggérer une telle voie. Sinon pour-quoi y aurait-il plusieurs portes ?

Ainsi le plan de Stonehenge dont le point de départ reste un centre et un simple cercle s'enrichit peu à peu d'éléments nouveaux qui en font une forme complexe dont la problématique dépasse l'image d'origine. Le schéma initiatique s'entoure de difficultés supplémentai-res.

À côté de la spirale et du labyrinthe, l'autre dérivé du cercle, dans son aspect à la fois dynamique et cyclique, est la roue. Et le cercle des trilithes de Stonehenge 3, avec ses trente portes par lesquelles peuvent passer trente rayons paraît une illustration de cette idée. Comme la spirale, la roue connaît une certaine ambivalence. Ainsi les rayons peuvent être dessinés soit à l'intérieur du cercle – la roue –, soit à l'extérieur et on aboutit alors au Soleil. Mais généralement la roue a une polarité mascu-line et se trouve en relation avec le Soleil.

À la lumière de ces diverses données, on réalise toute la puissance magique que représente le cercle. En tant que figure spatiale, il correspond au centre d'où partent les quatre directions et d'où se construit le périmètre sacré. En tant que manifestation du temps, il devient la roue qui, chaque année, s'enroule autour du cœur. Il renvoie à l'Essence comme à l'Existence ; il totalise l'Espace et le Temps et a la valeur du Tout.

À Stonehenge, le cercle et ses dérivés sont tellement omniprésents que l'on a tendance à oublier les autres formes géométriques simples, triangle ou carré. Pourtant leur présence transparaît dans la structure des plans et aussi dans l'ensemble constitué par les quatre stations.

En fait, elles marquent quatre points, dans le cercle des trous d'Aubrey. À deux moments précis, ils définis-

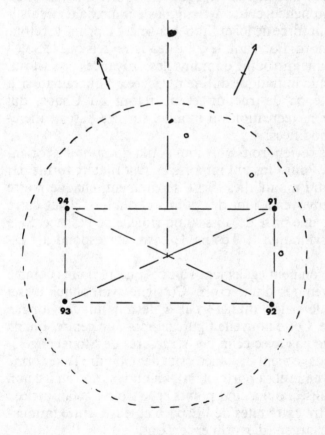

Fig. 67
Les formes géométriques de Stonehenge.

237

sent un alignement sur les équinoxes et les solstices. L'un doit se situer vers 3300 et l'autre vers 500 avant Jésus-Christ. Une volonté délibérée de rompre avec la tradition s'exprime donc ici. Mais par ailleurs, leur centre se trouve en relation avec l'axe qui passe par la porte du site – la pierre des sacrifices et les trous D ou E qui supposent un monolithe disparu –, les trous B, C et la *Heel Stone*. L'implication d'un tel postulat suppose que le nouvel axe du monde passe par le nord donné par le Dragon polaire, au temps de Stonehenge 3.

Ces considérations semblent confirmer une mutation entre Stonehenge 1, où les lignes équinoxiale et solsticiale font force de loi et Stonehenge 2, où prime le retour vers le nord. Pourtant, le culte des astres tels que le Soleil et la Lune introduit de nouvelles croyances et surtout, un chemin initiatique différent. Ceci expliquerait aussi la nécessité de destruction et de retour au Chaos, qui précède la recréation du monde, sur des bases entièrement modifiées.

Nous reviendrons plus loin sur la question des orientations. Pour l'instant importe le quadrilatère formé par les quatre monolithes. Prise séparément, chaque pierre peut renvoyer à l'un des points cardinaux. Tout carré indique une prise de possession rituelle de l'espace. Si le cercle symbolise le Temps, le carré correspond à l'Espace.

Mais on peut également voir ces quatre points comme les extrémités d'une croix. Ce signe symbolique existe depuis le paléolithique et il a devant lui une longue carrière. Cette nouvelle figure suppose un centre, qui ne coïncide pas avec celui des structures de Stonehenge 3. Le décalage vient de la nécessité de rejoindre l'axe formé par l'avenue et sa porte. Ainsi, on obtient une image non matérialisée, qui a cinq points et se trouve totalisatrice : les quatre extrémités de l'Espace et leur Centre immuable se chargent d'exprimer le Tout.

Stonehenge 2 apparaît ainsi comme une succession de figures géométriques imbriquées les unes dans les autres, à la manière d'un mandala. Le cercle extérieur, hérité du passé, représente le Ciel ; à l'intérieur un quadrilatère ou une croix évoquent la Terre et au cœur, un nouveau cercle signifie le Centre. Ainsi, nous avons les trois mondes.

Ajoutons que des triangles d'or s'inscrivent dans cette curieuse figure et ont probablement servi à l'élaboration du plan de cette structure. Dès le départ, l'harmonie des proportions a son rôle à jouer dans le schéma d'ensemble.

Quant à Stonehenge 3, il se base uniquement sur des figures circulaires ou elliptiques. Il est le temple du Temps, et à ce titre, il n'a plus rien de terrestre. Seule une succession de roues ou de spirales concentriques peut donner une image approchant le symbole.

Reste la question des portes et des orientations. Stonehenge 1 reste le sanctuaire de la Terre. Ses ouvertures doivent être axiales et renvoyer aux quatre points cardinaux. Avebury ou Mount Pleasant observent ce rite alors que Stonehenge 1 n'y souscrit que partiellement en ce qui concerne la ligne est-ouest.

À partir de Stonehenge 2, l'axe privilégié devient celui du nord et le restera ultérieurement. Mais le lever de lune, au solstice d'été, revêt une certaine importance.

Depuis le paléolithique, le regard vers le nord se trouve privilégié comme passage transcendantal. La voie des équinoxes trahit les débuts de l'agriculture. Tout espace-temps sacré implique l'existence de trois zones. Au centre se situe le cœur, la pierre de fondation, le point le plus saint. Autour, s'élèvent les murs, qui peuvent être virtuels, mais délimitent l'enceinte, la séparation entre l'ici-bas et l'Autre Monde. Enfin, les portes permettent d'entrer ou de sortir.

Leur rôle est à la fois axial puisqu'il définit les quatre, six, huit ou douze directions de l'espace-temps et, initiatique. Seul celui qui subit des rites de purification peut pénétrer à l'intérieur et participer à la fête cosmique. De même, seul celui qui peut se dépasser a la possibilité de sortir du labyrinthe, de la roue de la manifestation, des cycles immuables de vie-mort-renaissance. En outre, pour Stonehenge, les portes ou les fenêtres ont une connotation zodiacale et calendaire.

Ainsi, sur le plan symbolique, plusieurs ouvertures se côtoient. Certaines ont une valeur astronomique – les soixante-dix portes du palais de Merlin. D'autres ont un sens transcendental – la porte étroite – et n'ont de signification que pour ceux qui vont au bout de l'initiation. Enfin existe une porte royale ou processionnelle par laquelle le roi-soleil entre ou sort pour accomplir le rite suprême et cosmogonique.

Aux portes s'opposent les murs, dont le but est de rester infranchissables. Cette notion paraît d'ailleurs relative. En effet, dès l'instant où un cercle sacré est tracé à partir d'un point zéro, tout l'espace circonscrit a la réputation de demeurer inviolable. Les plus anciens monuments ont des palissades, mais les *Henge Monuments* se contentent d'une double enceinte de terre et d'eau, qui a exactement la même valeur symbolique que les murs pleins des temples ultérieurs.

Stonehenge 2 et 3 n'ont pas non plus de murs à proprement parler, puisque des monolithes ou des piliers remplissent cette fonction, créant une alternance d'ouvertures et de fermetures. Mais le menhir, le pilier ou la colonne ont un symbolisme spécifique.

Le menhir ou le pilier, comme l'arbre cosmique, constituent des axes du monde. Ils indiquent la verticalité, la polarité masculine, mais aussi la communication entre les différents mondes. Alors ils s'opposent véritablement à la fenêtre. Celle-ci semble une ouverture sur l'espace horizontal et terrestre, alors que l'autre devient un accès vertical vers le temps et le Ciel.

Stonehenge apparaît comme une succession d'éléments masculins et féminins, d'ouvertures et de piliers, comme le symbole éternel d'une alternance. Trente nuits succèdent à trente jours, et cela sans fin.

Nous n'avons pas abordé la question du toit. Les

maisons des hommes, que ce soit au néolithique ou à l'âge du bronze, ont des fondations – trous de poteaux –, des murs en matériaux variés et un toit, généralement de chaume, de bardeau ou de roseaux. Quant aux maisons des morts, elles reflètent plusieurs modèles. Certaines sont comparables à celles des vivants : ce devait être le cas pour Stonehenge 1. Mais les cairns livrent une structure différente, du fait qu'ils sont construits avec des pierres. Une dalle de couverture ou une coupole servent de toit.

Pourtant, quel que soit le mode de réalisation et la nature du matériau employé, le toit se réfère obligatoirement au Ciel. Ainsi les trois étages du monde souterrain – le puits, la fosse ou la pierre de fondation –, du monde intermédiaire – le bâtiment proprement dit, avec ses murs et ses ouvertures –, du monde aérien – le toit, la coupole – se trouvent respectés.

Cependant il existe des différences d'un monument à l'autre. Woodhenge, le petit Sanctuaire d'Avebury, faits de bois, ont un toit, alors que le grand cromlech d'Avebury ou Stonehenge sont à « ciel ouvert ». Dans ce cas l'ampleur de la structure ne permettait pas d'envisager une couverture. En outre, des temples voués à l'étude des phénomènes astraux se devaient de ne pas avoir d'autre toit que la voûte céleste.

Les signes gravés

Sur les montants de sarsen de Stonehenge 3, des figures ont été gravées. Mis à part quelques signatures, l'essentiel se rapporte à la phase d'érection du monument et présente, pour nous, un intérêt direct puisque ces signes évoquent les croyances des hommes de l'âge du bronze.

L'art rupestre existe depuis la lointaine préhistoire et chaque époque présente ses propres particularités. À

Stonehenge, les thèmes choisis demeurent assez pauvres par rapport à d'autres sites du continent, comme Val Camonica, mais ils ont le mérite de rattacher le site à une lointaine tradition, tout en offrant des éléments dont la datation est relativement précise. Le répertoire comprend la hache, l'épée ou le poignard, le rectangle et l'« écusson », dans la lignée néolithique, et une représentation assez étrange, qui n'a pas d'équivalent direct, connu.

Sur le montant 4 du cercle de trilithes qui correspondait alors au soleil levant pour le solstice d'été et à la mort-renaissance du monde, nous avons à la fois des poignards, pointes en bas, et des haches au tranchant dirigé vers le haut. Dès le néolithique où elle est inventée, la hache apparaît comme un emblème, plus ou moins lié à l'agriculture au départ. Ensuite, de nouvelles valorisations en feront un objet rituel pour le sacrifice ou la guerre. Ce n'est que tardivement qu'elle acquiert un lien avec la foudre, probablement à l'époque celtique. Sur les représentations, il est difficile de distinguer la hache qui sert à déforester, de l'herminette qui sert à biner. Dans les deux cas, elle sert d'instrument dans la fécondation de la Terre-Mère et à ce titre, elle symbolise la fertilité et le pouvoir de guérir. Dans le cadre de Stonehenge, nous

Fig. 68
Haches gravées du montant 4, à Stonehenge.

pouvons supposer qu'elle représente la classe des cultivateurs et c'est là un point sur lequel nous reviendrons.
Le poignard ou l'épée sont plus fréquents. Nous les

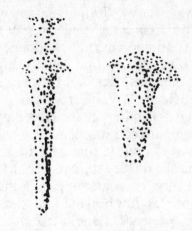

Fig. 69
Poignard et hache du montant 53, à Stonehenge.

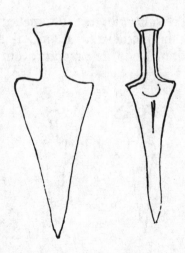

Fig. 70
Poignard gravé de Stonehenge et modèle de Cnossos.

trouvons en particulier sur l'un des trilithes centraux, le montant 53, situé au sud-est et nous pouvons distinguer un poignard court, à lame triangulaire, et une épée, plus longue. Dans certains tumulus de la *Wessex Culture*, comme Bush Barrow, des poignards en cuivre semblables à ceux qui figurent à Stonehenge ont été découverts. Leur point d'origine pourrait se situer en Allemagne ou en Europe centrale. En tout cas, ils diffèrent des types représentés dans les sites de l'Europe méridionale, tels que le mont Bego ou Val Camonica.

Le poignard métallique est précédé par un prototype en pierre, qui succède lui-même à une simple lame en silex ou en os et dont le rôle dans un rituel de sacrifice paraît probable. Sur les statues-menhirs méditerranéennes, ces premiers couteaux apparaissent. Avec l'arrivée de la guerre, les tombes recèlent des poignards, qui indiquent la présence d'une classe guerrière. À Stonehenge, ils ont avant tout cette signification héroïque. Ultérieurement, de nouvelles valorisations apparaîtront, comme le rapport entre l'épée et la lumière ou avec l'axe du monde.

Emblème du cavalier des âges des métaux, elle restera celui du chevalier médiéval. En fait, il n'y a pas de différence fondamentale de structure entre la société

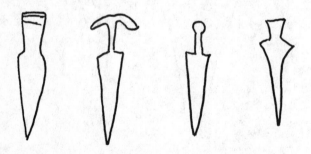

Fig. 71
Poignards gravés : mont Bego, Val Camonica, Mycènes
et Stonehenge.

telle qu'elle commence à s'organiser à l'âge du bronze et celle du haut Moyen Âge, à laquelle remontent les légendes entourant Stonehenge, ni même celle où elles sont transcrites.

Comme dans les autres sites rupestres, il existe des gravures où le trait hésite entre la hache et le poignard et qui témoigne d'une reprise du dessin initial, à un moment donné et dans un sens différent. Ainsi au mont Bego, des poignards ont été transformés en hallebardes. Cela suppose l'existence de plusieurs moments dans la création rituelle.

Fig. 72
Écusson solaire du montant 57, à Stonehenge.

Les dernières figures de Stonehenge – les rectangles et les « écussons » – demeurent plus énigmatiques. Sur le montant 57 des trilithes centraux, au sud-ouest, apparaît une figure usée, qui est longtemps passée inaperçue. À une base rectangulaire viennent s'adjoindre des motifs rayonnants, en forme de triangles très allongés. Ce motif a des antécédents sur le continent, mais il demeure délicat à interpréter.

En Bretagne, nous trouvons le prototype : un carré ou un rectangle surmonté de traits ondulés. Sur la stèle du dolmen du Mané Lud, à Locmariaquer, il existe diverses figurations, dont plusieurs de bateaux et un « écusson » qui se trouve surmonté par une barque. En revanche, à l'Île-Longue, des traits ondulés remplacent la barque. Sur un menhir de Saint-Micaud, nous retrouvons une

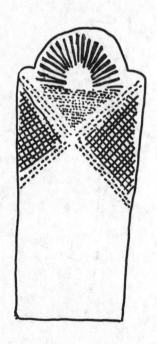

Fig. 73
Stèle du Petit-Chasseur (Suisse).

fois de plus le même thème, mais schématisé. Enfin, plusieurs stèles du Petit-Chasseur à Sion (Suisse) offrent des traits rayonnants, au-dessus de multiples motifs géométriques.

L'intérêt de cette séquence est de débuter en plein néolithique et de se poursuivre jusqu'au campaniforme en Suisse. Cela nous permet de proposer un cheminement aboutissant à Stonehenge, en plein âge du bronze.

Mais à côté des gravures existent des menhirs dont le sommet a été sculpté. Les formes ainsi obtenues nous aident dans notre interprétation. En effet certains menhirs ont deux bosses sommitales alors que d'autres sont taillés en pointe. Le premier type renvoie à la Déesse-Mère, figurée autrement par les seins et le collier, qui dessine un creux. Quant au second, il appartient à une divinité masculine, représentée d'abord par une stèle plus ou moins rectangulaire, munie d'un appendice et dont l'ultime évolution stylistique aboutira aux menhirs phalliques.

Les alignements d'Yverdon en Suisse livrent les deux types de menhirs côte à côte. Une fois de plus, l'importance de la bipolarité se trouve soulignée.

Il nous reste à évoquer l'aspect solaire. Pour la stèle du Mané Lud, nous ne pouvons pas affirmer que les cinq barques ont un caractère solaire. Elles impliquent une idée de voyage sur les Eaux. Est-ce celui du Soleil, voguant vers l'Occident, à travers l'océan Atlantique ? Les traits en éventail de l'Île-Longue restent encore très éloignés des vrais motifs solaires que nous trouvons en Espagne, mais semblent préfigurer les dessins rayonnants des stèles suisses. Ce style intermédiaire parle peut-être de l'extase de l'élu.

Du voyage initiatique, nous passons à la transe, puis à l'état de divinité, représentée par le Soleil. À Stonehenge, ce motif solaire se trouve gravé face à l'endroit où se lève le soleil, au solstice d'été. Ainsi, les trois idées de voyage, de dépassement de sa condition et de déification

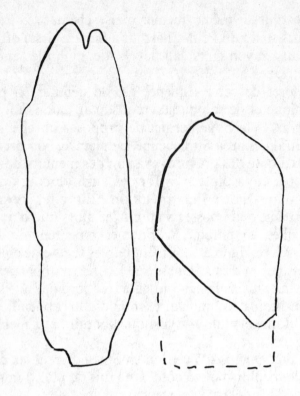

Fig. 74
Stèles féminine et masculine des alignements d'Yverdon
(Suisse).

pourraient confirmer l'existence d'un rituel de haute
initiation.

Ce symbole permet de montrer la pluralité des fonctions du temple de Stonehenge. Si l'aspect astronomique
et astrologique paraît le plus évident, si les festivités
saisonnières ne doivent pas être oubliées, il existe d'autres rites tout aussi primordiaux. Il s'agit de l'initiation
royale et/ou sacerdotale.

Un dernier dessin apparaît sur le montant 29, qui
correspond au point extrême du coucher de la lune en

Fig. 75
Le « Torse » sur le montant 29, à Stonehenge.

hiver. Il montre un torse formé d'un rectangle quadrillé et une tête arrondie comme celle des fantômes paléolithiques.

Notons, en règle générale, une certaine originalité dans les gravures de Stonehenge. Certes, les thèmes

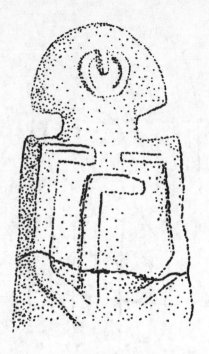

Fig. 76
Statue-menhir de Minucciano (Italie).

choisis restent comparables à l'ensemble du répertoire protohistorique, mais chaque province garde sa spécificité. Un lien entre Stonehenge, l'Europe centrale et la Grèce mycénienne apparaît dans les types de poignards représentés. Dans quelques cistes ou *Round Barrows*, les originaux, inspirés de l'étranger, offrent leur modèle à l'artiste.

Pourtant, il manque d'éléments similaires en Grande-Bretagne. Les gravures rupestres d'Irlande concernent le néolithique et semblent appartenir à une tradition un peu différente. Pour l'âge du bronze, un travail a été effectué sur les labyrinthes exécutés sur les rochers, mais il reste limité. Et l'art rupestre de Stonehenge paraît isolé.

Au-delà de la facture des formes, il reste essentiel de retenir le message symbolique qui sert d'enseignement ésotérique. La hache et le poignard sont des armes sacrées, s'inscrivant dans une geste héroïque, mais pouvant renvoyer à des castes. Quant à l'« écusson » solaire, il préfigure un autre type de réalité.

Nombres et harmonie

Dans un site tel que Stonehenge, nous ne pouvons pas imaginer qu'il n'y ait pas de rapport symbolique à propos des nombres. Des connaissances géométriques, même empiriques, sont nécessaires dans l'élaboration des plans comme dans la construction du monument. Du chiffre, utile dans le domaine matériel, il est aisé de passer au nombre et de celui-ci à l'harmonie.

Le premier nombre est le Un, à la fois unique et totalisateur. Dans certains cas, il peut marquer le centre symbolique de l'édifice et a probablement une polarité neutre. À Stonehenge, la pierre de l'autel paraît remplir cette fonction, bien qu'elle ne soit pas réellement située au point central des cercles concentriques. Actuellement ce bloc, le plus volumineux de l'ensemble, se trouve au sol, mais vraisemblablement, sa position originelle le plaçait à la verticale.

Après vient le Deux, indice de la dualité et de l'alternance, que l'on trouve à la fois dans les pierres de deux couleurs différentes et dans les trilithes centraux, constitués de deux montants rapprochés l'un de l'autre. Stonehenge reste un calendrier, fondé sur l'alternance du jour et de la nuit, de la montée estivale du soleil et de sa descente hivernale. En outre, il est possible que ce nombre serve déjà à caractériser la Déesse-Mère.

Le Trois se trouve également représenté. Chaque trilithe comprend deux piliers et un linteau et exprime ainsi l'idée de ce premier nombre fondamental, conjonction de l'Un et du Deux, union du masculin et du féminin, du Ciel et de la Terre. Par opposition au Quatre terrestre, il signifie parfois le Ciel ou les trois étages du monde. À Stonehenge, les premiers nombres se trouvent réunis au centre.

Les quatre stations mettent à l'honneur le Quatre. Nous avons eu l'occasion de souligner l'existence de ce quadrilatère fictif, inscrit dans un cercle et qui en renferme d'autres dans une succession sacrée. Le Quatre exprime la stabilité, une relation avec la terre et l'espace, divisé par les points cardinaux, mais aussi avec les saisons ou les phases de la lune. Enfin dans l'optique de Stonehenge 1, ces quatre monolithes bruts pouvaient représenter les quatre piliers du monde.

Mais ici, le Quatre appelle le Cinq puisqu'il a existé une relation avec la *Heel Stone*, à l'extérieur du périmètre magique. Le Cinq figure également dans les trilithes centraux, car il est le nombre d'or, celui des voyelles du nom mystérieux, deviné au cours de la bataille des arbres, l'un des nombres les plus saints, dès le paléolithique. À Stonehenge, les cinq trilithes, de hauteur différente, produisent chacun une vibration particulière.

Le Cinq surtout entraîne un jeu multiple de correspondances universelles. Dans le cercle des trous d'Aubrey, le cinquième donne la clé du système. Pour le fer à cheval central, le Cinq appelle le dix, le quinze, le vingt et le trente du cercle de sarsen.

Quant à ce cercle, s'il a bien trente trilithes, il ouvre aussi la porte à de nouvelles séries de nombres. Le Six y est présent, évoquant les six mois de la montée du soleil et les six mois de son déclin. Il offre à la fois un caractère de perfection et d'opposition et correspond à l'année tout entière et au côté obscur de la création.

Dans ce même cercle, il s'oppose au Neuf, qui devient l'aspect lumineux, tout en représentant la totalité des mondes. À la cinquième pierre de cet ensemble, celle du centre, se situe le nord de la tradition, d'où une idée de perfection qui lui est associée. Pour Stonehenge 3, le

Neuf apparaît dans l'ensemble des quatre stations et des cinq pierres de l'entrée et de l'avenue.

La progression six, neuf, vingt et un, trente caractérise le cercle des trilithes de Stonehenge 3 et le vingt et un semble indiquer l'aboutissement de l'enseignement, l'unité dans la dualité, la sagesse. Notons combien les multiples du Trois céleste importent dans le schéma général, en particulier dans la course luni-solaire.

Ainsi le mouvement annuel des levers du soleil affecte neuf pierres (les montants 4 à 12). Quant à celui du jour, il implique huit blocs, lorsque les jours sont les plus courts (les montants 12 à 19) et vingt-quatre, au solstice d'été (les montants 4 à 27).

À côté, le schéma de la lune paraît basé sur le Trois. Le mouvement annuel des levers de lune se base sur douze piliers (les montants 3 à 14). Mais la dérive minimale de la lune en été inclut six pierres (les montants 11 à 16), alors que sa dérive maximale, au début de l'hiver, en comprend vingt-sept (les montants 3 à 29). Si le Soleil et la Lune sont les enfants du Ciel, la logique veut qu'ils s'expriment par un multiple de Trois.

Le nombre Huit symbolise l'équilibre cosmique. Il caractérise l'un des cycles de la fonction royale. Et s'il existe huit sages dans le monde, il y a vingt-quatre vieillards. Ce dernier nombre apparaît comme la dérive maximale du soleil. Vingt-quatre (12 × 2) semble s'appliquer non plus à la couronne stellaire, comme le Douze, mais à la vie sur terre et à la roue des réincarnations. Enfin Huit, Douze ou Vingt-quatre impliquent l'harmonie.

Passons à Douze, à la fois multiple de Trois – le Temps – et de Quatre – l'Espace –, qui correspond au nombre des divisions spatio-temporelles. Il sert de clé à Stonehenge, même si l'année a, en fait, treize mois. La Table ronde – n'oublions pas que cette image s'associe à Stonehenge – a douze sièges, plus celui du roi.

Mais d'autres nombres sont impliqués dans la cosmogonie de Stonehenge. Le fer à cheval des pierres bleues possède dix-neuf pierres, probablement pour rappeler le cycle métonien et souligner la grandeur de la Lune. Dans le même sens, le cercle des cinquante-six trous d'Aubrey associe Dix-huit et Dix-neuf (19 + 18 + 19). La dix-huitième lame du tarot n'est-elle pas consacrée à la Lune ?

On trouve ensuite Vingt-huit, Vingt-neuf et Trente, qui correspondent à une lunaison. Les trous extérieurs au cercle de sarsen et postérieurs à son édification renvoient à Vingt-huit et Trente, de même que les cinquante-six trous d'Aubrey (28 × 2).

Trente et Trente-six surtout paraissent avoir inspiré les bâtisseurs. Le premier nombre renvoie aux montants des trilithes du cercle et aux doubles trous de Stonehenge 2. Trente, cinq et un donnent trente-six, nouveau multiple de Trois. Ce sont les trente piliers, les cinq trilithes et la pierre de l'autel. Ce nombre sert à exprimer la cyclicité, le but même de Stonehenge, à mesurer le cercle de l'année, avec ses trois cent soixante jours et ses douze rayons. Ainsi il devient la quintessence de l'enseignement.

Le grand nombre de diviseurs possibles de trois cent soixante a certainement exercé une influence sur son choix comme facteur se rapprochant le plus de la division réelle de l'année luni-solaire. Sa perfection impliquait celle de l'année et de la création. Ainsi les jours surnuméraires pouvaient caractériser le retour du Chaos et la nécessité de recréer le monde pour une nouvelle période.

Trente-six apparaît comme un nombre céleste et s'oppose à Soixante-dix ou Soixante-douze, qui représente la Déesse. Le cercle de pierres bleues, avec ses soixante trous et dix pour la porte, tente de figurer cette union du Ciel et de la Terre. Le nombre total des trous d'Aubrey peut monter à soixante-douze. Nous retrouvons ainsi les soixante-dix portes et fenêtres du château de Merlin.

Enfin, pour rester toujours sur notre planète, il nous

faut citer les quarante trous d'un cercle de pierres bleues. Multiples de Quatre, ce dernier nombre évoque la Terre, mais également l'attente et l'épreuve de celui qui poursuit son initiation. La quarantaine de l'obscurité, de la peur et de la mort doit précéder la renaissance dans un autre monde.

Stonehenge devient ainsi un admirable jeu de correspondances et de symboles. Les nombres y ont un rôle considérable. Mais vient un moment où l'harmonie devient danse. N'est-il pas la « Danse des Géants » ?

Les nombres se trouvent à la base de tous les calculs et de toutes les harmonies. Elles existent dans les proportions, dans les formes géométriques qui préfigurent à la création du monument. Niel suppose une unité de mesure proche d'un demi-mètre, tandis que Thom l'estime à huit cent vingt-neuf millimètres. Le cercle est aisé à réaliser à l'aide de piquets et de corde, mais sans un cordeau préalablement étalonné, on ne peut pas construire un triangle rectangle, base des formes géométriques. Stonehenge suppose une science des nombres.

Et Stonehenge suppose également une science des astres, non moins élaborée. Quoi qu'en dise Hawkins, il ne faut probablement pas réduire Stonehenge à un calendrier luni-solaire, même si c'est là son but principal. Dans l'Antiquité, les levers de certaines constellations sont mentionnés comme prélude à des activités spécifiques. Pourquoi n'auraient-ils pas été étudiés à Stonehenge ? Dans une période d'optimum climatique, les conditions étaient idéales pour une correcte observation des astres.

Il semblerait que les planètes du système solaire pourtant peu visibles à l'œil nu aient été remarquées non seulement au Moyen-Orient mais probablement aussi en Occident. Sinon que signifieraient les cinq trilithons centraux, dont la résonance paraît planétaire ?

*
**

255

Au centre étaient honorées les cinq planètes, Mars, Mercure, Jupiter, Vénus et Saturne, sous des noms dont la résonance est l'âme de l'univers et de la divinité. Dans le cercle, le Soleil et la Lune se partageaient la gloire et le pouvoir, chacun régnant un an, le temps de quinze sons.

La musique des sphères implique la danse. Quelle danse ? Nul ne sait plus s'il s'agit de la danse des pierres que de nombreuses légendes attestent. Quand on dit qu'à minuit ou à midi, « la pierre tourne », il ne faut pas le prendre à la lettre, mais se rappeler que la pierre a un rôle dans le calendrier. À Stonehenge, selon les moments de l'année et du jour, telle ou telle pierre se trouvait frappée par les rayons lumineux, d'où un jeu dansant d'ombres et de lumière.

Mais sur terre et dans le sanctuaire, les hommes reproduisent le ballet des étoiles dans le Ciel. Sans doute pourrions-nous trouver quelque correspondance entre le déplacement de certaines planètes et des figures de danse. À l'origine, la danse du labyrinthe ne serait-elle pas la réplique du ballet céleste des astres ?

Pourtant si la hiérogamie Soleil-Lune constitue un moment important du cycle, en tant que départ de la Grande Année, elle se trouve transcendée par la dérive cyclique du nord.

CHAPITRE 10

LES LÉGENDES

Stonehenge est vraiment une terre de légendes et depuis son abandon jusqu'à nos jours, le site aura su inspirer les poètes et les voyants. Faut-il dévoiler le mystère et faire sortir de l'ombre les messages cachés qui se dissimulent toujours au cœur des ruines ?

Chaque époque apporte sa touche personnelle, et qui peut dire aujourd'hui où Stonehenge place sa vérité ? Les barbares osent parler de Géants, les Grecs civilisés évoquent Borée ou Thulé. Après la décadence romaine, le diable prend la relève, tandis qu'Arthur cherche le Graal. Mais aujourd'hui se forgent de nouvelles histoires : les extra terrestres ou les descendants de l'Atlantide se taillent la part du lion. Mais fondamentalement, est-ce bien différent ?

Un seul mot peut qualifier Stonehenge : grandeur.

La danse des Géants

Même si la légende de « la danse des Géants » n'a été retranscrite qu'à partir du Moyen Âge, il s'agit incontestablement de l'une des contributions les plus archaïques à l'histoire de Stonehenge. Sans doute date-t-elle de la fin de la protohistoire, juste après l'abandon du temple.

Pour avoir quelques données sur les Géants, nous sommes contraints de nous plonger dans la mythologie grecque. Ici, les sources sont encore fraîches et la littérature connue. Un couple primordial crée le monde, Gaïa, la Terre, qui engendre son parèdre, Ouranos, le Ciel. Un tel schéma où la Terre-Mère a la première place fait obligatoirement référence à la période néolithique. Que l'on se souvienne d'autres enfants sans père, comme Merlin ou Taliesin.

Ce couple primordial engendre des êtres monstrueux, dans l'optique du Grec « civilisé », pour qui tout ce qui n'appartient pas à sa race est « barbare ». Ce sont les Cyclopes aux yeux ronds, les Titans, que leur père tue à mesure qu'ils viennent au monde, les Géants et le fameux Typhon plus abominable encore que les autres. Parmi les Titans naît Cronos, qui inaugure la révolte des enfants contre la tyrannie de leur père et dont le propre fils Zeus réitéra le même type d'histoire.

Il existe de multiples manières d'interpréter cette légende cosmogonique. L'une d'entre elles consiste à rechercher la part historique qui se cache derrière le mythe. Les noms des enfants de Gaïa posent problème, mais ils sembleraient correspondre à des races humaines néolithiques ou chalcolithiques. Les Cyclopes, qui n'ont aucun lien avec le monstre à un seul œil qu'Ulysse combat, pourraient avoir eu la tête ronde (premiers brachycéphales ?). Aucune origine du nom Titan n'a pu être avancée. Quant aux Géants, ils survivent dans le folklore de l'Europe tout entière, ... comme bâtisseurs de mégalithes.

C'est seulement pour mettre en exergue leur bravoure

que les Grecs, représentés par la génération des dieux de l'Olympe, avec Zeus à leur tête, ont grandi les Géants. En fait, il s'agissait seulement de populations autochtones – « les enfants de la Terre » –, avec lesquels ils entraient en conflit plus ou moins ouvert pour la possession de nouveaux biens. Mais la vie des héros a toujours tendance à devenir légendaire : Zeus, le grand dieu armé de bronze, réduit à merci les Géants, qui ne possèdent que des armes de pierre.

Le vainqueur accepte toujours avec réticence la valeur du vaincu. Ainsi les mégalithes impressionnants ont été détruits ou resacralisés, à l'âge du bronze. Leurs promoteurs sont devenus des Géants d'un autre temps, inaptes au progrès. Pourtant leur science a survécu au-delà de leur disparition.

Et Stonehenge, face à la légende des Géants ?

Dans les histoires retranscrites au Moyen Âge, il paraît bien stipulé que la « Danse des Géants » était un monument venu de la lointaine Irlande, grâce aux techniques de Merlin, mais que les pierres avaient été apportées par les Géants depuis l'Afrique. Un long périple pour ces pierres ! Il s'agit aussi d'une allusion à la navigation néolithique.

Certes le chroniqueur a pu confondre le Pays de Galles et l'Irlande. Tant de siècles se sont écoulés entre l'élaboration de la légende et sa retranscription. Mais le souvenir du transport des pierres a survécu, ainsi que celui de l'arrivée d'un peuple étranger – les Géants – porteur de coutumes bizarres – l'érection de mégalithes.

Quant à Merlin, à sa manière, il apparaît comme un Géant. N'a-t-il pas utilisé ses propres artifices pour transporter et élever les pierres ? D'ailleurs ces « artifices » intriguent toujours chercheurs et curieux, surtout quand on doit constater que les grues ont quelque peine à manœuvrer les linteaux pour les remettre en place.

Les Géants, peuple préhistorique, perdent leur mystère mais gagnent en considération quand on apprend leurs capacités en matière technologique. Si la roue de l'histoire en a fait des vaincus, nul ne parle de ce qu'ils ont pu apprendre à leurs vainqueurs, en tant que garants d'une très lointaine tradition.

Ultima Thula, Borée ou Sidh

Diodore de Sicile, dans sa *Bibliothèque historique*, mentionne l'île des Hyperboréens, le pays des gens qui vivent au-delà de Borée, le vent du nord. Et il décrit un vert paradis, où poussent des fruits merveilleux et où Apollon passe une large partie de son temps, jouant de la lyre.

Ce texte a beaucoup intéressé les historiens de Stonehenge qui pensent trouver dans ces lignes une référence plus ou moins explicite au célèbre temple. En effet, il est question d'une vaste enceinte consacrée à Apollon et dans laquelle se trouve un temple circulaire. Les habitants de l'île honorent la divinité en jouant de la musique.

D'autres éléments viennent appuyer cette thèse. L'île se situe face à la Gaule celtique, au nord. En outre elle constitue un observatoire privilégié pour la lune, qui paraît plus proche de la terre. Et pour finir, Diodore évoque le fameux cycle de dix-neuf ans au cours duquel Apollon apparaît entre l'équinoxe de printemps et le lever des Pléiades. Pline aussi évoque un temple où sont célébrés les solstices.

Même si le dieu-soleil de Stonehenge n'a qu'un rapport lointain avec l'Apollon des Grecs, il convient de s'arrêter sur ce personnage. Il joue de la lyre, instrument à cordes, pour charmer les dieux ; il tire à l'arc ; il a le don de guérir et surtout il est le dieu de la Lumière et de la Vérité. Enfin, par son combat sans merci avec le serpent Python, il a acquis l'oracle le plus fameux de la Grèce.

Ses surnoms paraissent instructifs. Né à Délos, une

Fig. 77
Statuette d'Apollon, à Chypre.

île, il a pour nom le « Délien ». Vainqueur de Python, il a pu devenir le « Pythien ». Mais on l'appelle aussi le « Lycien », sans trop savoir si la référence va au dieu de Lycie, au dieu-loup ou au dieu-lumière. Il y a d'ailleurs antinomie entre le loup, animal psychopompe associé à la nuit, et la lumière, à moins de le considérer comme l'ancêtre mythique ou l'annonciateur de la fin des ténèbres. Sans doute faut-il rapprocher *lukos* (« lycien ») de Lug, un dieu celtique, particulièrement vénéré en Grande-Bretagne et connu par les légendes irlandaises, et aussi de Lion-à-la-main-ferme, autre dénomination de Dylan.

Lug-au-long-bras correspond au dieu ingénieux, à la fois constructeur et magicien, fils de Gian. Son animal est le noir corbeau et son emblème, la lance. Les Romains l'ont assimilé à Mercure, ignorant sa relation avec l'Apollon Lycien.

Arrêtons-nous un instant sur l'arc, attribut d'Apollon. L'arc musical est probablement connu au paléolithique tandis que l'arme n'apparaît qu'à partir du néolithique. Chez les Campaniformes, la classe d'archer jouit d'une considération particulière. Un lien symbolique unit la flèche, le rayon lumineux et la vibration sonore produite par la détente de la corde et il s'agit d'une relation d'amour.

Tous ces éléments nous permettent de comprendre pourquoi les Grecs, qui ont établi des rapports avec la Grande-Bretagne, à l'âge du bronze, comme en témoignent les importations d'objets ou de techniques, faisaient de leur Apollon un dieu arrivé de cette île nordique qui, peu à peu, devient une sorte de paradis inaccessible. La lointaine *Borée* se pare de toutes les

Fig. 78
L'archer, bronze sarde.

richesses. Diodore parle même de deux récoltes par an, ce qui s'explique aisément si l'on se souvient que le calendrier de Stonehenge fonctionne sur une demi-année.

Peu à peu Borée est entrée dans le mythe.

Quant aux Romains, ils parlent d'*Ultima Thula*, la terre du bout du monde. Le Grec marseillais Pythéas, infatigable voyageur, l'aurait visitée et elle se situerait quelque part, sans doute, vers les îles Shetland. L'été, les jours ne finissent pas et l'hiver connaît des ténèbres sans fin. Celui qui atteint ce pays arrive à la fois au bout de l'espace et du temps.

Ainsi s'atteint l'Autre Monde.

Une troisième notion – celle de *Sidh* – vient alors compléter les deux autres. Ici nous faisons appel à l'épopée irlandaise et aux populations successives qui ont investi l'île. Cinq races ont pris possession du territoire irlandais et la cinquième correspond aux fameux Thuata dé Danann, les enfants de la Déesse, qui ont vaincu les Fir Bolg, les hommes de la foudre.

Les Thuata dé Danann passent pour être arrivés des « îles du nord du Monde », c'est-à-dire des contrées glaciaires où se développe la plus lointaine tradition. Dans leur combat contre les Fir Bolg et leurs alliés, les Fomoiré, démons borgnes et unijambistes, s'illustre le fameux dieu Lug.

Il remporte trois épreuves, musicale, physique et intellectuelle avant de parvenir à imposer son point de vue au roi et à devenir le champion des Thuata dé Danann. Pendant tout un jour, il fait pleurer la cour, puis l'endort et finit par la faire rire. Ensuite, il réussit l'exploit de porter à l'intérieur du château, Lia-Fail, la pierre qui « parle » pour désigner le futur souverain. Pour finir, il bat aux échecs le roi. Il est alors proclamé sage et règne pendant treize jours, organisant méthodiquement la lutte contre ses adversaires. Les Thuata dé Danann règnent jusqu'à ce qu'ils soient, à leur tour, évincés par les Goïdels, au début de l'âge du fer.

Après leur défaite, ils se réfugièrent dans des lieux retirés, connus d'eux seuls et difficiles à découvrir, le Sidh, l'Autre Monde, le pays de la paix. Souvent Sidh sert à qualifier les monuments mégalithiques tels que New Grange, le château de verre ou le château en spirale. Merlin et Arthur aussi finissent leurs jours dans un univers comparable, dans l'attente de revenir, peut-être, sur la terre des vivants.

L'épopée irlandaise a de nombreux points communs avec la guerre de Zeus et des dieux olympiens contre les Titans et les Géants de la mythologie grecque. Une fois de plus se trouvent narrés les conflits entre les populations de l'âge du bronze, arrivant sur des territoires où vivaient des peuples néolithiques, constructeurs de mégalithes.

Mais l'essentiel, ici, est le repli des autochtones vers leurs valeurs les plus sûres, le retour à la tradition primordiale. L'Autre Monde n'apparaît pas comme un paradis céleste, issu d'une illumination ou d'une confrontation avec le dieu solaire. Au contraire, il s'agit d'une retraite dans un endroit obscur et souterrain, d'une intériorité. La référence à la sépulture comme lieu d'initiation totale s'impose.

Peu à peu se dessine l'image de l'Autre Monde, espace-temps de la connaissance suprême, de la révélation ultime, du reflet dans le miroir ou au fond de la coupe.

Ainsi, divers liens entre des mythes, en apparence éloignés les uns des autres, se tissent. New Grange, le Sidh des Thuata dé Danann, renvoie à la spirale et au labyrinthe mais aussi au château de verre, qui est également la prison d'Arthur. La révélation devient, à un moment donné, la coupe du Graal. Enfin, on passe aisément, dans les langues anglo-saxonnes, du château de verre au vert paradis.

Thulé, *tola* (abondance), l'Atlantide peut-être et l'île d'Avalon évoquent une contrée inaccessible sauf dans des conditions particulières. Ce jardin paradisiaque,

264

cette cité des dieux, où règnent la paix, la joie et la lumière, se situent à la limite de notre monde et de celui des morts. Un cercle infranchissable – la prison d'air qui enserre Merlin – le protège de toute intrusion intempestive. Les anciens y sont parvenus, mais il est bien rare que les hommes actuels puissent arriver au bout de leur quête.

C'est au cœur du labyrinthe, du château de verre, de la sépulture qu'a lieu l'initiation suprême qui permet d'accéder à ce monde intérieur. Cette étape peut s'illustrer par le vase rituel dans lequel le candidat boit l'élixir de l'oubli. À ce propos, il convient de rappeler l'usage que font les chamans des substances hallucinogènes (*amanita muscaria*). Chez les Indo-Européens, cette boisson deviendra le *soma* ou l'ambroisie, mais elle paraît attestée au moins depuis le chalcolithique.

Pouvons-nous opposer Thulé à Borée ?

Thulé et Borée désignent le paradis situé à la limite du monde mais avec une connotation souterraine et une initiation dans les profondeurs infernales. En revanche, il n'est pas fait mention de la lumière irradiant depuis l'extérieur du cercle. À Stonehenge, le soleil levant du solstice d'été inonde de ses traits le montant 57, où est gravé un motif solaire.

Une fois de plus surgit le débat entre « enstase » et « extase », à propos des expériences de dépassement de soi. La voie de l'intériorité paraît liée aux expériences de type chtonien alors que l'illumination a un côté solaire. Certes la simplification paraît abusive dans bien des cas. Mais l'opposition masculin/féminin prend toute sa violence à partir du postglaciaire.

Il est vrai que Stonehenge a été un lieu initiatique privilégié, dans la mesure où le culte de la Terre-Mère y a précédé celui de divinités stellaires. La transmission des connaissances, à un moment donné, a pris d'autres voies et l'expérience personnelle et unique a parfois été supplantée par un enseignement oral, puis écrit, plus théorique que pratique.

En une époque de bouleversement, tout change, y compris la notion du paradis. Thulé ou Borée restent finalement des images de peuples agriculteurs, des jardins d'abondance où il fait toujours beau, où les fruits apportent en même temps la satiété, la connaissance et l'oubli. Au paléolithique, le concept de paradis devait différer de celui-ci.

Il importe de se souvenir que Stonehenge reste associé à la possibilité d'atteindre un autre degré de réalité et que cette opportunité n'est plus seulement individuelle et réservée aux grands initiés, mais peut devenir collective. Le sanctuaire s'ouvre à un plus grand nombre.

Merlin, Arthur et les autres

Il est surprenant que les historiens ne se soient pas interrogés à propos de l'incongruité du personnage médiéval d'Arthur associé à Stonehenge. D'une part, ils considèrent la quête arthurienne comme une composante de la culture chrétienne médiévale. D'autre part, ils occultent l'épisode de la bataille de Salisbury et de la nécropole, car les deux faits paraissent appartenir à deux époques différentes.

De surcroît, il s'agit de légendes.

Depuis l'âge du bronze, l'homme a tellement affabulé à propos de sa propre histoire qu'il est devenu de plus en plus difficile de faire la part du réel et celle de l'imaginaire. Tout événement appartient simultanément au domaine du rationnel et à celui de l'épopée. Et qui saurait faire le lien entre la géométrie et la musique ?

Il faut apprendre à découvrir la face cachée du mythe, savoir aller au-delà des facettes du miroir et voir. Geoffroy de Monmouth ou Robert de Boron restent des aèdes qui racontent une épopée. S'ils la situent en des temps proches d'eux, c'est parce qu'elle n'a point d'âge et qu'elle se rattache à une tradition archaïque.

Qu'y apprenons-nous ? Dans la plaine de Salisbury a eu lieu une bataille entre deux groupes humains pour la possession d'un territoire. Les étrangers, vainqueurs, ont laissé une vaste nécropole et édifié un temple qui sert aussi de tombeau au roi. Mais il convient de s'arrêter là et d'éviter de vouloir placer ce fait dans le temps.

En termes archéologiques, la plaine de Salisbury constitue effectivement une nécropole de l'âge du bronze, particulièrement riche. À côté existent des sépultures plus anciennes car la terre est « sacrée ». Stonehenge peut être considéré comme un temple et comme le tombeau du roi (ou des rois). N'oublions pas ni les incinérations, ni le rite de la mort du roi.

Mais Stonehenge ne saurait être daté ni du haut Moyen Âge ni du Moyen Âge. Merlin et Arthur sont les nouveaux noms des protagonistes d'une histoire vieille de plusieurs millénaires. Nous avons eu l'occasion d'évoquer quelques anachronismes. Merlin, l'enfant sans père, est le fils de la Déesse-Mère et il appartient à une société matrilinéaire. La bataille même a sans doute un caractère mythique, puisqu'elle retrace le combat du dieu-soleil montant et du dieu-soleil descendant.

Dans le filigrane de l'épopée arthurienne, toute l'histoire de Stonehenge transparaît. Le lieu correspond à la terre des ancêtres, sinon pourquoi deux dragons souterrains, l'un rouge comme le soleil et l'autre blanc comme la lune, se disputeraient-ils le pouvoir cosmique ? Mais cette lutte devient également celle, périodique, des autochtones contre les envahisseurs.

Les dragons souterrains soulignent aussi la force tellurique du site, le pouvoir de la Terre-Mère, avant qu'il ne soit battu en brèche par celui des nouvelles divinités stellaires. Ainsi le combat apparaît aussi comme celui des anciens et des modernes.

Mais l'épopée de Stonehenge est une cosmogonie et à la fin du cycle, l'ordre doit être restauré et le Chaos vaincu. La bataille se situe alors au moment de l'année nouvelle. Peu de temps avant le solstice d'été, les troupes d'Uther et de Pendragon prennent position en vue de l'assaut final. L'un des rois meurt et l'autre est sacré, tandis qu'un dragon céleste flotte, tel l'emblème de la royauté. Pour l'élection d'Arthur, le même procédé est repris. Le nouvel enfant sans père se trouve choisi comme roi, par la pierre, au solstice d'hiver.

Le conflit oppose également le soleil et la lune pour la possession de l'espace cosmique, ou deux étoiles de la constellation du Dragon, pour celle du pôle. Alors se greffe l'histoire de la Vierge-Mère, enfantant un fils qui deviendra son amant et le père de lui-même. Souvenons-nous de Gaïa qui engendre son parèdre, avant qu'il ne devienne le tyran qui dévore ses propres enfants.

Stonehenge est l'espace-temps sacré où s'accomplissent la hiérogamie Ciel-Terre, le combat Soleil-Lune et le sacrifice igné de l'Enfant-Étoile.

Incontestablement, le contexte de tels mythes se situe au néolithique et/ou au début de l'âge du bronze. Le personnage central demeure Merlin, car il a vocation de magicien. Nul ne connaît son véritable nom, sinon il aurait perdu son pouvoir. On a évoqué plus haut sa naissance étrange, ses démêlés oratoires avec Vortigern, la façon mystérieuse dont il dresse les pierres de Stonehenge.

Mais il existe bien d'autres faits marquants dans la vie de ce sage. Il a pour maître un loup gris, Blaise, le roi ou le benêt (?). Toujours le chaman passe pour fou avant d'être reconnu comme détenteur de la science.

Dans l'épopée de la Table ronde, son rôle se borne à celui d'un conseiller, mais tout le décrit comme un prêtre-roi : sa filiation, son incestueux mariage, sa reconnaissance de l'avenir comme du passé, sa maîtrise de la matière. L'épisode des pierres de Stonehenge paraît incontestablement l'un des faits les plus significatifs de son pouvoir. Il s'entoure d'ailleurs de halos d'obscurité. Les sujets d'Uther-Pendragon se récrient à propos du transport, puis à nouveau quand les pierres arrivent dans la plaine de Salisbury. Nul ne voit Merlin opérer.

En Irlande, les blocs sont liés en un fagot qu'il dépose sur les bateaux. À Salisbury, il profite de la nuit pour user de ses artifices. Un moine témoin des opérations est chassé à coups de pierre-talon ! (Cf. annexe.)

Parfois Merlin a un côté diabolique. Robert de Boron en fait le fils du diable. En Irlande ou à Stonehenge, celui-ci se substitue à Merlin pour rassembler les pierres ou les ériger. Ici, il faut se référer à un principe opposé au dieu masculin, c'est-à-dire que nous en revenons à la Déesse. Pendragon, lui, se nomme le maître des dragons.

Les épisodes de la bataille de la plaine de Salisbury et de la construction du sanctuaire sont évidemment ceux qui nous intéressent le plus directement. Mais la Table ronde aussi a des liens avec Stonehenge. Vu d'en haut, le cercle des trilithes ressemble à une table. Cependant la comparaison ne doit pas s'arrêter là.

Restreindre le mythe de le Table ronde à la seule quête du Graal, dans un contexte de chrétienté médiévale, revient à occulter la richesse et l'ancienneté de l'histoire. Le personnage central, Arthur, est le fils de la Veuve, le roi-prêtre solaire sacré au solstice d'hiver et l'amant de sa sœur. De multiples rebondissements égayent cette histoire jusqu'à ce que l'on oublie l'essentiel, à savoir que la Table ronde est en fait le zodiaque.

Arthur se place au centre, dans tous les sens du terme. Selon les versions, il y a cent cinquante ou seulement douze sièges autour de la Table. Cent cinquante est un multiple de quinze, le nombre de la demi-lunaison ou d'un hémicycle de trilithes à Stonehenge. Quant à douze – ou plus exactement treize, si l'on compte le fauteuil du roi – il correspond alors aux mois de l'année. Le siège du roi peut se placer soit au nord traditionnel et il devient central – il a cette position dans l'imagerie médiévale de la Table ronde – soit au centre du cercle – c'est le lieu de la pierre de l'autel ou du fer à cheval de trilithes à Stonehenge. Quant à l'année, elle se décompose en douze mois de trente jours environ, plus un treizième à la fin qui comprend cinq ou douze jours épagomènes de retour au Chaos.

La Table ronde oppose toujours un roi en titre, Arthur, à un roi putatif. Au début, il s'agit de Lancelot. Certes il devient l'amant de la reine-déesse, mais il ne sera pas roi. Perceval a-t-il plus de chance ? Il est l'enfant de la Veuve, il a la chance de se trouver dans le château du Graal, de le voir, mais il ne connaît pas les questions à poser. Alors le siège périlleux se brise lorsqu'il s'asseoit, car il n'a pas reçu l'initiation royale.

Arthur doit poursuivre son œuvre, malgré son grand âge. Au bout de son cycle, il n'a pas trouvé de remplaçant digne de lui. Son fils Mordred, né de son union avec sa sœur, doit selon les prédictions de Merlin conduire le pays à la ruine. Par tous les moyens, Arthur essaie de lui faire obstacle mais en tuant son fils, il se condamne lui-même à mort.

Dans le combat entre les deux rois, le jeune prince est tué et le vieux monarque, blessé. Inconscient, Arthur se trouve transporté par Morgane dans l'île d'Avalon où, prisonnier du château de verre, il attend des jours meilleurs, pour revenir dans le monde.

Cet exil que l'on peut comparer à celui de Merlin dans le cercle fermé par le voile de Viviane n'est pas seulement celui du jour pendant la nuit ou du soleil pendant l'hiver, il parle de la fin d'un cycle. La quête du Graal a échoué et pendant des siècles, des millénaires peut-être, d'autres dieux supplanteront la Déesse-Lune et le Dieu-Soleil.

Si nous suivons le texte, il apparaît que Merlin a su prévoir la fin de Stonehenge et l'exil du roi. Après tant de combats glorieux, la dernière bataille a abouti à la perte du roi. L'usure du pouvoir et des institutions semblent à l'origine de ce déclin. Pendant des siècles, des prêtres-rois ont été élus après l'épreuve de la Pierre, pour régner pendant un, huit ou dix-neuf ans et donner un fils à la Déesse. Mais il semblait fatal que le système finisse par s'émousser et tombe à la première intrusion belliqueuse.

Le Graal, la coupe, la reine, quête de toute une tribu guerrière et récompense d'un seul homme a fini par devenir le but impossible à atteindre.

Ainsi le mythe de la Table ronde paraît plus ancien que le Moyen Âge et probablement plus que la culture celtique et se rattacherait directement aux traditions issues du postglaciaire. Il met en jeu des divinités stellaires dont le règne est cyclique. Ainsi peut se greffer un nouveau mythe : celui de l'éternel retour. Le roi – Merlin ou Arthur – se trouve captif de la Déesse et dans l'attente du temps de sa réapparition.

Paradoxalement, la mort du roi ou son enserrement dans le château de verre, dans le sépulcre où il dort jusqu'à son lointain réveil, signe la fin du règne incontesté de la Déesse. Il existe une sorte de continuité d'esprit entre les cultes agraires du néolithique, centrés sur la Terre-Mère, et le renouveau de la végétation et les cultes astraux de l'âge du bronze où l'idée de cycle se trouve préservée. Bien avant l'arrivée du christianisme se produit la rupture : les nouveaux dieux ne meurent pas avec l'année. Cependant la tradition restera forte et va survivre jusqu'aux temps modernes et dans certaines campagnes, jusqu'à nos jours.

Les plus fidèles attendent encore le retour de Merlin ou d'Arthur et le renouveau de la Déesse.

La Table ronde a un rapport avec le zodiaque, mais elle apporte aussi la preuve d'une initiation royale et sacerdotale dont nous reparlerons. Quant au Graal, il demeure l'éternelle quête et la réponse.

Celtes et druides

Certains chercheurs ont tenté de rapprocher Stonehenge et le celtisme. En réalité, Stonehenge et ses mythes appartiennent à un univers beaucoup plus archaïque que cette phase de l'histoire britannique. À leur décharge, il convient de préciser que pendant longtemps, tout ce qui n'était ni médiéval ni romain ne pouvait se rapporter qu'aux Celtes. Ils sont ainsi devenus les héritiers d'un patrimoine qui n'était pas, au départ, le leur.

Nombreux sont ceux qui ne savent pas faire la différence entre les Celtes et leurs prédécesseurs. Nombreux sont ceux qui attribuent aux Celtes historiques l'érection des monuments mégalithiques, alors qu'à leur époque, le savoir-faire était déjà perdu. Merlin s'entoure d'ombre pour œuvrer à la construction de Stonehenge.

Actuellement, d'une manière certes différente de celle du XVIIIe ou du XIXe siècle, renaît une forme de celtomanie. Une fois de plus, il s'agit de la lutte entre la tradition autochtone, personnalisée par les Celtes, et les intrusions d'étrangers, qu'ils soient Grecs, Romains ou modernes.

Pourtant dans l'épopée de la Table ronde, les Celtes historiques correspondent à Mordred, le fauteur de troubles, celui qui annonce l'exil définitif du roi et de la Déesse, pire que leur mort cyclique.

Par bien des côtés, les Celtes offrent des ressemblances avec les peuples qui les ont précédés sur le sol de l'Angleterre. Malgré tout, c'est au moment de leur arrivée que se situe le point de rupture et la fin du sanctuaire de Stonehenge. Il semblerait que les prêtres aient prévu cette fin. Le sage Merlin annonce la venue d'un roi qui mettra fin à l'ère de prospérité. Des changements climatiques, des raz de marées, une crise économique caractérisent le passage de l'âge du bronze à l'âge du fer. La fin des temps approche.

Sans doute fallait-il changer les dieux, car ceux qui régnaient alors étaient devenus impuissants.

C'est alors que nous repartons dans une nouvelle épopée. Stonehenge, devenu l'oracle des catastrophes, tombe en ruine. On évoque le combat des arbres, nouvel épisode des rivalités incessantes entre les peuples, les dieux ou encore le Soleil et la Lune ou les étoiles du pôle. Ce combat des arbres paraît très celtique dans cette référence à une nature sauvage, dans cette prééminence du bois sur la pierre, du nomade sur le sédentaire, du sauvage sur le civilisé.

Les vieilles légendes de la préhistoire sont reprises et transformées par les bardes, qui les mettent au goût des nouveaux maîtres. Taliesin peut deviner le nom du dieu et offrir la victoire à son clan. Qu'importe qu'il soit issu d'un autre âge et héritier d'une autre tradition !

Le combat des chefs existe depuis toute antiquité. Vortigern et Merlin illustrent sans doute le combat des partisans de la Déesse et de ceux des nouveaux dieux célestes. Uther et Pendragon renvoie au mythe des jumeaux Soleil-Lune qui se partagent le pouvoir selon le moment de l'année. Et Arthur apparaît comme le roi-prêtre qui ne saurait tolérer un rival, compte régner jusqu'à la fin des temps, mais précipite sa perte en refusant son destin. C'est lui qui ouvre la porte au chaos. Merlin se retire dans la forêt et les prêtres abandonnent Stonehenge et leur calendrier.

Là se situe la clé qui permet la jonction entre la tradition de l'âge du bronze et celle de l'âge du fer, dans la retraite. Les Thuata dé Danann restent en Irlande mais vivent en reclus dans les grottes, les tertres funéraires ou les forêts. De même, après la désertion de Stonehenge, les prêtres disparaissent dans la « forêt », dans la clandestinité.

Peu à peu les druides et les bardes vont recueillir leur savoir, non pas technique, car celui-ci disparaît définitivement, mais l'épopée mythologique. En effet, dans les pays méditerranéens, la tradition de la pierre, la maçonnerie survit aux invasions et se transforme. Dans l'Europe du Nord, on en revient au bois et à la charpente. Et l'opposition entre les deux traditions sous la forme du « bosquet » contre le « temple » se fait plus dure.

Certainement le combat des arbres ou le cycle arthurien en prennent âme à l'époque celtique, même si les faits relatés sont antérieurs. La tradition de la maçonnerie disparaît ou sombre dans l'oubli avec Merlin, qui apparaît comme l'un des derniers initiés dans cette science. Ailleurs, en Italie par exemple, la tradition néolithique se trouve relayée par les techniques cyclopénnes, qui à leur tour cèdent la place à une architecture classique. Inversement, l'Angleterre paraît submergée par les barbares venus de la Gaule chevelue.

Si l'enceinte sacrée demeure la référence absolue, certaines, comme Stonehenge, sont abandonnées. Les vieux dieux ne sont plus adorés, ils prennent une place secondaire et de nouvelles divinités les détrônent. Pourtant, en même temps, le mythe s'enrichit d'épisodes, qui se fondent en une réalité de plus en plus complexe. Et les Celtes s'approprient sans vergogne un patrimoine étranger. Les connaissances que l'on prête aux druides, notamment en astronomie ou en géométrie, leur proviennent de cet héritage archaïque.

Cet amalgame de traditions diverses, modifiées encore par l'introduction du christianisme, survit tout particulièrement en Grande-Bretagne, pour resurgir une première fois au Moyen Âge, avec l'épopée de la Table ronde, puis ensuite aux siècles des lumières, avec l'engouement pour Stonehenge et le néo-druidisme.

Ceux qui ont redécouvert et fait connaître Stonehenge, John Aubrey puis William Stukeley, sont également à l'origine du néo-druidisme. Dans tout le fatras de ce qui a été écrit au XVIIe ou au XVIIIe siècle, il paraît difficile de faire la part de ce qui est réellement traditionnel et de ce qui a été réinventé pour les besoins de la cause. Finalement druidisme et néo-druidisme se mêlent dans l'aspect le plus sordide des légendes concernant Stonehenge.

En particulier, les dessins de Stukeley sont suggestifs de l'horreur qui reste souvent attachée aux mégalithes. Sur l'un d'entre eux, des druides sacrifient un bélier sur un bûcher, au pied d'une femme en croix, tandis que dans le fond se profile le cercle de Stonehenge. Il représenterait la fête de l'équinoxe de printemps. Sur une autre gravure, qui figure le solstice d'hiver, des druides portant des rameaux suivent un bouc ; à l'arrière-plan le sanctuaire serpentine d'Avebury apparaît.

Le romantisme, et Chateaubriand en particulier, a entretenu l'histoire erronée des sacrifices humains sur les tables des dolmens, perpétrés par les druides. Et d'aucuns de montrer les cupules et les rigoles ruisselant du sang des victimes. Certes, les sacrifices humains ne sont pas exclus, dans les sociétés du néolithique ou de l'âge du bronze. À propos de Stonehenge, il a été beaucoup question de la mort ou du sacrifice du roi. Mais il paraît difficile de savoir si l'acte était réellement accompli ou seulement symboliquement. Les incinérations des trous d'Aubrey peuvent être les traces d'une telle cérémonie ou tout simplement rappeler la fonction première, sépulcrale du sanctuaire.

Aucune certitude n'apparaît si ce n'est dans la légende, forgée on ne sait trop quand. Rapporter aux druides de semblables pratiques demeure étonnant quand on sait que Stonehenge a cessé de fonctionner, justement, à l'âge du fer.

Pourquoi le néo-druidisme s'est-il approprié Stonehenge ? Dans la Grande-Bretagne celtisée, de nombreux sanctuaires anciens ont survécu – peut-être Avebury – et la population autochtone a continué à y pratiquer des cérémonies et des fêtes, que l'élite conquérante et les druides ont tolérées. Lentement, un amalgame de croyances issues de plusieurs populations successives a fini par s'unifier en ce que l'on nomme improprement la « tradition celtique ».

Mais, à son tour, la tradition celtique s'est trouvée en butte avec la romanisation d'abord, puis la christianisation, qui a fait d'énormes ravages dans l'imaginaire des peuples anciens. Certains prétendent détenir cette tradition archaïque par filiation et cela s'avère possible, avec les restrictions que supposent les déformations du sens de l'histoire au fil du temps.

Mais dans bien des cas, il s'agit de reconstitutions qui n'ont plus qu'un rapport lointain avec les cérémonies originelles. Certes nous ignorons la teneur des fêtes du solstice d'été dans l'enceinte de Stonehenge, à l'âge du bronze. Pourtant, il y a peu de chances qu'elles aient pu ressembler à ce qui se déroule aujourd'hui, sous l'égide du *Druid Order*.

De tout ce fatras, il paraît difficile de dégager une idée objective. D'une part, les rituels ne laissent que rarement des vestiges archéologiques facilement interprétables et nous ne pouvons attendre aucun secours de ce côté-ci.

Reste la tradition. Or, elle a été déformée par les nombreuses invasions, tant à l'âge du fer qu'à l'époque romaine ou plus tard. Les changements de religion et surtout le christianisme ont abouti à une réinterprétation des données de base.

Au niveau même de la tradition, on peut distinguer deux courants. Le premier est la filiation par l'enseignement oral, donc sujet à des lacunes. Le second a une expression écrite mais chaque poète peut enjoliver son récit et finalement, l'un ne semble pas plus crédible que l'autre. Pourtant c'est à travers ces bribes que se reconstitue le mythe sacré.

Dans l'histoire de Stonehenge, l'apport celtique à la légende se situe dans la violence, car les guerriers celtes sont réputés pour leur sauvagerie, même si leurs druides ont su recueillir l'héritage poétique du peuple conquis.

Les ruines de Stonehenge paraissent muettes et les millénaires ont effacé leur histoire. Pourtant, on peut reconstituer la trame de ce qui s'est déroulé au cœur du sanctuaire. Plusieurs étapes de construction et de destruction aboutissent à une épopée qui s'articule autour de trois thèmes récurrents : la danse, le combat et la Table ronde. Mais sont-ils fondamentalement différents ?

La danse des Géants évoque à la fois les prouesses des

hommes néolithiques, dressant des pierres pesant plusieurs tonnes, et une fête, agraire au départ et liée au jour du Nouvel An. Mais on ne saurait occulter Thésée et les grues, dont le pas glisse vers les étoiles.

Quant au combat, on ne sait plus si c'est celui des arbres, celui des aborigènes et des envahisseurs, celui du Soleil et de la Lune ou celui des étoiles de la constellation du Dragon, pour la maîtrise du Pôle.

Enfin, la Table ronde est l'aboutissement médiéval d'un thème débattu depuis le néolithique au moins. Mais les bardes ont tellement brodé autour du canevas primitif que l'on perd peu à peu le sens premier du mythe.

CHAPITRE 11

INITIATION ET CLASSES SOCIALES

Beaucoup de chercheurs rapportent aux Celtes un modèle social qui appartient plus généralement aux Indo-Européens et qui préexiste souvent à l'arrivée de ce nouveau peuple conquérant, sur la scène politique de l'Europe occidentale. La question reste de savoir quelle population est ou non indo-européenne. Là encore les avis divergent. Depuis l'aube des temps, l'Europe, bien que formant une impasse, a été traversée de migrations, qui ont laissé des traces plus ou moins fortes, tant sur le plan ethnique que linguistique ou culturel. Il n'entre pas dans notre propos de nous jeter dans ce débat et seules les constatations évidentes retiendront notre attention.

La société tripartite n'est pas spécifique au monde celte et dès la fin du néolithique, elle semble devoir se mettre en place, sous la poussée des événements.

Une première certitude s'impose : les bâtisseurs de mégalithes ne sauraient se restreindre à quelques hordes plus ou moins nomades et inorganisées. Même le terrassement de Stonehenge 1 suppose une main-d'œuvre abondante et une certaine organisation sociale. Il est vrai que les sociétés néolithiques ont pu paraître égalitaires, dans la mesure où il n'y a pas de différences criantes de richesse, mais cela ne veut pas dire qu'elles n'étaient pas déjà hiérarchisées. Bien des cairns gigantesques abritent au plus quelques individus, impliquant une relative élection.

En fait, dès le paléolithique existent des différences de statut entre les personnes, soit en fonction de capacités particulières – comme celles de la guérisseuse – soit en fonction d'un droit dont les traces ont été perdues. Très tôt, un pouvoir religieux et civil s'instaure. Un même individu peut cumuler les fonctions, ou un groupe.

À partir du néolithique commencent à apparaître des spécificités qui deviendront ultérieurement des métiers. Certes, de nombreux travaux peuvent avoir un caractère collectif, comme l'édification d'une maison ou d'un sanctuaire, mais le recours au spécialiste va s'intensifier. Dès que le métal est connu, il devient tabou et seuls les forgerons ont le droit de le travailler. Là naît l'esprit de caste, que les Indo-Européens développeront tout particulièrement.

Paysans et artisans

À la fin du néolithique, la société n'est probablement pas encore très structurée et les hommes restent polyvalents dans leurs fonctions, à l'exception des chamans-prêtres qui ont pu avoir, dès le paléolithique, un statut à part. Les tombeaux grandioses semblent avoir été réservés pour une élite dans le domaine de la sagesse et de la science.

À cette époque, le mode de vie en Europe occidentale est rural, avec une population active se livrant essentiellement à l'agriculture et à l'élevage. Les tâches artisanales, comme la poterie, le tissage sont l'œuvre des femmes, alors que les autres, la fabrication des habitations, des outils et des armes appartiennent aux hommes. Ainsi la répartition du travail paraît plutôt fondée sur des critères sexuels que liée à des différences de classes, d'où le combat mythique du Soleil et de la Lune.

L'apparition de la guerre introduit de nouvelles données. En effet, la rivalité entre tribus peut mener à un conflit. À son issue, il y a un vainqueur et un vaincu et le premier s'approprie les richesses de l'autre. Souvent aussi le vaincu subit la loi du vainqueur. Dans des sociétés plus structurées que celles de l'Europe occidentale, l'esclavage apparaît tôt. Nous ne pouvons pas déceler sa présence dans l'Angleterre de la fin du néolithique ou de l'âge du bronze. Mais l'ébauche de différences sociales existe déjà.

En ce qui concerne le *Henge Monument* (ou Stonehenge 1), nous pouvons supposer que la « foi déplace les montagnes » et qu'une organisation sociale relativement peu structurée et égalitaire peut exister encore. Sous la direction d'un maître d'œuvre qui est également le spécialiste du sacré, les travaux de terrassement ont pu se faire, l'ouvrage ne réclamant pas la présence d'artisans particuliers.

À partir de Stonehenge 2, et surtout avec Stonehenge 3, tout se complique et l'apparition de charpentiers, de maçons peut être décelée. Si le gros de l'ouvrage est le travail des populations locales et de simples manœuvres, la présence de géomètres, d'architectes, d'astronomes s'avère indispensable à la conception du plan. Ainsi nous arrivons à la reconnaissance de plusieurs classes sociales : la main-d'œuvre recrutée parmi les agriculteurs locaux, les artisans plus ou moins spécialisés et les mandataires de l'œuvre qui peuvent ou non en être les planificateurs.

Dans une société plus complexe, les fonctions tendent à se séparer, et au niveau le plus bas, il est possible de distinguer des agriculteurs, des artisans et des commerçants. Au-dessus se placent les guerriers, puis les prêtres, qui tendent à bénéficier d'avantages substantiels par rapport aux autres, et enfin le prince ou le roi, dont le statut demeure à part.

Dans la société néolithique archaïque, la femme cultive et possède la terre et, de ce fait, jouit d'un grand pouvoir. En revanche, l'homme a la tâche d'éleveur. Il y a donc, comme au paléolithique, une division sexuelle du travail. Ainsi le schéma social paraît matrilinéaire, en particulier au Moyen-Orient. Pour l'Europe occidentale, les artéfacts archéologiques ne permettent pas de l'affirmer, mais la légende vient au secours de l'historien.

Taliesin est sous la coupe de Ceridwen, parfois présentée comme une méchante sorcière. Arthur n'a d'existence que par la reine Guenièvre, d'autant plus qu'il ne peut faire usage, en tant que prêtre-roi, de sa force de guerrier. Quant à Merlin, il dépend de sa sœur Viviane ou Ganieda – la Blanche Dame – qui détient un pouvoir qu'elle exerce parfois avec le secours d'un autre homme, tout comme Guenièvre d'ailleurs. Le roi termine sa vie en exil ou en prison : souvenons-nous de Merlin ou d'Arthur.

Il est probable que cette situation de dépendance a fini par se limiter au couple divin. Nous ne savons pas quelle est la part de la mythologie luni-solaire dans cet état de fait, ni à quel moment se produit le renversement de situation qui aboutit au passage d'une société matrilinéaire à une société patrilinéaire. Les Celtes paraissent encore fortement marqués par le premier schéma social. Et la légende du fils sans père a eu une durée singulièrement longue.

Dans les sociétés archaïques, la vie est ponctuée par une série d'initiations, à la naissance, à l'enfance (soit sept ou huit ans), à l'adolescence, à la vieillesse et enfin à la mort. Une différenciation sexuelle existe à ce niveau, mais tout se trouve régenté par la matrone, émanation de la Déesse-Mère sous ses cinq aspects.

La première initiation correspond à une entrée, dans le monde des vivants, de l'ombre d'un ancêtre. La deuxième apparaît comme un apprentissage de la vie d'homme. Puis vient celle de l'amour. Avec l'âge se développe la sagesse qui prélude un retour aux sources.

Chez les Celtes encore, c'est vers sept ou huit ans que l'enfant choisit son « métier ». Ici se place l'initiation aux tâches agricoles – cultivateur et/ou pasteur – ou artisanales – potier ou forgeron pour les arts de la Terre, maçon ou charpentier pour les arts de l'Air. Les fonctions de guerrier ou de prêtre peuvent être considérées à part. Ainsi on en vient, dès l'âge du bronze, à une répartition tripartite de la société. Mais le système binaire de l'opposition des contraires reste présent dans la dualité, souvent théorique, maçon-charpentier. Même la fonction royale n'échappe à cet ordre immuable que par l'androgynat.

N'avons-nous pas oublié Stonehenge ?

Le site ne peut se comprendre que grâce à son contexte. Sur les piliers de sarsen, des signes sont gravés, en particulier des haches et des poignards. Ne pourraient-ils pas indiquer les marques d'une initiation à la première ou à la deuxième classe sociale ? Évidemment ils ont également un sens religieux, mais est-ce incompatible ?

Il nous est possible de trouver ailleurs des traces d'une initiation de métier, d'une sorte de compagnonnage dont les aboutissements ont pu parvenir jusqu'à nous. La société néolithique archaïque repose sur la division sexuelle du travail. Mais le savoir acquis se retransmet par filiation aux enfants des deux sexes. Et à partir de l'âge du bronze, des métiers distincts les uns des autres font leur apparition. La maîtrise de chacun paraît jalousement gardée et diffusée seulement sous le sceau du secret, après un long apprentissage.

Ainsi la maçonnerie – technique de construction en pierre – devient un art sacré, au même titre que la charpente ou la forge. Stonehenge laisse apparaître d'ailleurs la coexistence de deux techniques, celle de la pierre, issue de la culture mégalithique atlantique, et celle du bois, venue avec les peuples de l'âge du bronze, plus familiers des steppes orientales. Mais après la fin de l'âge du bronze, la maîtrise de la pierre va tomber dans un oubli relatif.

Les classes les plus humbles ont leur rôle à jouer, même dans le temple de Stonehenge où à chaque pôle doit correspondre une fonction. Comme la Déesse, l'initiation a un quintuple aspect.

À l'est, qui s'éveille avec le lever du soleil à l'équinoxe de printemps, se situent la naissance et la classe des agriculteurs qui, avec l'aide de la Terre-Mère, produisent la nourriture de tous. En regard, nous avons le trilithe 51-52. Au sud, avec le trilithe 53-54, prend place l'initiation de l'artisan, car l'été apparaît comme le créateur. La mort prend place à l'ouest et à l'équinoxe d'automne – trilithe 57-58 –, car le guerrier ne pourrait exister sans ce jeu. Vers le nord – trilithe 59-60 –, l'hiver et la vieillesse rendent les hommes plus sages : ici a lieu l'initiation sacerdotale et l'apprentissage de la science sacrée.

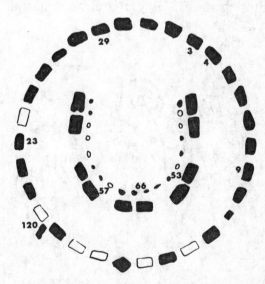

Fig. 79
Schéma de répartition des gravures de Stonehenge.

Enfin au centre se trouve la chambre de lumière où se déroule la naissance et la mort du prêtre-roi. Le trilithe 55-56 s'ouvre en direction du pilier 16, là où le soleil est à son zénith, mais il se situe également dans l'axe du nord, indiqué par le Dragon polaire et près de la pierre de l'autel. Voilà pourquoi nous pouvons dire que Stonehenge est à la fois un temple funéraire, où l'on célèbre, tour à tour, la mort et la naissance du roi, et initiatique.

Arrêtons-nous encore sur les gravures de Stonehenge. La plus ancienne apparaît sur la pierre bleue 66, que l'effondrement du trilithe 55-56 a couchée à terre. Il s'agit d'un anneau, tout à fait conforme à la tradition la plus vieille. Des éléments comparables existent en de nombreux points d'Angleterre ou d'Écosse. Sur le plan symbolique, nous ne pouvons tirer aucune conclusion, dans la mesure où nous ignorons où le monolithe se trouvait situé à l'origine. De plus, il appartient à l'ensemble de Stonehenge 2.

Pour Stonehenge 3, les gravures se remarquent à la

Fig. 80
Anneaux et spirales gravés sur un rocher du
Northum-berland.

fois sur le cercle et sur les trilithes centraux. Les pierres 3 et 4, situées face à l'endroit où le soleil et la lune se lèvent, au solstice d'été et au début de l'année, ont reçu une abondante ornementation. En effet, le montant 4 ne porte pas moins de vingt-cinq haches et d'autres figurent sur le 3. En outre, on voit des zigzags sur la pierre 4.

On ne peut nier la référence à l'éveil de la végétation, sous la forme de la hache et du serpent. La première renvoie aussi à la classe des agriculteurs, tandis que le second préfigure l'œuf cosmique.

Ensuite le bloc 9b, à proximité de la porte est, livre une cupule et des zigzags. Ici encore, sont honorées l'Eau et la Lune, dispensatrices de vie et de bienfaits. Cette pierre correspond au lever de l'astre nocturne, à l'équinoxe.

Sur le linteau 120, surmontant les blocs 19 et 20, là où le soleil se couche en hiver et à l'opposé des pierres 3 et 4, sont gravés des rectangles, en référence à la Terre ou à l'espace.

On trouve le poignard sur la pierre 23, située, elle, à l'Occident. Il apparaît comme l'indice de la classe guerrière et figure également dans le fer à cheval central.

Sur le montant 29, face au sud, il y a l'une des représentations les plus curieuses de Stonehenge : le « Torse », composé d'un rectangle quadrillé, surmonté d'un cercle, paré d'yeux à la manière des fantômes paléolithiques. On peut le considérer à la fois comme une sorte d'idole et comme le symbole de l'union de la Terre carrée et du Ciel circulaire. La Voie se situe dans l'axe du nord, là où se couche la lune hivernale.

L'épée, proche d'une stylisation de l'être humain et indice de la classe guerrière, orne le montant 53 du trilithe central, en regard du nord-ouest et du soleil couchant en été. L'initiation héroïque conduit à la mort.

Enfin, sur le montant 57 du trilithe central, faisant face au nord-est, prend place un « écusson ». Il diffère un peu, sur le plan iconographique, des modèles bretons et se rapproche de ceux de la Suisse campaniforme. Un rectangle est surmonté d'une auréole faite de triangles. L'initiation sacerdotale et la voie de la sagesse s'ouvrent ici. Au cœur est le Roi.

Des cinq classes qui correspondent en même temps au nom et aux attributs de la Déesse et aux planètes du système solaire, connues à l'époque protohistorique, nous passons à trois. Cette réduction semble le fait de la dernière vague indo-européenne, celle où le pouvoir de la Déesse disparaît inexorablement, sous le coup des guerriers.

En Inde, la quatrième classe se maintient sous la forme des parias, qui sont intouchables et se placent en dehors des autres castes. En Occident, agriculteurs et artisans se joignent en un seul élément. Les guerriers et les prêtres vont se disputer le pouvoir et la préséance, et la fonction royale dans son sens primitif disparaît. Pendant un certain temps, l'Égypte, gardienne incontestée de la tradition, maintiendra le couple divin tel qu'il a été conçu, au départ de l'ère du Bélier, avec une relative prédominance de la Déesse, en souvenir des temps du Taureau.

À Stonehenge, l'arrivée des Celtes correspond peut-être à un changement de calendrier, mais surtout à une nouvelle vision de la société dans laquelle le roi-dieu n'avait plus sa place. Seule la légende et tout particulièrement le mythe arthurien a su préserver une tradition archaïque, antérieure à la venue des Celtes. Les cinq trilithes, dans leur position annuelle en regard des saisons, n'ont plus lieu de se dresser pour l'éternité. Laissons-les aux poètes.

Guerriers

Les agriculteurs du début du néolithique paraissent pacifiques par rapport aux hordes guerrières qui vont se succéder en Europe pendant des millénaires. Nous ne pouvons préciser si cet état de fait vient du pouvoir des femmes, de la vaste étendue de terres non encore colonisées ou d'une relative croissance économique. Toujours est-il que les choses se dégradent à partir de la fin du néolithique, sous la pression de changements climatiques et sociaux.

La guerre fait son apparition.

Les premières armes, en silex, sont rudimentaires et se limitent à la masse, à la hache, au poignard et aux flèches. Dans les épopées mythologiques, ces quatre types plus le cinquième, la magie, sont associés à divers héros.

Ainsi, Héraclès dont la figure hérite des Géants néolithiques a pour attribut la massue, gourdin de bois primitif, dont le prototype est la masse, nucléus de silex perforé pour être emmanché. Dagda a également une

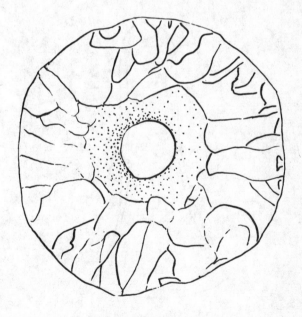

Fig. 81
Masse en silex.

287

massue dont un côté tue ses ennemis et l'autre ressuscite ses amis. Cette double fonction donnée à l'arme de Dagda existe dès la préhistoire, avec la hache-marteau qui féconde et reprend la vie. Elle personnalise en quelque sorte la puissance de la Terre, mais peut signifier la connaissance primordiale.

À l'Eau et au printemps correspond la hache. C'est une invention de l'époque néolithique et des milliers de spécimens parsèment encore les champs. Beaucoup présentent une asymétrie qui en font, en fait, des herminettes, propres au travail de la terre nourricière. En outre, une sorte de fétichisme donne la préférence à la couleur verte, représentative de la végétation. Aujourd'hui encore, ces pièces passent pour guérir. Sur les piliers de Stonehenge, comme sur les montants des dolmens bretons, elles figurent en bonne position.

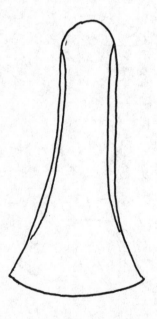

Fig. 82
Hache en bronze des environs de Stonehenge.

La hache signifie soit la classe agricole et l'initiation correspondante, si l'on s'en tient à son rôle dans la fécondité, soit l'arme de la divinité dispensatrice de l'eau, la Lune. Dans cette acception, nous en revenons une fois de plus au double aspect du culte luni-solaire, à Stonehenge.

Parfois la hache a deux tranchants : c'est le cas des haches bipennes d'Europe occidentale ou de la hache double crétoise. Cet emblème de la Déesse-Mère en Crète, qui rappelle son double pouvoir de vie et de mort, tend à devenir plus tard solaire, quand les héros grecs pervertissent l'histoire du labyrinthe. Enfin la hache symbolise le pouvoir de différenciation.

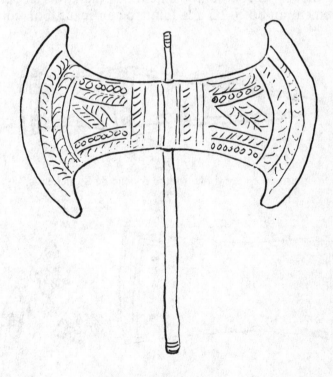

Fig. 83
Hache double crétoise.

L'épée, elle, est l'enfant du Feu de midi. Avant d'être une arme, le couteau a d'abord été un outil dans la main de l'homme paléolithique. Son évolution semble l'un des fils conducteurs de celle de l'être humain. À partir du néolithique, la lame de silex sert aussi bien à couper les moissons qu'à trancher la gorge de la victime sacrifiée rituellement, ou à se défendre contre l'ennemi. Puis le poignard de silex, gainé de cuir, précède ou imite un prototype en cuivre. Sur les piliers de Stonehenge, deux types coexistent : l'un, archaïque à rivets (et manche en bois) et l'autre, plus élaboré à pommeau métallique.

Ils représentent la classe guerrière et son initiation. Par sa couleur dorée – le silex blond était recherché au néolithique – et son flamboiement, le poignard s'associe facilement au Soleil ou à la lumière de l'éclair. Son côté

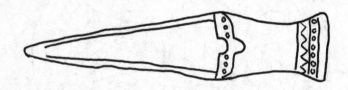

Fig. 84
Poignard en cuivre d'une tombe proche de Stonehenge.

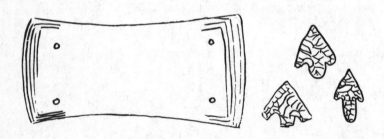

Fig. 85
Flèches et brassard d'archer campaniforme de
Grande-Bretagne.

ouranien en fait l'arme de la justice suprême. Le roi-soleil, avant de finir dévoré par les flammes, a la gorge tranchée par le couteau sacrificiel d'or et ainsi il devient possible d'affirmer que le roi-soleil de l'année montante a tué celui de l'année descendante.

Alors resurgit la dualité luni-solaire. L'épée a deux tranchants et aussi, elle est la fille de l'Eau, née d'une savante alchimie avec le Feu, dans le creuset de la Terre et grâce au souffle de l'Air. Dans la légende arthurienne, au moment venu, le roi voit surgir d'un lac l'arme qui lui assure la royauté. Enfin l'épée a la force du verbe.

L'Air engendre la flèche. Au postglaciaire, l'homme invente l'arc et la flèche d'où va découler un art royal. Dès le campaniforme, l'archéologie apporte la preuve que la maîtrise de cette technique confère à l'archer un statut privilégié. En Grande-Bretagne, la tombe de Radley témoigne de cet état de fait. Un fossé circulaire entourait un double tumulus qui renfermait le squelette d'un jeune homme, allongé sur le dos. Son bagage pour l'au-delà comprenait un vase campaniforme, trois flèches et surtout d'admirables boucles d'oreilles faites dans une feuille d'or. Une autre tombe, à Mere, a livré le traditionnel gobelet campaniforme, avec un poignard à soie en cuivre et deux disques d'or ornés d'un motif cruciforme et d'un cercle de points. À cette époque, seules les sépultures de guerriers ou de prêtres révèlent des objets de luxe.

Les dieux, les rois et les héros utilisent l'arc, qui symbolise la perfection. Il paraît être l'arme aimée d'Arjuna, d'Apollon, de l'empereur Yao. Quant à la flèche, elle s'identifie soit avec l'éclair, soit avec le rayon solaire, soit encore avec l'arc-en-ciel, indice d'une pénétration accrue. La notion de cible ou de but ultime est le troisième volet de ce ternaire, féminin-masculin-neutre central.

Le tir à l'arc représente la maîtrise totale de l'individu, l'initiation la plus haute que puisse connaître le guerrier. Seul le cheval peut précéder l'homme dans cette voie.

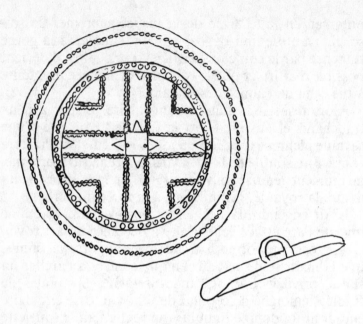

Fig. 86
Bijoux campaniformes : boucle de Radley et disque d'or.

Une progression dans l'art de la guerre est sensible entre la fin du néolithique et l'âge du bronze. Si les quatre types d'armes restent en vigueur, avec leur propre symbolisme, de nouvelles techniques entrent en scène. Dès le campaniforme et surtout à partir de l'âge du bronze, le cheval fait son apparition.

Au début, le cheval sert à tirer le char de l'archer et une nouvelle triade prend forme, constituée par l'animal, le cocher et l'archer. Nous ne pouvons passer sous silence cet épisode du *Mahabharata* où Krishna sert de cocher à Arjuna et interrompt le jet des flèches pour évoquer des questions hautement métaphysiques. Certains tumulus abritent la dépouille d'un cheval, guerrier comme l'homme et initiateur, au même titre que l'arc.

La plaine de Salisbury a été la nécropole du peuple de la *Wessex Culture* et parmi les tombes, certaines appar-

Fig. 87
Char attelé de chevaux, à Val Camonica.

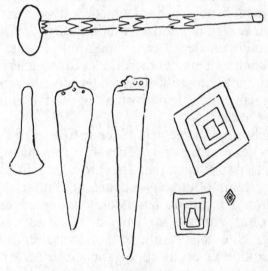

Fig. 88
Mobilier funéraire de Bush Barrow : le sceptre, une
hache, un poignard et une épée, les ornements en or.

tiennent à des rois. Ainsi le tertre de Bush Barrow
semble l'un des plus somptueux. Le « roi » était enterré
avec ses armes, une épée, un poignard, une hache et sans
doute les restes d'un bouclier de cuir et de bois et ses
insignes de pouvoir, en particulier un sceptre de bois

muni d'une masse de pierre et orné de dents de loup. Sur sa poitrine, il portait deux losanges d'or, images d'une quadruple enceinte.

Enfin l'ultime étape des arts de la guerre, à l'époque protohistorique, est marquée par l'apparition du cavalier. Ici nous débordons le cadre chronologique de Stonehenge pour entrer dans le monde celtique, et par-delà dans la chevalerie médiévale. Cette dernière technique prend effectivement son essor à partir de l'âge du fer.

À Stonehenge, l'initiation guerrière reste imprégnée par la hiérarchie des armes, avec la masse, la hache, le poignard et la flèche. Les gravures rupestres représentent seulement le poignard et la hache, qui peuvent avoir bien d'autres significations symboliques. Le motif solaire renvoie à la flèche et à l'initiation royale. Nous ignorons comment étaient recrutés les futurs guerriers et s'il existait une aristocratie de sang. Ils constituaient déjà une élite sociale, dont le pouvoir s'opposait à celui de la caste sacerdotale.

Dans l'enceinte sacrée, leur place se trouvait à l'ouest. En dehors des exercices physiques d'entraînement, nous ne pouvons pas reconstituer les étapes de leur chemin initiatique. Sans doute est-il cohérent d'imaginer une consécration à la fin du temps de leurs épreuves, à la manière dont étaient, au Moyen Âge, adoubés les chevaliers. Une telle pratique a nécessairement une haute antiquité. Le prêtre-roi ou son substitut, le chef, y jouent un rôle important, comme garants des institutions que le guerrier défend.

Chamans-prêtres

Ne soyons pas surpris que les arts de la guerre apparaissent avec l'ère du Bélier. Tout héros a un caractère éminemment solaire. En revanche, le chaman œuvre dans la nuit et le nord de la tradition lui convient parfaitement. La dernière fonction a toujours su s'entourer d'un épais mystère, dû au faible nombre de ses initiés et au poids de leur science.

Que savons-nous des prêtres de Stonehenge ?

Nous ne les connaissons qu'à travers leurs réalisations, c'est-à-dire le temple le plus extraordinaire de l'Antiquité. Pour le paléolithique, nous pouvons supposer l'existence de chamans et/ou de guérisseurs. Quelques indices pictographiques viennent appuyer cette thèse. Mais à partir du postglaciaire, la définition de la caste sacerdotale devient de plus en plus floue. Et il faut attendre l'ère celtique pour que le druide vienne se dessiner dans l'univers magico-religieux de l'homme d'Europe occidentale.

Les civilisations d'Égypte et du Moyen-Orient nous renseignent sur leurs prêtres astronomes et sur les prêtresses de la Déesse-Mère. En revanche pour l'Occident, sexe, pouvoir et fonction s'auréolent d'une brume persistante. Seuls les monuments, les traces de rites, les épopées racontées apportent quelque lumière sur cette irritante question.

Avant tout, l'impression première qui se dégage de Stonehenge est celle d'une réalisation architecturale particulièrement originale puisqu'elle n'offre aucun point de comparaison direct. Mais, dans un temple grec ou à Stonehenge, les bâtisseurs ne sont que des exécutants. Certes, divers corps de métier participent à l'ouvrage, apportant chacun leur technique propre. Nous avons reconnu le passage de l'arpenteur, du carrier, du charpentier, du maçon, mais ils ne sont pas les concepteurs.

Ensuite, il convient de définir le but de l'entreprise, et alors, peut-être, la personnalité de l'architecte pourra se faire jour. Stonehenge 2 et 3 apparaissent comme des temples stellaires et des observatoires astronomiques. Derrière l'architecte se cache le mathématicien et le chercheur qui lit dans les étoiles, la roue de la vie.

Finalement, l'image de Merlin s'impose peu à peu comme celle du maître de la destinée. Mais où se dissimulent donc les prêtresses ?

Merlin a sans doute été historiquement un barde du haut Moyen Âge et sur le plan de la légende un personnage un peu fou, chaman ou druide. Mais son épopée, écrite dans un contexte où l'homme règne, ne rend probablement pas compte de la réalité globale de l'univers magico-religieux des hommes de la fin du néolithique et de l'âge du bronze.

Il faut pousser plus loin notre quête. Si nous gardons en mémoire que le temple a servi pendant deux millénaires au moins, des changements ont dû se produire, à la fois dans la conception du temple et dans celle du clergé. Souvent Stonehenge 1 et le culte de la Déesse sont occultés. Pourtant une évidence s'impose : les rites diffèrent.

Une grande enceinte sacrée peut abriter diverses cérémonies. Pour la période la plus ancienne, les rites funéraires et initiatiques ont la première place, mais les festivités saisonnières ne sauraient être exclues. Le renouveau du printemps paraît un moment fort, souligné par les portes équinoxiales, et sacrifices et danses ont pu se dérouler dans le cercle. Alors le taureau, le cygne et le serpent, tous attributs de la Déesse pourraient avoir un rôle à jouer.

Cela ne résout pas pour autant la question des intervenants. Les rites initiatiques sont le privilège de la Déesse-Mère et de ses prêtresses, dont la légende a fait des fées. Mais la présence masculine ne saurait être rejetée, le chamanisme se situant toujours en dehors des sexes.

Stonehenge 2 et 3 supposent d'autres idéaux, peut-être. L'orientation du nouvel ouvrage, face au nord du Dragon polaire, apporte une ouverture nouvelle, bien que cet aspect n'ait qu'une importance relative dans l'ordonnance du rituel, rythmé par les solstices.

N'oublions pas que les nouvelles structures font partie

d'un mythe. Le temple devient une cosmogonie, à laquelle chaque élément participe. Le thème principal demeure la hiérogamie Ciel-Terre sous sa forme réactualisée Soleil-Lune. Ici a lieu la naissance de l'œuf ou de l'année, non plus à l'équinoxe de printemps, mais au solstice. Il reste difficile de localiser dans le temps, le moment de cette fête, qui apparaît dès l'ère du Taureau.

À partir de Stonehenge 3, le mystère de la mort-renaissance du roi semble cependant devenir l'histoire récurrente, à tel point que le début de l'année prend place soit au solstice d'hiver, soit au solstice d'été, selon qu'on inverse ou non le nom de la divinité.

Malgré une plus grande précision dans les fêtes, nous ne savons toujours pas quels sont les acteurs humains du drame. Les prêtresses participent aux orgies sacrées, il en est sans doute ainsi depuis le néolithique. L'astronome ordonnateur du sanctuaire paraît devenir le prêtre, bien qu'il semble proche du chaman antérieur ou du druide postérieur.

Reste le roi et/ou la reine. Dans la mythologie égyptienne, le pharaon et la reine jouent un rôle déterminant puisqu'ils se substituent à Osiris et Isis, dans le drame de la mort du dieu, et qu'ils sont garants de l'ordre rétabli à chaque retour de la lumière.

En définitive le personnage de Merlin pourrait, dans le mythe de Stonehenge, tenir le rôle du roi-dieu mais également personnifier le prêtre et sa fonction sociale, c'est-à-dire assumer les deux exercices les plus hauts dans la hiérarchie. Peut-il correspondre à la fois au chaman néolithique et au prêtre astronome de l'âge du bronze ? Cela supposerait des changements minimes entre les deux cultures, sinon entre les deux cultes.

Le combat des arbres qui renvoie, peut-être, au passage entre l'ère du Taureau et celle du Bélier insiste surtout sur le caractère guerrier de l'aventure et l'aspect de joute oratoire entre les aèdes des deux clans protagonistes. Trouver le nom secret de la déité paraît plus important que de changer de calendrier. Ici, la puissance du nom, du nombre, du verbe a sa plus belle expression. Inverser le nom modifie l'ordre établi et instaure un ordre nouveau.

Un temple est mis à terre et un autre le remplace.

L'une des gloires de Merlin n'est-elle pas le don de parole qui lui vient en naissant ? N'oublions pas que le chaman aussi sait la « langue des oiseaux ». Connaître la puissance des noms, cela signifie également avoir la maîtrise d'un pouvoir vibratoire qui s'applique à tout ce qui existe sur terre et dans les cieux, y compris les pierres. Et Merlin sait dresser les pierres, grâce à ses propres artifices.

Cette maîtrise de la matière par l'énergie passe toujours pour un pouvoir chamanique. Merlin a le don de prophétie. Tout chaman a une vision unitaire et globale du Tout. Pour lui, le temps n'a d'existence que dans la vie matérielle. Il y a évolution des techniques de divination : au paléolithique et au néolithique, le rêve revêt une importance considérable. Mais d'autres méthodes sont attestées : l'étude du reflet de l'eau ou du quartz hyalin, la géomancie, l'interrogation des esprits ancestraux dans les sépultures et enfin l'astrologie. On peut difficilement savoir quel type a prévalu à tel moment donné. Merlin, quant à lui, se réfère à l'astrologie, la science que Stonehenge révèle, alors que sa mère reste fidèle au rêve.

Un autre des aspects de Merlin est celui « d'homme des bois », qui parle aux animaux et vit avec eux. Parfois, on le décrit comme montant un cerf, animal initiateur. Il s'agit là encore d'une maîtrise chamanique. Retiré dans la forêt, il revient parfois pour tenir des propos incohérents qui trahissent les effets de la transe chamanique.

Dans ses rapports avec Viviane ou Morgane, nous sentons les querelles de pouvoir, fréquentes entre chamans, ou la réactualisation du mythe du serpent et de l'oiseau, né à l'ère des Gémeaux. Cela représente aussi les joutes oratoires entre bardes, expression dérivée de la libération de la puissance intérieure des participants.

Merlin a la possibilité de transformer l'apparence des autres et de lui-même. Il s'agit encore d'une manifestation chamanique, liée à la présence du masque. En fait, il donne l'illusion d'une présence en un lieu, tandis qu'il se trouve dans un autre. Les fakirs et les illusionnistes s'inspirent de ce talent particulier.

Bien sûr, l'appellation de Merlin suppose un nom secret. Son totem pourrait être le merle, oiseau noir et bavard, mais dans la mesure où son maître est le loup, ce dernier indice paraît plus convaincant, d'autant plus que le loup protège l'ourse ou Merlin élève Arthur. Le Dragon précède la Petite Ourse. Au néolithique ou plus tard, les totems-animaux, issus de la lointaine préhistoire, tendent à se transformer en totems-étoiles. La protection et l'apprentissage de la vie passent de la Terre-Mère et de ses créatures au Ciel-Père et à ses constellations. Cela s'inscrit dans le cadre de l'évolution.

En revanche, Merlin en tant que roi, apparaît seulement à l'âge du bronze, semble-t-il. Dès le néolithique, la société se structure et se hiérarchise ; des chefs de clans montrent leur force. Mais le pouvoir de la Déesse-Mère reste puissant et l'autorité réelle reste dans les mains des anciens et des chamans. La royauté divine s'inscrit dans un changement dans le culte, avec passage au duo divin Soleil-Lune, dont chacun est, tour à tour, exalté.

Les talents de Merlin le portent également vers la médecine, science éminemment chamanique, bien que l'on puisse parfois distinguer le guérisseur du chaman. Au néolithique, la médecine devient un art qui se développe et l'homme paraît capable non seulement de soigner ses semblables, mais également de pratiquer des interventions chirurgicales. La trépanation en donne l'exemple le plus patent.

En fait, le chaman Merlin a une large polyvalence et le druidisme, hériter du chamanisme, aura pour but de séparer ces fonctions et de créer un nouvel état tripartite. Le don de parole se transmet aux bardes et plus généralement aux poètes. Aux ovates va l'art de la médecine, qui demeure une activité plus spécifique. Quant au druide, il accueille tous les autres rôles appartenant au domaine du sacré. Cela reste souvent assez flou. Que devient le pouvoir de concentration et d'action sur la matière et les êtres vivants, animaux ou humains ? L'art divinatoire se limite-t-il uniquement à l'astrologie ?

La fonction de prêtre œuvrant dans un rituel public se développe à partir du néolithique. Certes l'existence de rites paraît attestée bien avant, mais au paléolithique il fait partie d'un tout et n'est pas spécifique au chaman, alors que le prêtre devient le spécialiste de la parfaite ordonnance des cérémonies et le seul officiant.

À travers ces réflexions, nous tenons l'évolution de la fonction sacerdotale, depuis le néolithique. L'officiant le plus archaïque demeure le chaman ; il est relayé par le prêtre, attaché à une cérémonie plus particulière, la cosmogonie. Mais le prêtre tend à s'identifier totalement avec la déité, allant jusqu'à apparaître en roi. À la fin du néolithique et l'âge du bronze correspond le temps fort du prêtre-roi. En revanche ce rôle, sur lequel nous reviendrons, disparaît avec les Celtes, ce qui entre dans leur logique tripartite.

Le néolithique reste fidèle au nombre sacré cinq, qui divise l'année et rappelle la Déesse. Dans cette optique, il existe cinq fonctions chamaniques dont la plus basse serait la magie, suivie de la médecine, puis de la poésie et de la musique ; vers le couchant viendrait la sagesse de la science prophétique et mathématique, la royauté se situant au centre.

Merlin, l'enchanteur, a le don de guérir et de parler ; il lit l'avenir dans les étoiles, mais il est aussi dieu, voilà pourquoi nul ne connaît son véritable nom. Nous pouvons déceler de nombreuses affinités entre lui et Lug-la-main-longue. Tous deux se reconnaissent par des oiseaux noirs ; tous deux sont industrieux, réalisant d'étonnantes constructions et/ou préparant de savantes potions magiques ; tous deux dominent la scène poétique et ont contact avec l'au-delà ; enfin tous deux sont héros ou dieux.

Est-il nécessaire de parler de l'initiation chamanique ? Au paléolithique et peut-être encore au néolithique, tout débute par une vision ou un songe qui frappe le futur candidat. Ensuite vient un long apprentissage auprès d'un maître, jusqu'à l'intronisation rituelle. Mais la perfection s'acquiert lentement et une longue pratique s'avère nécessaire pour achever l'œuvre qui touche à la fois soi-même et les autres.

Si nous prenons l'exemple de Merlin, lui aussi est frappé, dès sa naissance, par un « don ». En ce qui le concerne, il a la possibilité de parler, ce qui inquiète et rassure sa mère. Ultérieurement, il apparaît comme prophète à la cour du roi en confondant les sages, mais ce n'est qu'à partir d'un certain âge qu'il semble rencontrer son maître, Blaise, qui l'initie à des secrets plus grands encore.

Ainsi le chamanisme est une question de don. En revanche, la fonction de prêtre-roi pourrait être héréditaire. Le fils du roi succède à son père, mais il s'agit souvent d'une filiation par adoption. Parfois la royauté se trouve soumise au jugement de la pierre. Nous ne pouvons pas préciser si une telle pratique apparaît avant la domination celtique. Elle pourrait concerner uniquement les chefs politiques et ne pas s'appliquer à la prêtrise. Quelques voiles obscurcissent encore un domaine où tout se passe dans l'ombre de la nuit.

Avec le néolithique apparaissent des classes sociales, en fonction de l'évolution du cadre socio-économique. Elles sont cinq, au départ, en référence au quinaire sacré, aux quatre directions de l'espace et à leur centre. Puis elles se limiteront à quatre et enfin, à trois, sous l'impulsion des Celtes. À chacune correspond un type d'initiation, symbolisé par un objet rituel.

Ce sont surtout les plus hautes qui attirent l'attention et se partagent la puissance : la classe héroïque et la classe sacerdotale. Au début, celle des guerriers, initiée au feu du Soleil à son zénith, se trouve inféodée à celle des prêtres, qui regarde vers le nord de la tradition. Puis, la lutte sans merci de l'oiseau et du serpent, du Soleil et de la Lune, aboutira à la scission entre une voie de droite, tournée vers l'action, et une voie de gauche, fidèle à la contemplation. Selon les lieux, tantôt l'une ou tantôt l'autre l'emporte.

Pendant tout l'âge du bronze, ce canevas social se trouve transcendé par le pouvoir divin du prêtre-roi. Mais quand cette royauté divine tend à disparaître, les querelles reprennent le dessus. C'est alors que la primauté de Stonehenge décline avant de disparaître.

CHAPITRE 12

L'INITIATION SUPÉRIEURE ET LA TRADITION

Nous avons eu l'occasion d'évoquer les cinq classes sociales de la fin du néolithique et surtout de l'âge du bronze, qui semblent survivre dans les cinq royaumes d'Irlande, l'île du milieu par excellence, où dans les stupa tibétains. La plus basse travaille la terre, puis viennent celle qui transforme la matière à l'aide de l'eau, celle qui se bat dans le feu de la guerre, puis celle qui atteint la sagesse du soir. Au sommet ou au centre rayonne le divin.

Apparemment il y a interpénétration entre les deux dernières fonctions, à travers le concept de roi-dieu. Ce roi, même s'il dirige le pays, n'a plus de lien avec la classe militaire. Par ailleurs, il paraît dépasser le prêtre, tout en participant de son sacerdoce.

Le roi, dieu et/ou prêtre ?

La fonction royale se dessine avec le néolithique, ce qui ne veut pas dire qu'il n'y ait pas auparavant eu des chefs. Mais la notion de roi ne coïncide pas forcément avec celle de chef. Il s'agit d'un privilège unique et extrême et d'un pouvoir qui n'a rien de politique ou militaire, mais s'allie au service du ou des dieux, sans pour autant en faire le plus gradé des prêtres.

Stonehenge nous dévoile ce personnage particulier, dont nous ignorons s'il est humain ou divin ou encore participe des deux natures, au travers de sa chambre centrale et secrète. Mais l'épopée de ce temple s'avère complexe et si riche en symboles que parfois, elle ne s'explique qu'à travers la légende. De surcroît, la succession de plusieurs sanctuaires rend la réalité plus délicate à appréhender.

Au cœur du cercle de Stonehenge 1, une maison des morts permet à l'initié d'atteindre un autre état de réalité, éventuellement d'être déifié. Mais cette alchimie se produit dans les profondeurs de la terre. Celle-ci étant sacrée, les hommes ont continué à participer de cette origine miraculeuse.

Nous ignorons tout des structures centrales de Stonehenge 2 et nous devons brûler les étapes pour arriver au terme du mystère.

Stonehenge 3 n'apparaît pas seulement en observatoire astronomique, ni en calendrier, ni même en oracle du sud de l'Angleterre. Il est le lieu d'une cosmogonie où tout ne parle que par symboles. Le fer à cheval des trilithes centraux s'avère particulièrement important, vase légèrement fermé mais dont l'axe devient la corde tendue vers le Dragon polaire. Au-delà du cercle, l'avenue prolonge cette ligne, image de la flèche pénétrant la vulve. Enfin dans le cœur du fer à cheval, la pierre de l'autel préfigure déjà l'Œuf du monde.

Tout ici parle de hiérogamie sacrée, de conception et de naissance du monde. Le cliché du Ciel-Père et de la Terre-Mère comme deux moitiés d'une sphère avec, au centre le monde à naître, trouve une expression architecturale.

Puis, l'image plus populaire de la vierge dans le labyrinthe ou dans la tour inaccessible trouve aussi sa place. Les rayons d'or viennent la féconder. Ainsi, elle va obtenir le statut de reine. Les affaires humaines reprennent le dessus et dans une société matrilinéaire, il semble indispensable que la femme enfante, pour régner. Mais la terre est riche seulement des promesses de vie qu'elle porte en elle. Terre et mère ne peuvent se dissocier.

Quant à l'enfant à venir, il doit naître à l'équinoxe. Traditionnellement, les débuts du monde et de l'année se situent à cette date.

Mais le cercle de Stonehenge se prête à une interprétation à un niveau différent, dans la mesure où il apparaît comme le temple consacré à la fois au Soleil et à la Lune. Les trente trilithes permettent d'observer les levers et couchers du soleil et de la lune, tout au cours de l'année. Le grand moment de ces cycles correspond toujours au lever du soleil au solstice d'été. Pourtant le point opposé – le lever du soleil au solstice d'hiver – fait date et permet une articulation de l'année en deux moitiés.

Alors se trouve impliquée la notion fondamentale de gémellité. La Terre met au monde deux enfants, ici le Soleil et la Lune, mâle et femelle.

En effet, si le signe le plus apparent de Stonehenge est l'apparition du soleil au solstice d'été pour féconder la vierge ou ressusciter les morts, n'oublions pas que tout magnifie la lune. Les trente piliers du cercle, les dix-neuf menhirs du fer à cheval central, le découpage de l'année, tout cela s'accorde sur le cycle lunaire. Si nous ajoutons que la course des deux astres se répète, à condition d'inverser les levers, nous voyons poindre un second couple sacré, dont l'union suit le caprice des éclipses.

Venant après le Ciel-Père et la Terre-Mère, les divins fécondateurs, ce nouveau couple ne peut prétendre qu'au titre de roi et de reine.

Ainsi les éléments architecturaux de Stonehenge nous dessinent la fonction royale, à mi-chemin entre la divinité et l'humanité. Mais les pierres ne pourront pas nous en apprendre davantage. Il faut chercher dans la légende la suite du mythe.

Puis à nouveau, il y a interférence entre les affaires des dieux et celles des hommes. La terre appartient aux femmes cultivatrices : ainsi donc, la femme règne, mais ne s'accomplit que si elle devient mère. Il lui faut donc impérativement un prétendant, qui puisse devenir le père de ses enfants.

En ce qui concerne le Soleil et la Lune, nous trouvons la justification de l'inceste sacré, mis en évidence dans de nombreuses légendes. Les deux astres qui se relaient pour éclairer nos nuits et nos jours ne peuvent être que frère et sœur, nés de la même chair. Et pourtant ils doivent s'unir et procréer, pour que le monde continue sa propre existence. Si par hasard, le cycle venait à s'interrompre, ce serait la fin du monde.

Ces moments privilégiés de la hiérogamie des deux astres correspondent aux éclipses de soleil ou de lune, si importantes aux yeux des populations anciennes. Parvenir à les prévoir revient à s'assurer une gloire sans fin, d'où l'importance du centre de Stonehenge.

En son sein se déroulaient des fêtes cycliques, d'importance diverse. Sur le plan annuel, celles des solstices et des équinoxes revêtent un caractère primordial. Ainsi le roi conçu au solstice d'été naît à l'équinoxe de printemps. Mais l'union du dieu et de la déesse aux solstices demeure l'autre volet de la sacralité cosmique. Ces festivités continuent à être plus ou moins célébrées. Dans le mythe, l'importance du solstice apparaît dans l'histoire du dieu-chêne brûlé au début de l'été ou même dans la bûche de Noël.

Dans la légende arthurienne, qui se rapporte souvent au site de Stonehenge, Uther est sacré à la fin du mois de juin et Arthur découvre la royauté à Noël. De là, nous pouvons déduire certains rites, tels que le sacrifice d'un enfant, chaque hiver en substitution au roi, sur une période de huit ans.

C'est alors que le cycle de sept ou huit ans prend le

relais. Notons qu'il a un rapport avec la lune, dont les phases durent environ sept ou huit jours. Comme les légendes, pour la plupart, parlent d'un règne ou d'une mise à l'écart de sept ou huit ans, il nous faut l'intégrer dans le rituel. Citons Perceval – roi putatif – qui erre pendant sept ans dans la forêt, après avoir visité le château qui recèle le Graal, sans avoir osé poser les bonnes questions. De même, les troupes d'Uther et Pendragon séjournent huit jours dans la plaine de Salisbury, avant le combat fatal.

Le texte de Robert de Boron paraît capital dans l'interprétation de l'articulation des cycles lunaires et solaires et il paraît évident qu'une conjonction particulière, probablement la pleine lune (ou la nouvelle lune ?), était prévue pour ce 21 juin : « Quand ils eurent vu tous les signes apparaître, ils furent prêts. » Cette conjonction pouvait laisser présager une éclipse, donc une hiérogamie. Bien sûr, il s'agit d'hypothèses car le texte n'est pas assez explicite et le sens premier a été perdu. D'ailleurs, un autre élément attire l'attention sur un calendrier lunaire de trente jours, dans la mesure où le nombre neuf est répété deux fois de manière ambiguë. Il faut toujours garder en mémoire que ce passage a un rapport direct avec Stonehenge.

Au bout de son règne de sept ou huit ans a lieu le sacrifice du roi, par la lame dorée et/ou par le feu. Ce rite apparaît dans plusieurs cultures des débuts des âges des métaux. Il semblerait que le sacrifice ne soit pas toujours effectif et qu'un roi de substitution remplace parfois le « vrai » dieu. Souvent ce roi d'un jour se recrute dans les classes sociales les plus démunies. Pendant un certain temps il a droit à tous les honneurs, y compris celui de partager la couche de la reine. Le jour venu, il meurt à la place du dieu et le roi reprend son trône.

Ce thème a le mérite d'expliquer certains aspects de la légende qui resteraient sinon totalement aberrants. Dans le mythe de la Table ronde, le siège périlleux – le fameux montant 11 qui a la moitié de la taille des autres – sur lequel s'asseoit Perceval et que Lancelot a convoité, apparaît comme l'opposé du nord représenté par Arthur, d'une part. Et de l'autre, il correspond à la place du roi de substitution, qui a les honneurs de la reine. Face à lui, Arthur en tant que dieu couronné – avec les cornes du taureau, emblème de la Terre-Mère, puis signe de cocufiage – demeure impuissant.

À travers cette image, le roi se manifeste sous deux traits. Au feu du midi prend place le héros mâle et guerrier qui règne un jour – le temps d'accomplir l'union sacrée avec la reine, prêtresse de la Terre-Mère. Au nord, le dieu élu pour l'éternité contemple la vérité.

Probablement, cette version du mythe, avec le roi-dieu, placé au nord et le front ceint des cornes du taureau, est un vestige archaïque appartenant au néolithique alors que le roi, placé au solstice d'été et portant les bois du cerf, correspond plutôt à l'âge du bronze. N'oublions pas les représentations du parèdre de la Déesse, sous les traits d'un frêle adolescent dans l'art du Moyen-Orient. Apparemment, l'irrévérence des hommes, face à un dieu faible et à la merci de la Déesse, a déformé le mythe jusqu'à ridiculiser le roi.

Le dernier cycle royal est celui de dix-neuf ans, illustré par le fer à cheval de pierres bleues au centre de Stonehenge. Il s'agit encore d'un cycle lunaire. Diodore de Sicile l'évoque, mais en revanche, il ne paraît pas avoir laissé de traces dans la légende, si ce n'est en filigrane. Chaque fils de héros devenant un roi putatif est armé chevalier au terme d'une adolescence que nous imaginons d'une vingtaine d'années.

Curieuse apparaît l'évolution de ce mythe cosmogonique. Parti d'un couple divin Soleil-Lune, masculin-féminin, nous arrivons à une gémellité masculine de deux rois jumeaux dont le pouvoir alterne, l'un régnant sur le monde du bas, l'été, tandis que l'autre a la maîtrise des affaires célestes et de l'hiver.

Avec la réactualisation du mythe, le rite fait toujours ressortir le côté trivial de la réalité sacrée. Dans le firmament, le Soleil éclipse la Lune ou le contraire. Dans le centre de Stonehenge, le rayon solaire illumine la pierre de l'autel. Et au niveau le plus bas, le roi de l'année s'unit à la prêtresse vierge, avant d'être immolé.

La fonction royale apparaît, avant tout, comme divine. À un degré inférieur, le roi peut servir de prêtre suprême ou de chef-guerrier, dans le rituel de hiérogamie sacrée. Il appartient au monde céleste en tant que dieu et au monde terrestre en tant qu'exécutant.

L'aspect solaire du roi

Dans les thèmes que nous venons de développer, la Lune paraît occuper une place prépondérante et pourtant c'est le côté solaire du roi qui prévaut. Là se situe l'une des ambivalences si chère à la nature humaine. Si nous osons ajouter que la Lune est tantôt masculine et tantôt féminine, selon les traditions, nous comprenons pleinement cette nostalgie de l'androgynat primitif.

En fait, tout s'avère nettement plus complexe et se relie au changement entre sociétés matrilinéaire et patrilinéaire, qui a lieu probablement à l'âge du bronze, avec l'avènement de l'ère du Belier. Dans le cycle journalier ou annuel, globalement, il y a équilibre entre les tendances lunaires et solaires, puisque soit l'un, soit l'autre domine, comme dans le combat du serpent et de l'oiseau ou du *yin* et du *yang*.

Le cycle de sept ou huit ans – les sept ou huit jours du quartier de lune – a une portée plus générale. Chez l'homme, il répond à une phase d'énergie vitale. De là, nous glissons aisément vers la durée du règne d'un chef religieux ou civil. Son autre justification se trouve dans le mouvement de précession des équinoxes, qui est de un degré tous les soixante-dix ans. Ajoutons que sept est le nombre du changement et huit, celui de l'équilibre cosmique.

Seul le cycle de dix-huit ans, au bout duquel la lune revient à sa position initiale, est proprement lunaire. En fait tout dans le symbolisme de Stonehenge accentue cette parité entre les tendances polaires et solaires. Mais l'accent paraît mis surtout sur le solstice d'hiver (montant 11), à cause du caractère spectaculaire du rayon lumineux, pénétrant au plus profond du cercle de pierres.

Une fois encore, il convient de rappeler le caractère funéraire du sanctuaire primitif. Au départ la lumière intérieure frappe l'initié. Dans un cairn, le savant agencement des blocs permet de rendre perceptible cette réalité. Stonehenge est un temple aérien et dans ce cadre grandiose, seul le soleil semblait pouvoir apporter la magie de son illumination. Les points d'apparition de la lune, au début de l'hiver, aux moments d'immobilité majeure ou mineure, comme la référence à l'étoile Polaire ou au soleil à son zénith paraissent souvent occultés.

L'ère du Belier apporte le feu de la vie et met à bas les vieilles croyances. De même, l'homme – le héros – prend conscience de sa force et revendique la paternité de ses enfants. La femme doit s'incliner devant le guerrier auquel elle doit sa protection. Quant au roi, il aimerait bien détrôner la Mère, mais il ne parvient qu'à tuer son propre père pour prendre sa place, ou son fils, instigateur du chaos.

En effet, le mystère qui se déroule à Stonehenge tourne autour de la conception et de la mort du roi. L'éclair de lumière qui pénètre la Terre sacrée des ancêtres au solstice d'été permet la naissance de la nouvelle année à l'équinoxe de printemps. Sans cet acte créateur, les cycles vitaux seraient gravement compromis et l'équilibre cosmique rompu. Cependant cet acte sacré met l'accent sur la polarité masculine, alors qu'auparavant le côté maternel primait.

L'Œuf du monde éclot au printemps. Souvenons-nous alors des métamorphoses de Taliesin en relation avec les quatre saisons et les quatre éléments. À sa dernière mutation, il apparaît comme un grain de blé, que mange la poule noire laquelle n'est autre que la Déesse-Mère. Le nouveau roi, fils de lui-même, naît au printemps. Le nouvel an, fils de lui-même, naît au temps de l'équinoxe.

Ce mythe met également en valeur l'une des façons dont le nouveau roi tue son père ou naît de lui-même. Dans une autre interprétation, le sacrifice propitiatoire a lieu, symboliquement ou réellement. Ainsi nous aboutissons à la mort du dieu au moment des solstices. Mort et vie alternent éternellement dans un temps cyclique. Alors au mythe de création du monde-enfantement, tend à se substituer un autre, celui de l'éternité dans la périodicité.

Il est vrai que celui qui observe les astres voit le soleil naître le matin, grandir jusqu'à son zénith, puis décliner vers sa mort, pour enfin disparaître sur la barque de l'Océan. Mais chaque jour, le même scénario se reproduit, donnant une impression d'éternité.

À l'époque de la pierre, l'éternité se situe dans l'immobilité ; voilà pourquoi l'étoile Polaire, qui demeure pratiquement fixe, la représente. D'une certaine manière, Arthur se réclame de cette tradition : il est le dieu polaire dont le siège se situe au nord.

L'âge des métaux représente le mouvement, l'accélération de l'évolution ; voilà pourquoi l'éternité ne peut plus rester statique. Alors le soleil ou la lune deviennent de nouveaux modèles. La naissance, comme origine, et la mort, comme fin inexorable, semblent inacceptables et l'éternité des cycles paraît préférable, même si les deux hypothèses sont à la fois réductrices et antithétiques.

Signe de Feu, le Bélier apporte sa lumière solaire sur le monde et tue le Taureau immobile. Tout se réduit une fois encore à une opposition des contraires. Ici, le côté masculin l'emporte, car le cycle appartient à la moitié *yang* de la grande année de l'univers.

Sous de tels auspices, la Déesse-Mère garde sa puissance, mais le dieu-roi se trouve exalté, dans la succession ininterrompue de ses morts-renaissances. L'histoire de Taliesin illustre parfaitement la cyclicité de la royauté de l'An. Pourtant, le dieu immobile et éternel a la vie dure : Arthur en apporte le témoignage.

En fait, les deux conceptions de l'éternité s'interpénètrent dans la même épopée. Merlin, le nouveau roi, connaît des périodes d'exil, pendant lesquelles règne son épouse et sœur et même, vient un moment où son bannissement prend un caractère définitif, lorsqu'il se laisse, volontairement, enfermer dans l'au-delà. Cela voudrait dire que le roi finit par se lasser de l'éternité des cycles, de l'éternité de la vie et aspire à la densité de la matière.

Le personnage de Merlin offre deux aspects. Nous avons développé son rôle chamanique, sa fonction sacerdotale. Mais il est roi. Son étrange filiation le prédispose à une position centrale. Comme il est souvent présenté comme conseiller des rois Uther, Pendragon ou Arthur, nous aurions tendance à oublier son côté solaire. Et pourtant il épouse sa sœur et règne avec elle alternativement. Enfin il n'a pas de descendant puisqu'il se succède à lui-même et que, dans une société matrilinéaire, son neveu doit prendre sa place.

Mais le dieu garde quelque chose d'humain, sa nostalgie des origines, et un jour vient où il ne veut plus continuer à régner.

L'épopée de la Table ronde et l'histoire de Merlin sont indissolublement liées au site de Stonehenge. Alors il est permis de se poser des questions sur la fin de Merlin ou sur celle d'Arthur, bien qu'elles ne puissent pas exactement se comparer. En effet, Arthur correspond au côté lunaire, féminin et statique de la divinité, alors que Merlin en figure l'autre aspect, masculin et dynamique. Cependant tous deux connaissent un sort comparable, l'endormissement dans le monde des ténèbres et de l'oubli.

Nous pouvons interpréter cette « mort » comme la fin

de Stonehenge ou comme la fin de l'ère du Bélier. Les deux divinités de l'année partent pour un exil d'une durée indéterminée. Cela signifie qu'ils sont temporairement ou définitivement détrônés par de nouveaux dieux. Voilà pourquoi les deux hypothèses se justifient.

À l'âge du fer, le sanctuaire et l'observatoire astronomique de Stonehenge perdent de leur crédit, avec l'arrivée de divinités nouvelles et probablement d'un calendrier différent. Quant à l'ère du Bélier, elle se rapproche de son terme. Une nouvelle grande année de près de deux mille ans commence à poindre à l'Orient. L'abandon de Stonehenge préfigure le dernier sacrifice du Bélier.

À un second niveau, l'endormissement de Merlin annonce sans doute, aussi, un retour de la Déesse.

Les prêtres de Stonehenge auraient su prévoir la fin du sanctuaire. Déjà, tout au long du millénaire au cours duquel se déroule la phase de Stonehenge 3, des changements significatifs ont lieu : l'axe du monument ne passe plus entre les montants 30 et 1 du cercle de sarsen, mais entre les montants 29 et 30. Progressivement, l'avenue tend à ne plus indiquer le nord et l'oracle perd alors de sa crédibilité. Certes, le cercle de trente pierres peut défier le temps, puisqu'il suffit de se mouvoir dans le sens polaire. Mais l'ovale des trilithes ne peut plus recevoir la lumière astrale.

Sans doute les prêtres savaient-ils qu'au-delà du cycle, ici celui du Bélier, existait un cercle, plus vaste encore, au cours duquel le pôle nord tournait autour de lui-même. Dans la réalité quotidienne, l'étoile Polaire devait changer avec chaque nouvelle ère. Entre le Taureau et le Bélier, le combat se situait entre deux étoiles de la configuration du Dragon. Dans le *Roman du Graal*, Merlin décrypte le sens du combat des deux dragons que Pendragon voit dans le ciel.

Maintenant, c'est-à-dire à la fin de l'âge du bronze, une autre bataille se profile à l'horizon, entre le Dragon et la Petite Ourse. Rappelons-nous Merlin, le roi-prêtre solaire élevant Arthur, le fils de l'Ourse. La fin du Dragon du pôle approche et de nouvelles divinités vont s'élever au firmament. Aucun sage ne saurait changer le destin des mondes.

La Tradition

Stonehenge est déserté ; le Bélier meurt dans les flammes du couchant, mais la Tradition continue à vivre dans la coupe. Un jour, elle renaît et enfin, Merlin se réveille de son long sommeil. Beaucoup croient que le passé des sociétés sans écriture s'éteint en même temps que leur culture et que seule l'archéologie peut en révéler quelques bribes.

C'est méconnaître le pouvoir du Verbe, alors qu'il donne la victoire dans le combat des arbres. Si en inversant le nom de la déesse est obtenu celui du dieu, il y a certainement de la magie dans le son. Les dieux de l'âge du fer tels que Zeus ou Dagda feront appel à sa puissance.

Certes, les Celtes envahissent l'Angleterre, mais ils ne sauraient détruire totalement leurs adversaires. Une nouvelle aristocratie s'installe mais le petit peuple continue à honorer les vieux dieux. Et l'épopée continue à vivre, sans doute avec de nouveaux noms, car les anciennes dénominations sont bannies. Après eux viennent les Romains, puis les Saxons, et d'autres encore, mais on se souvient, dans les chaumières, de la plaine de Salisbury.

Nous ignorons les rapports entre les Celtes et les peuples indigènes, car l'amalgame des cultures s'est fondu en une seule tradition, comme cela s'est déjà produit entre le néolithique et l'âge du bronze. Quant à la langue, elle reste à décrypter. Les Romains ne laissent qu'une vision presque éthérée de Stonehenge, sans le nommer. Il faut donc attendre le haut Moyen Âge, pour que la tradition orale le remette sur le devant de la scène, par l'intermédiaire de ce que certains pensent être des « contes à dormir debout ».

Gildas le Sage ou peut-être le barde gallois Aneurin se risquent à évoquer son histoire. Puis au IXe siècle le moine Nennius la reprend, avant de la transmettre à d'autres, dont Geoffroy de Monmouth, Robert Wace, puis Robert de Boron. Mais ce qui déconcerte les exégètes semble être le fait que le site se trouve au cœur d'une action qui lui paraît étrangère, la geste du roi Arthur et de ses compagnons de la Table ronde. Pourtant, les « pierres pendues » et la « table ronde » ont en commun une analogie formelle.

Les chercheurs se sont acharnés à rechercher l'histoire et à la replacer dans son contexte géographique, alors que le texte se rapportait à un mythe. Geoffroy de Monmouth se trouve à l'origine de deux récits, la *Vita Merlini*, dans laquelle la royauté de Merlin apparaît, et l'*Historia Regnum Britaniae*, écrit de circonstance, destiné à glorifier le pouvoir en place à son époque, où Merlin devient, plus modestement, le conseiller du roi. Mais l'« historien » était avant tout un poète et il a su dissimuler le sens caché de son message, si bien que peu ont su le décrypter.

Geoffroy de Monmouth sait brouiller les pistes. Puisque le thème de départ de l'action est une bataille entre deux groupes antagonistes, la scène peut se passer n'importe où, soit au Pays de Galles, soit à la frontière de l'Angleterre et de l'Écosse, soit encore dans la plaine de Salisbury. Et les archéologues sauront trouver des traces de combat, là où le récit les place.

Or dès le XIIe siècle, Stonehenge est déjà considéré comme l'une des merveilles de l'Angleterre. Pourquoi ne pas glisser Stonehenge dans l'histoire, d'autres sites illustres y figurent également, comme la forteresse de Tintagel ? La question reste donc : Stonehenge a-t-il sa véritable place dans le débat ? Geoffroy de Monmouth a une origine galloise et chaque fois qu'il le peut, il introduit des éléments de la géographie de son pays, sauf pour Stonehenge.

L'épisode de la plaine de Salisbury semble bien concerner ce lieu. Il existe de nombreux cercles de pierres dressées et d'autres monuments mégalithiques au Pays de Galles. Or, Stonehenge paraît avoir été délibérément choisi. Nul cromlech n'évoque mieux le cycle des déités stellaires que lui. L'épopée de la Table ronde – mythe solaire – se devait de l'avoir pour cadre. Il suffisait de le réactualiser, grâce au conflit entre Bretons et Saxons. Là se situe le privilège du barde.

En effet, qu'est la Table ronde ? Il s'agit d'une allégorie zodiacale, entourant comme une couronne boréale l'étoile Polaire. Mais pour véhiculer une telle image dans l'Occident médiéval et chrétien, il fallait un référent irréprochable. La Cène sert de relais, avec le Christ et les douze apôtres, annonçant Arthur et ses chevaliers, à la quête du Graal.

Inversement, la Table ronde dessine aussi, avec ses deux fois quinze sièges destinés aux chevaliers, le cercle astronomique de Stonehenge, où l'on peut lire à la fois les jours et les mois. Comme pour le Graal ou la Cène, la coupe des cinq trilithes occupe la position centrale, le nord de la plus antique tradition.

Si le thème principal de l'épopée de la Table Ronde renvoie à un mythe pré- ou protohistorique, l'ensemble de l'œuvre doit certainement apporter de nouveaux indices pour compléter et expliquer l'idée de base. Alors, nous relevons l'image de la bataille, annoncée par l'antagonisme des deux dragons souterrains, qui dépasse le conflit entre deux factions pour devenir cosmogonique et témoigner du combat entre les forces de lumière et celles des ténèbres, le jour et la nuit, l'été et l'hiver.

Les dragons souterrains paraissent être une allusion au rite de fondation du site. En ce qui concerne Stonehenge, elle pourrait être double, avec tout d'abord une référence au dépôt effectif de fondation du temple, tel que nous le voyons aujourd'hui. Il n'a pas été archéologiquement identifié comme tel et nous ignorons en quoi il peut consister, mais les fouilles sont partielles et le site, bouleversé.

Mais il y a aussi certainement un renvoi aux trois étages du sanctuaire, et plus particulièrement à l'aspect souterrain. La tour de Vortigern – élément aérien –, qui menace ruine, est érigée sur un marécage – le monde intermédiaire, aqueux ici ; quant aux dragons, ils se disputent dans le monde d'en bas. Ce monde inférieur, toujours personnifié par le serpent ou le dragon, appartient à la Terre-Mère et constitue le royaume des ancêtres. Stonehenge 1 rappelle cet aspect premier du centre sacré, alors que pour Stonehenge 3, seules les fosses et leur remplissage l'évoquent.

Sur les dolmens bretons et sur deux montants de Stonehenge, le serpent-zigzag apparaît comme symbole de l'eau souterraine et des forces telluriques. Mais le serpent garde et ouvre les portes de l'Enfer. Son rôle d'initiateur apparaît dès le paléolithique. Pourtant, les populations protohistoriques vont lui préférer le chien. Sous la forme du dragon souterrain, il sait traduire tout l'archaïsme du mythe.

Le troisième élément se rapporte à la royauté divine du Soleil et de la Lune. Mais ici, les données demeurent un peu mieux dissimulées, et plusieurs personnages incarnent le roi de l'année montante. Geoffroy de Monmouth et les autres devaient se conformer aux aspirations de leur époque. Nous pouvons également supposer que le message transmis n'a déjà plus cours et qu'il constitue simplement une broderie du récit.

À partir de là s'insinue une nouvelle question : comment était alors compris le message du Graal qui, depuis, a fait couler tant d'encre ? Le site de Stonehenge évoque le temps cyclique, représenté par le déplacement du soleil, de la lune et de l'ensemble des astres et des étoiles, autour d'un point pratiquement immobile : le pôle nord – une étoile de la constellation du Dragon, à l'âge du bronze. Cette image renvoie à la roue ou au cercle pointé, l'un des plus anciens clichés de la préhistoire.

Il existe deux manières d'envisager cette roue ou le cercle de Stonehenge. Soit le centre a une polarité masculine et il devient le moteur de la roue qu'il entraîne dans une course infinie, tourbillonnante et centrifuge – la spirale de la galaxie. Soit le centre reste éternellement statique et le cercle extérieur, en perpétuel mouvement, tente par l'intermédiaire de ses rayons d'atteindre le point de convergence. Thésée ou Ariane, tour à tour, sont au cœur du labyrinthe.

La seconde attitude implique de nouveaux thèmes, tels celui de la nostalgie des origines ou encore celui de l'éternel retour, aboutissant à terme au trou noir, à l'implosion.

Inversement, la première suppose une évolution qui suit une courbe exponentielle, une expansion sans limite. Dans les deux cas, nous aboutissons à un modèle de l'univers, sur lequel les savants actuels se posent exactement les mêmes questions que les prêtres-astronomes de l'âge du bronze.

Le macrocosme correspondant au microcosme, les suppositions qui affectent l'ensemble des galaxies s'appliquent aussi à l'être humain. Ainsi, l'un des thèmes favoris de Mircéa Eliade, l'enstase et l'extase, réapparaît, à la fois à propos de Stonehenge et du cycle de la Table ronde. Merlin rejoint, sur la fin de sa vie l'« île Fortunée », séjour des immortels. De même, le cœur de Stonehenge termine le voyage terrestre et l'initiation suprême a lieu ici. Sa teneur ne peut être révélée puisqu'il s'agit, avant tout, d'une expérience individuelle et unique.

Plus haut, nous avons évoqué les dragons souterrains et le lien avec la Terre-Mère. Les dragons célestes prennent le relais. Ils apparaissent un certain 21 juin, au-dessus de la plaine de Salisbury, témoins de la mort d'un roi et de l'élection de son successeur, le fameux Pendragon, maître de tous les représentants de l'espèce.

Stonehenge, oracle et temple stellaire, se devait de fêter non seulement les éclipses du soleil et/ou de la lune, mais aussi les changements d'ères et de pôles.

Tout autre apparaît ici le combat des dragons. Il indique le passage d'une étoile à une autre, pour indiquer le pôle nord, toujours à l'intérieur de la constellation du Dragon. La lutte a un sens avant tout symbolique. Ainsi, le combat de l'Aigle et du Serpent, au cours de l'ère des Gémeaux, signifie simplement le temps où le serpent succède à l'aigle à tel point déterminé du Ciel. De même, pour la possession du pôle, toutes les étoiles du Dragon sont successivement entrées en lice, depuis le réchauffement postglaciaire.

L'âge du fer, la ruine de Stonehenge et la fin du Dragon sont globalement contemporains. Toute une lignée de « dragons » a occupé le trône (le montant 11 de Stonehenge) ; Arthur est le dernier. Vortigern appartient à l'ère du Taureau (Stonehenge 1) ; Uther caractérise le passage des Pléiades et Stonehenge 2 ; enfin Pendragon règne sur le Bélier. Arthur symbolise la fin du sanctuaire. Après lui s'instaure le chaos qui précède une ère nouvelle.

Pour les prêtres de Stonehenge, les signes sont évidents : le temps change ; d'incessantes pluies viennent masquer le soleil et les étoiles. Plus grave encore apparaît le déplacement de l'axe polaire.

Le Dragon se meurt et Stonehenge n'a plus lieu d'exister, car il parle des dieux d'autrefois. Quand l'envahisseur sera là, le sage se retirera dans sa prison de glace.

À un premier niveau, Stonehenge apparaît comme polyvalent, à l'image des chamans qui officient en son centre. Son architecture, pourtant, insiste sur le caractère astrologique et astronomique. Mais c'est également un lieu de guérison des affections psychiques et physiques, grâce au pouvoir énergétique des pierres. Périodiquement s'y déroulent des cérémonies sacrées chantant la naissance du monde. Diverses initiations, tribales, sacerdotales ou royales, en réhaussent le prestige.

Mais la sacralité du lieu se situe ailleurs. Stonehenge est la Voie.

Le combat luni-solaire et le règne alterné des saisons et des jours en masquent un autre. Pendant la nuit, la lune, dans le sens solaire, tourne autour d'un point fixe, origine de tout, et dans le même temps, la ronde zodiacale entame le chemin inverse. Des spirales inverses, aussi, préfigurent la naissance des mondes, la dualité, génératrice de vie.

À un niveau ultime se place le combat pour la royauté du pôle. Le nord, immuable, tourne autour de lui-même, entraînant le ballet des astres et des planètes. Le centre s'anime, insufflant la Vie. C'est à cette éternité que les rois et les prêtres aspirent, en venant terminer leur existence dans le centre du sanctuaire.

UN AN ET UN JOUR

Stonehenge est-il seulement le temple de l'Année ?

Le cercle des trente trilithes semble défier le temps, car il tourne éternellement comme une roue autour de son axe. Pourtant, il vient un moment où l'on ne sait plus si c'est le jour, l'année ou le pôle qui tourne autour de son axe en une spirale sans fin.

« Un jour et une nuit » devient l'expression consacrée du héros qui se rend dans le château en spirale, soit pour y aimer la fée de ses rêves, soit parce qu'il a reçu ce lieu en héritage de son père (ou de sa mère ?), pour y vivre avec sa reine. La Terre met un jour pour tourner autour de son axe. *A priori*, ce cycle paraît le plus court. L'est-il vraiment ? Dans la légende, celui qui dit « un jour et une nuit » parle, en réalité, d'éternité.

En effet, si par hasard celui qui a le privilège d'entrer dans le « Sidh » en ressort vivant, il ne reconnaît plus rien lorsqu'il arrive sur terre. Le jour passé dans le monde d'en bas équivaut à des siècles dans le monde des apparences. Dès l'instant où l'on pénètre dans le sanctuaire, on sort de l'espace-temps ordinaire. En outre, la nuit englobant le jour, rajouter un jour à une totalité signifie basculer dans un autre plan de réalité.

L'expression « un an et un jour » se situe, elle, à un niveau différent. Ici, l'aspect calendaire se trouve privilégié. En effet, la terre met un an pour effectuer sa course autour du soleil. Dans la pratique, cette fameuse année a donné bien du tracas aux divers prêtres chargés, au cours des siècles, de la présenter d'une manière cohérente.

Pour Stonehenge, plusieurs tentatives se sont succédé dans le temps, aboutissant à un calendrier de trois cent soixante-quatre jours, puis à un second de trois cent soixante jours plus cinq, pour finir avec un dernier de trois cent cinquante-quatre jours plus douze. Il est étrange de constater que le calendrier le plus archaïque, celui de treize lunaisons de vingt-huit jours, avec un jour supplémentaire possible, a survécu à travers l'expression « un an et un jour », encore utilisée au XVIIIe siècle, par les sociétés néo-druidiques.

Ce jour surnuméraire, qui ne se conçoit pas dans un calendrier de trois cent soixante-cinq jours, a, lui aussi, rapport avec l'éternité. Il correspond au dépassement du cycle. Treize lunaisons de vingt-huit jours supposent une perfection et le jour épagomène introduit obligatoirement la démesure et le retour au chaos. Nul ne sait ce qui peut arriver au cours de cette journée, qui peut être celle de la fin du monde. Mais si on lui survit, alors, une nouvelle année doit débuter. Le chaos, néfaste, permet de curieuses distorsions dans le continuum espace-temps.

Au-delà, le temps de rotation du pôle terrestre autour de son axe pendant près de vingt-six mille ans conduit à une autre vision de l'éternité. Dans un univers en perpétuel mouvement, l'axe des pôles, prolongé par l'invisible corde qui le relie à l'étoile Polaire semble constituer le seul point fixe, dans l'immensité de l'univers. Aussi cette voie a-t-elle pris le sens de Centre, dans la plus antique tradition. L'immobilité n'est-elle pas une forme d'éternité ?

Pourtant la fixité du pôle n'est qu'apparence. À la fin

322

du paléolithique supérieur, les magdaléniens pouvaient contempler Véga comme étoile Polaire, et dans quatorze mille ans, on reviendra à ce point de départ. Pendant les deux millénaires de la durée de Stonehenge, plusieurs étoiles de la constellation du Dragon se sont « battues » pour être le pôle.

Si l'on s'en tient strictement à Stonehenge 3, la phase finale du temple, on s'aperçoit qu'en un millénaire, le pôle a varié, entraînant probablement le discrédit sur les prêtres chargés du rituel. Au moment de la construction, le nord se trouve matérialisé par l'avenue, la *Heel Stone* et probalement un portique en bois, jusqu'à l'intervalle entre les montants 30 et 1 du cercle de sarsen.

À la fin de l'âge du bronze, même en déplaçant l'observateur au centre du monument, force est de constater que la direction du nord a changé d'axe et passe maintenant entre les montants 29 et 30. D'une manière un peu triviale, on peut dire que les prêtres de Stonehenge « ont perdu le nord ».

Remettre en question l'immuabilité du pôle équivaut à une sorte de blasphème. Sans doute, les sages le savaient depuis longtemps, sinon pourquoi aurait-on détruit périodiquement les sites sacrés pour les reconstruire et les consacrer une nouvelle fois ? Ainsi le mythe de la recréation du monde s'appliquerait non seulement aux fêtes régulières de Nouvel An, mais surtout aux festivités plus périodiques du changement d'étoile Polaire, à l'occasion peut-être de l'entrée dans un nouveau signe zodiacal.

La destruction de Stonehenge aurait-elle rapport avec ce savoir plutôt qu'à un changement climatique et/ou social ? Cela reste une enigme.

Enfin, reste la question de la Voie royale et de la voie des hommes. À Stonehenge, le plan est limpide : le Soleil indique la voie des hommes et l'étoile Polaire, la Voie royale. Rappelons-nous le montant 16, triangulaire, à l'opposé des piliers 30 et 1 et de la *Hell Stone*. Par sa position, il marque midi et le jour du solstice d'été, l'ombre portée y est la plus courte de toute l'année.

Quand la foule a pu constater que la pierre 16 ne correspondait plus au zénith, le discrédit a dû tomber sur les prêtres, car les autres montants ne pouvaient pas accomplir sa fonction. Le soleil modifiait sa course et l'opprobre venait frapper ses adeptes. Déjà, le climat se modifiait et l'ensoleillement diminuait. Poussés par ses changements, des envahisseurs arrivaient.

Les plus fidèles se réfugiaient vers le nord de la tradition. Mais lui aussi ne se situait plus dans l'axe de la *Heel Stone*. La Voie royale de l'étoile Polaire tendait à devenir un axe qui se mouvait imperceptiblement. Périodiquement, il fallait changer d'étoile Polaire.

Alors les querelles ont pu s'élever, pour savoir s'il fallait privilégier la voie de droite ou celle de gauche. Pour les uns, la Voie royale correspond à la montée du soleil entre le solstice d'hiver et celui d'été et le nord se situe au midi. Pour les autres, l'axe de l'étoile Polaire passe en premier.

En fait, on peut établir que, jusqu'au bout, Stonehenge est resté fidèle à la Tradition primordiale, ce qui a justifié, ultérieurement, son rattachement à la tradition dite « hyperboréenne ». En toute logique, le chef de guerre avait sa place au sud, au niveau de la pierre 16, puisque le Soleil est le maître des affaires terrestres. À l'opposé et au nord, vers la *Heel Stone*, se situait le siège du roi-prêtre-dieu, chargé des affaires célestes.

Mais les guerriers se sont révoltés et n'ont plus supporté de se trouver sous la dépendance des prêtres. Ils ont privilégié leur propre initiation et tenté de dévaloriser l'initiation sacerdotale. Cela a abouti, d'une part, à investir et à détruire partiellement le sanctuaire de Stonehenge, à l'âge du fer, et de l'autre, à la séparation du courant traditionnel en deux écoles radicalement opposées. La voie de gauche, celle de l'Orient, s'est tournée vers la contemplation alors que celle de droite, en Occident, a tout axé sur l'action.

Il y a donc eu inversion des pôles. L'insensible déplacement, sur le plan cosmique, des pôles jusqu'à leur inversion, sur le plan des points cardinaux terrestres, a une incidence marquée dans les affaires des hommes jusqu'à conduire à une scission au sein de la Tradition. Le ballet inversé du soleil et de la lune a irrémédiablement mené à la perte de l'unicité primordiale.

Alors la dualité est devenue maîtresse du monde. Le masculin et le féminin ont accentué leur antagonisme. Par la référence au ternaire, les Indo-Européens vont tenter de retrouver l'unité du départ, mais le sentiment du centre, du nord, paraît irrémédiablement perdu, au moins pour un temps.

Après sa destruction – ou son sacrifice ? – Stonehenge a pu entrer dans le mythe et devenir le flambeau de la tradition hyperboréenne, uniciste et centrale. Il est vrai que des adeptes venus de tous les points du monde antique ont pu se rendre en Angleterre pour rechercher l'enseignement originel, accréditant ainsi Borée. Cependant, l'œuvre de destruction de la classe guerrière avait commencé, allant parfois jusqu'au comble de l'horreur.

Mais lorsque l'on atteint le point le plus bas, s'amorce la remontée. Rien ne saurait être fixe. Rien n'échappe à la loi cyclique. Au solstice d'hiver, les forces solaires reprennent vigueur, puis au solstice d'été, le côté lunaire retrouve l'ascendant.

Un an et un jour ! Après un cycle, revient l'année nouvelle : il faut préparer maintenant la fête de la recréation du monde.

ANNEXE

« ... Tant que dura le règne d'Uther Pendragon,
Merlin lui parla et lui dit : "Que feras-tu de Pendragon
qui gît dans la plaine de Salebière ?" Et Uther Pendragon répond : "Je ferai ce que tu voudras". Et Merlin
répond : "Tu me juras que tu ferais faire un cimetière et
je t'ai conseillé de faire quelque chose qui durerait tant
que les siècles dureraient. Acquitte ton serment et
j'acquitterai ma créance". Uther Pendragon répond :
"Merlin, que pourrais-je faire ?" Et Merlin répond :
"Entreprends de faire une chose si inouïe qu'on en
parlera toujours." Et il répond : "Je suis à tes ordres."
Et Merlin dit : "On m'entend donc. Envoie chercher les
grosses pierres qui sont en Irlande. Si tu envoies tes
vaisseaux et fais venir les pierres, elles ne seront jamais
si grandes que je ne puisse les lever. Et je leur montrerai
celles que je veux qu'ils apportent." Alors Uther Pendragon envoya beaucoup de grands vaisseaux remplis de
gens. Et quand ils vinrent là, Merlin leur montra de
grosses pierres et dit alors : "Seigneur, voici les pierres
que vous emporterez." Quand ils virent les pierres, ils se
tinrent en grande enfance et dirent que tout le monde
n'en remuerait pas une seule : "Nous ne pourrons jamais

mettre tes pierres sur le vaisseau, si Dieu ne le veut." Et Merlin leur dit : "Donc vous êtes venus pour rien." Alors ils vinrent à Uther Pendragon et lui racontèrent la merveille que Merlin leur avait demandé de faire et le roi leur répondit : "Souffrez tant que Merlin n'est pas venu."

Quand Merlin fut venu, le roi lui conta ce que les gens avaient dit et Merlin répond : "Du moment qu'ils ont tous failli, j'ai acquitté mon serment." Alors Merlin fit venir par force les pierres d'Irlande au cimetière de Salebière, qui y sont encore. Et quand elles furent venues, Uther Pendragon alla les voir et mena avec lui une grande partie de son peuple. Alors ils dirent, quand ils les virent, que personne n'avait vu d'aussi grosses pierres et ne crurent pas que tout le monde puisse en porter une seule. Les gens s'émerveillèrent beaucoup de la façon dont Merlin les avait fait venir ici et que nul ne l'ait vu ni su. Et Merlin leur dit de les faire dresser, qu'elles seraient plus belles droites que gisantes. Et Uther Pendragon répond : "Nul ne pourrait le faire, sauf Dieu, si ce n'est toi." Et Merlin dit : "Allez-vous-en et je les ferai dresser : ainsi j'aurai acquitté ma dette envers Pendragon, que j'aurais fait pour lui une telle chose qui ne pourra être vue ni sue." Ainsi Merlin fit dresser les pierres au cimetière de Salibière. Ainsi fut rétablie cette œuvre. »

Robert de Boron : *Le Roman du Graal.*

GLOSSAIRE

ALTAR STONE : pierre de l'autel.

AVENUE : large chaussée, bordée par un talus et un fossé. L'avenue relie Stonehenge au Cursus et à la rivière Avon. À Avebury existe la West Kennet Avenue.

BARROW (*Long Barrow* ou *Round Barrow*) : voir Tumulus.

BEAKER CULTURE : Voir Campaniforme.

CAIRN : tertre funéraire bâti en pierre. Les formes connues en Grande-Bretagne sont les cairns à cour ou *Court Tombs*, qui possèdent une cour centrale.

CAMPANIFORME : culture de la fin du néolithique, caractérisée par des gobelets en forme de cloche (= *Beaker Culture*).

CERCLE : toute figure circulaire, et plus spécifiquement enclos sacré de forme ronde ou cromlech. Pour Stonehenge, on distingue le cercle du *Henge Monument*, celui des trous d'Aubrey, celui de sarsen et celui des pierres bleues. Le deux derniers appartiennent à Stonehenge 3.

CROMLECH : terme breton désignant les cercles de pierres dressées.

DOLMEN : sépulture mégalithique. Les formes connues en Grande-Bretagne sont : les dolmens en coin ou *Wedge Tombs* ; les dolmens-portiques ou *Portal Tombs* et les dolmens à couloir ou *Passage Tombs*.

ENCLOS SACRÉ : voir cercle, cromlech, *Henge Monument*.

FER À CHEVAL : figure en forme d'ovale. À Stonehenge, il y a un fer à cheval de cinq trilithes de sarsen et à l'intérieur, un second de dix-neuf monolithes de pierre bleue.

HEEL STONE : pierre-talon ou pierre du Soleil ; bloc situé au milieu de l'avenue, près de l'entrée de Stonehenge 3.

HENGE MONUMENT : forme d'enclos sacré spécifique à la Grande-Bretagne, généralement circulaire, constitué d'un talus et d'un fossé, avec parfois, des monolithes à l'intérieur.

MAISON DES MORTS : structure en bois située à l'intérieur d'un enclos sacré, pouvant recouvrir une sépulture et/ou servir à des rites funéraires et initiatiques.

MÉGALITHE : « grande pierre » (de *mega* et *lithos*).
La culture des bâtisseurs de mégalithes caractérise le néolithique secondaire de Grande-Bretagne. Ils introduisent les sépultures sous tumulus bâties en pierres et les cercles de pierres.

MENHIR : pierre brute ou taillée dressée (= monolithe).

MONOLITHE : pierre dressée isolée. Équivalent du menhir et en opposition au trilithe.

NÉOLITHIQUE : on distingue un néolithique primaire et un néolithique secondaire, qui correspond à l'introduction des mégalithes.

PIERRE DE L'AUTEL, PIERRE DES SACRIFICES : à Stonehenge, la pierre de l'autel (ou *Altar Stone*) est un bloc de rhyolite, situé au centre du monument. On ne connaît ni sa place ni sa position d'origine.
La pierre des sacrifices (ou *Slaughter Stone*) est un bloc de sarsen, primitivement dressé à l'entrée du *Henge Monument* et qui pouvait appartenir à un portique terminant l'avenue.

SLAUGHTER STONE : pierre des sacrifices.

STATIONS : les quatre stations correspondent à des tertres entourés d'un fossé et surmontés d'une pierre dressée. Deux des quatre stations ont conservé leur monolithe. Elles se situent à l'intérieur du *Henge Monument*.

TOMB : terme désignant toute sépulture. Voir en particulier Dolmen et Tumulus.

TRILITHE OU TRILITHON : terme utilisé pour désigner les ensembles de deux pierres dressées surmontées d'un linteau, tenu par un système de tenon et mortaise, connu à Stonehenge.

TROUS D'AUBREY, TROUS Q ET R, TROUS Y ET Z : à Stonehenge, plusieurs séries de trous on été distinguées : les cinquante-six trous d'Aubrey, juste à l'intérieur du *Henge Monument* ; les trous Y et Z, un peu plus au centre et les trous Q et R, à l'intérieur du cercle de sarsen et correspondant à Stonehenge 2, aujourd'hui disparu.

TUMULUS : terme désignant une colline artificielle, faite de terre et/ou de pierres et recouvrant une sépulture (= *Barrow*).

WESSEX CULTURE : culture de l'âge du bronze, spécifique à la Grande-Bretagne, à l'origine de la construction de Stonehenge 3.

WINDMILL HILL CULTURE : culture du néolithique anglais. Elle se situe à l'origine du mouvement mégalithique et se caractérise par d'impressionnants tertres funéraires mégalithiques.

BIBLIOGRAPHIE

La bibliographie concernant Stonehenge constituerait un ouvrage à elle seule. Ici figurent les ouvrages dont je me suis directement inspirée.

Archeologia, n°s 28, 29, 1969 ; 173, 1982.

Kadath, n°s 4, 1973 ; 38, 1980 ; 45, 1982.

Les Dossiers de l'histoire mystérieuse, n°s 5, 15.

Préhistoire et Archéologie, n°s 22, 1980 ; 35, 1981.

Aux portes de l'histoire. Hachette, 1962.

Les mégalithes mystérieux. Robert Laffont, 1981.

Abélanet J. *Signes sans paroles*. Hachette, 1986.

Anati E. *La Civilisation du Val Camonica*. Arthaud, 1960.

Ambelain R. *Les Traditions celtiques*. Éditions Dangles, 1977.

Arnal J. *Les Statues-Menhirs, hommes et dieux*. Hespérides, 1976.

Atkinson R. *Stonehenge*. Penguin Books, 1956, 1979.

Beckensall S. *Rock Carvings of Northern Britain*. Shire Archeology, 1986.

Boron R. (de). *Le Roman du Graal*. Union générale d'édition, 1981.

333

Briard J. *Mythes et Symboles de l'Europe préceltique.* Éditions Errance, 1987.

Camps G. *Manuel de recherches préhistoriques.* Doin, 1979.

Charpentier L. *Les Géants et le mystère des origines.* Robert Laffont, 1969.

Chevalier J., Gheerbrant A. *Dictionnaire des symboles.* Robert Laffont/Jupiter, 1969, 1982.

Chippindale C. *Stonehenge complete.* Thames and Hudson, 1983, 1989.

Crawford O. « The symbols carved on Stonehenge ». *Antiquity XXVIII,* 1954.

Éliade M. *Le Sacré et le Profane.* Gallimard, 1957, 1965. *Mythes, rêves et mystères.* Gallimard, 1957. *Histoire des croyances et des idées religieuses.* Payot, 1980.

Ferryn P., Verdheyden I. *Chronique des civilisations disparues.* Kadath/Laffont, 1976.

Gordon P. *Les Fêtes à travers les âges.* Arma Artis, 1983.

Gravelaine J. (de). *La Déesse sauvage.* Éditions Dangles, 1993.

Graves R. *Les Mythes celtes.* Éditions du Rocher, 1979.

Grigorieff V. *Mythologies du monde entier.* Marabout, 1987.

Guénon R. *Symboles de la science sacrée.* Gallimard, 1962. *Aperçus sur l'initiation.* Éditions Traditionnelles, 1992.

Hawkins G. *Stonehenge Decoded.* Souvenirs Press, 1966. *Soleil sur Stonehenge.* Copernic, 1977.

Joussaume R. *Des dolmens pour les morts.* Hachette, 1985.

Knight G. *La Rose-Croix et la Déesse.* Eridu, 1987.

Leroi-Gourhan A. *Dictionnaire de la préhistoire.* Presses universitaires de France, 1988.

Markale J. *Carnac et l'énigme de l'Atlandide.* Éditions Pygmalion, 1987.

Merlin l'enchanteur. Albin Michel, 1992.

Mohen J.-P. *Le Monde des mégalithes*. Casterman, 1989.

Niel F. *Stonehenge, le temple mystérieux de la préhistoire*. Robert Laffont, 1974.

Monuments mystérieux du monde. Fayard, 1979.

Philibert M. *Le Grand Secret des pierres sacrées*. Éditions du Rocher, 1992.

Carnac, les sites sacrés. Éditions du Rocher, 1994.

La Caverne et ses rites. Trédaniel Éditeur.

Raoult M. *Les Sociétés initiatiques celtiques contemporaines*. Éditions du Rocher, 1992.

Saint-Hilaire P. (de). *L'Univers secret du labyrinthe*. Robert Laffont, 1992.

INDEX GÉOGRAPHIQUE

TABLE

Cet ouvrage a été réalisé par la
SOCIÉTÉ NOUVELLE FIRMIN-DIDOT
Mesnil-sur-l'Estrée
pour le compte des Éditions du Rocher
en novembre 1994

Éditions du Rocher
28, rue Comte-Félix-Gastaldi
Monaco

Imprimé en France
Dépôt légal : octobre 1994
CNE section commerce et industrie Monaco : 19023
N° d'impression : 28886